上海市土地学会成立30周年

新时代·新思想·新规划

上海国土空间规划与土地资源管理
优秀成果选编

主　编◎王克强

副主编◎张用安　冯伟民　施玉麒

复旦大学出版社

编　　委（按姓名笔画顺序）

　　　　　　王　林　王经纬　李文彬　冯　立　许　伟
　　　　　　许峰林　刘　勇　朱　蕾　汪燕衍　肖志乔
　　　　　　郑思俊　曹　操　黄劲松　戴立红

主编单位　上海同济城市规划设计院有限公司
　　　　　　上海交通大学规划建筑设计有限公司
　　　　　　上海上大建筑设计院有限公司
　　　　　　上海广境规划设计有限公司
　　　　　　上海同测规划设计勘测有限公司
　　　　　　上海营邑城市规划设计股份有限公司

PREFACE 序

《中共中央国务院关于建立国土空间规划体系并监督实施的若干意见》的发布，标志着我国国土空间规划体系顶层设计和"四梁八柱"基本形成，国土空间规划进入了新时代。上海土地学会成立30年来，各位会员结合自己的工作实践，围绕国家建设和上海城乡发展的重大现实任务展开积极探索，从以耕地利用、保护和整治为重点到以国土空间综合整治和功能布局为重点的土地利用规划管理，从以产业用地为重点的规划布局到"生产、生活和生态"空间的统筹谋划，从"三个集中"策略到乡村振兴战略，从水、土资源的利用管理到自然资源的综合利用管理，从市区镇三级"两规合一"到"2035总规"的"多规合一"，取得了一系列丰硕成果，有力推动了上海大都市地区国土资源的综合利用和保护及国土空间的规划和治理。上海在这方面取得的成绩有目共睹，成为行业认可的典范。随着新时期国土空间规划体系的确立，迎来新的话语体系、新的专业语境、新的工作思路，对国土空间保护、有序开发、高效利用和高品质建设提出了更高要求，有赖于理论层面的探索创新和实践层面的总结提升。为此上海市土地学会开展以国土空间规划为主题的论文征集、评选与选编活动，准确而言，是国土空间规划领域一场别开生面的学术火花大碰撞，充分展现了广大会员的聪明才智和丰富经验，并把先进的理念、适宜的方法、鲜活的实践汇集成这本论文集，以飨读者，同时也是对上海土地学会成立30周年的最好纪念。论文集具有三方面特点。

1. 在超大城市国土空间规划理论与技术方法深化发展方面具有较强的显示度。论文集立足于与传统空间规划的对比分析，从理论内涵角度诠释了国土空间规划的"拓展性"，剖析国土空间规划的功能定位与规划导向，尤其是指导思想、功能定位、规划内容、规划体系与规划方法等方面新要求；从实施保障前置的角度，重在协调好公平与效率的空间平衡关系、公权力与私权力的利益平衡关系、中央与地方的权责平衡关系、刚性与弹性的政策平衡关系。论文集围绕国土资源信息化研究，提出了"一套数据、一个平台、一张蓝图"的三个"一"信息化顶层设计框架，并通过统一数据标准、再造业务流程获得初步实践成果，从业务流和数据流融合的角度给出了国土空间规划背景下的"上海方案"并探索空间信息技术和大数据的手段在国土空间规划编制中融合应用，体现了上海发展的地域特色。论文集以国土空间用途管制为核心，探索土地用途管制向全域多要素多维度转变、国土空间管制刚性弹性相结合、强化国土空间管制的市场化手段和市场配置作用、国土空间用途管制措施，进一步丰富了国土空间规划的理论内涵和实践路径。

2. 集中展现了国土空间规划视角下的乡村振兴模式与实施路径研究成果。"乡村振兴、规划先行"是一个朴素永恒的道理，乡村振兴战略的长远性和全局性决定了必须坚持先规划后建设的原则，发挥好国土空间规划对土地利用、产业发展、居民点布局、人居环境整治、生态保护和历史文化传承的引领作用。论文集系统研究了乡村地区的规划体系，构建了涵盖"村庄布局规划—郊野单元村庄规划—村庄规划设计"上海乡村地区规划体系，并着重研究阐释了郊野单元村庄规划的功能定位与目标任务，具体为郊野单元规划是乡村地区全地类、全要素的国土空间详细规划，承载规划实施的政策设计、行动安排、资金整合、路径选择等功能，是有效传导上位空间规划目标和统筹安排乡村自然资源保护和开发的实施载体。论文集从微观角度研究乡村空间布局与技术方法，提炼出"城镇集中安置区（开发边界内）+农村集中归并点（开发边界外）+农村保留居住点（开发边界外）"三种类型的农民居住空间形式，侧重从空间布局和政策路径角度进行探索研究，为全国乡村地区国土空间规划提供了"上海样板"。

3. 有效阐述了国土空间规划服务自然资源保护的引领与统筹作用。国土空间规划是有效配置各类国土空间资源的基础载体，是促进各类自然资源有效保护和合理利用的前置条件。论文集围绕碳排放效应和自然资源要素空间布局等热点问题,通过长时间序列变化趋势量化国土空间用地结构与碳排放效应两者的关联程度,从生态效应角度探索了用地结构优化的技术方法;通过空间分区、土地景观、社会经济效益分析等手段,着重研究农、林、水等自然资源一体化布局与利用的规划思路。论文集关注绿隔区(绿色生态隔离区)的规划与实施管控,对标研究同类城市绿隔区的功能内涵与空间形态、建设规模与开发强度控制,汲取对标城市绿隔区的规划、建设和保护经验,并以正负面清单的方式设置绿隔区功能形态、产业发展准入条件和减量实施机制,为生态资源优势充分转化为生态价值、经济价值、社会价值等探索了一条可行的道路。论文集聚焦"山水林田湖生命共同体"理念指导下的国土空间整治与生态修复研究,探索了国土空间中生态环廊区域、乡村区域、城市区域差异化的分区分类空间整治与修复策略,并从规划编制、项目示范、科技创新、协作共赢四个方面提出了推动国土空间整治修复工作开展的关键举措,为形成统筹国土空间自然资源保护大格局提供实践参考。

2019 年 11 月 6 日

国土空间规划

1 新时代我国国土空间规划中若干问题的思考 ⋯⋯⋯⋯⋯⋯⋯⋯⋯⋯⋯⋯ 3
2 发达国家和地区国土空间管制比较及对我国的借鉴 ⋯⋯⋯⋯⋯⋯⋯⋯ 14
3 乡村振兴视角下大都市远郊乡村空间规划探索
　　——以崇明区陈家镇郊野单元（村庄）规划为例 ⋯⋯⋯⋯⋯⋯⋯⋯⋯ 23
4 乡村振兴战略下上海市实用性村庄规划的国土用途管制特征研究 ⋯⋯ 37
5 国土空间规划背景下上海市规划资源信息化顶层设计实践初探 ⋯⋯⋯ 47
6 空间信息技术融合与空间规划体系精准实施 ⋯⋯⋯⋯⋯⋯⋯⋯⋯⋯⋯ 62

自然资源与生态

7 上海市土地利用结构与碳排放效应的灰色关联度分析 ⋯⋯⋯⋯⋯⋯⋯ 69
8 农林水一体化研究思路探究 ⋯⋯⋯⋯⋯⋯⋯⋯⋯⋯⋯⋯⋯⋯⋯⋯⋯⋯ 79
9 崇明世界级生态岛建设与土地治理的探讨 ⋯⋯⋯⋯⋯⋯⋯⋯⋯⋯⋯⋯ 90
10 生态文明理念下的上海大都市区国土空间整治与生态修复初探 ⋯⋯⋯ 98
11 国土空间规划下的绿隔区生态价值转化路径探讨
　　——以成都市温江区公平街道为例 ⋯⋯⋯⋯⋯⋯⋯⋯⋯⋯⋯⋯⋯⋯ 108

乡村振兴

12 从政策聚焦型向设计引导型转变的美丽乡村建设
　　——以青浦区王泾村、朱浦村为例 …… 123
13 上海乡村振兴模式与实施路径初探 …… 132
14 松江区农民集中安置探索
　　——泖港镇黄桥村村庄规划 …… 139
15 乡村振兴视角下的上海远郊农业镇郊野单元规划探索
　　——以崇明区绿华镇为例 …… 156
16 大都市区乡村振兴模式与路径研究
　　——以上海乡村地区发展为例 …… 169
17 新时代上海村庄规划的探索和实践 …… 176
18 生态文明理念下的上海大都市区国土空间整治与生态修复初探 …… 186

土地利用

19 上海市黄浦江滨江地区土地利用与公共活动大数据分析 …… 197
20 上海农地流转市场化发展的思考 …… 208
21 乡村振兴战略下的农村"三块地"主要问题博弈及对策 …… 219
22 大都市近郊存量工业用地再利用探索
　　——以浦东新区康桥镇为例 …… 227
23 城镇工业用地低效用地再开发的策略研究 …… 236
24 基于推拉理论的工业用地减量化影响因素研究 …… 241

国土空间规划

GUOTU KONGJIAN GUIHUA

1 新时代我国国土空间规划中若干问题的思考*

1.1 我国国土空间规划的主要目标

自20世纪80年代以来,我国学术界对国土(空间)规划的研究和探索就一直没有停止过。特别是经济地理学与城市和区域规划领域,除了土地利用规划、城市规划等面广量大的专业性空间规划成果以外,还先后开展过国土开发与整治规划、区域空间规划与生产力布局规划、主体功能区规划等研究工作,取得了丰硕的成果。近年来,土地整治与生态修复、新时代国土空间规划研究同样风起云涌,蔚为壮观。

伴随着我国工业化和城市化的快速发展,综合国力日趋增强,人民的物质文化生活明显改善,减贫攻坚战成就惊人,生态文明建设正在向纵深推进,小康社会的目标亦将逐步实现。在新的生态文明背景下,随着中国社会主要矛盾的转化,体制机制约束已成为我国经济社会发展的主要制约因素。在国土空间规划和管理领域,条条(部门)分割、块块(区域)分割、条块分割的三大矛盾依然顽固地存在着,现有空间规划体系庞杂、职能划分不清、协调沟通不畅等问题突出。例如,目前许多区域在践行"山水林田湖草生命共同体"的生态保护与修复过程中,土地整治、水环境保护治理、矿山生态修复、污染与退化土地修复治理、生物多样性保护、重要生态系统保护修复等重点工程项目依然是各区域、各部门各行其是,尚未真正形成区域统筹、部门联合的规划立项、建设运营、管理监督的运作机制。因此,新时代国土空间规划的首要目标就是要破解上述三大主要矛盾,重构我国国土空间规划的新体系与新机制,推进国家空间治理体系和治理能力的现代化。

---

* 石忆邵,男,博士,同济大学测绘与地理信息学院教授、博士生导师。主要研究方向为城市与区域发展、国土资源利用、城市地理信息系统。

1.1.1 需要破解部门分割的瓶颈

我国现有的空间规划主要有：①由国家和各省级发展和改革委员会主持编制的全国及各省（自治区、市）的主体功能区规划。②由原国土资源部门主持编制的各级土地利用总体规划。③由原住房和城乡建设部门主持编制的各级城乡总体规划。④由环境保护部门主持编制的各级环境保护规划。而以往的各级国民经济与社会发展规划原本属于非空间规划，近年来则增加了产业布局、城镇体系布局等空间规划内容。受部门体制分割的制约，上述各类空间规划在指导思想和价值取向、法律依据、基础数据来源、规划目标、工作方法、主要任务、时序安排、布局规模、政策重点等方面存在明显不一致性（表1-1），在规划编制和实施中容易产生下位规划突破上位规划、管制内容交叉重复、多头监管矛盾冲突等现象。加之我国空间规划体系存在"重纵向控制、轻横向衔接"的问题，导致同一空间不同规划"打架"现象严重，各部门绞尽脑汁争夺空间管控领域的话语权和主导权，严重削弱了空间规划的效力和公信力。"多规合一"的初衷就是希望通过行政职能整合，来统一进行所有国土空间的战略配置、用途管制及生态保护修复，进而破解各种部门规划之间的政策要求矛盾和法律规定冲突等难题，推动各部门间资源共享、优势互补、机制融合、协同共治。

表1-1 我国现行主要空间规划的比较

规划类别	国民经济和社会发展规划	主体功能区规划	土地利用总体规划	城乡总体规划	区域规划
归口管理部门	国务院和地方各级政府	发展和改革委员会	国土资源部门	住房和城乡建设部门	发展和改革委员会或地方政府
法律依据	《宪法》	/	《土地管理法》	《城乡规划法》	/
规划期限	5年	/	15年	20年	不定
用地分类标准	无	无	《土地利用现状分类》《土地规划分类》	《城市用地分类与规划建设用地标准》	无
规划目标	经济发展与建设项目目标	国土空间格局的综合优化	耕地保护、生态保护、用地平衡	关注建设用地需求	一定区域内的社会经济发展和建设布局

续表

规划类别	国民经济和社会发展规划	主体功能区规划	土地利用总体规划	城乡总体规划	区域规划
工作方法	侧重经济发展和项目建设	基于资源环境承载能力、现有开发强度和发展潜力	以供定需，由近及远，自上而下	以需定供，由远及近，自下而上	系统分析和系统综合程序
主要任务	阐明国家战略意图、明确政府工作重点、引导规范市场主体行为	从开发和保护两个角度，综合考虑国土空间的布局	实施土地用途管制制度（包括自上而下的指标控制、分区管制、新增建设用地管制）	为城市扩张性发展提供支持；关注城市集中建设区；关注建设技术细节	因地制宜地发展区域经济，确定城市发展方向和生产力布局
政策重点	将约束性指标纳入政绩考核	制定了财政、投资、产业、人口、土地、环境保护、绩效评价与政绩考核等七类政策	耕地保护责任制、基本农田保护制度、占用耕地补偿制度、建设用地"三界四区"管制、土地利用计划管理、农用地专用审批、土地督察与违法处置等	"一书三证"，同时辅以一系列的技术标准和规范	资金政策、产业支持政策、劳动力政策、企业区位控制政策
特点与不足	重目标，实施性强；但空间属性略显不足	战略性、基础性、约束性，强调分类管控；但非国家法定规划，可操作性差	重指标，强管理，重保护，轻开发；对生态约束性的考量不足	重建设、重技术、轻管理；没有实现对全域空间的覆盖，生态考量严重不足	战略性、地域性和综合性；重区内规划，轻区际规划

1.1.2 需要破解区域分割的瓶颈

一个区域内的资源开发、重大产业项目布局、基础设施建设等活动，均会对周边区域产生显著影响与作用，甚至可能引发周边区域的积极互动响应或抵制干扰行为。由于各级行政区域都是一个独立的经济实体，都有各自的利益范围与利益关系，因而长期以来，区域之间围绕资金、项目、人才、规划等各种稀缺资源和要素的竞争就从来没有间断过，阻止资源和要素流动、保护本地市场的各种明争暗斗也未曾停止过，甚至导致资源浪费、市场封锁、产业重复建设、以邻为壑等各种现象频发。地方利益必须服从国家利益,局部利益必须服从全局(整体)利益,这是区域发展中必须遵循的基本原则。古语云:"不谋万世者,不足以谋一时;不谋全局者,不足以谋一隅",这也是区域可持续发展的要求。遗憾的是,一些地方仅考虑时间上的可持续发展,却很少关注空间上的可持续发展。本次国土空间规划应当从体制机制上破除区域分割瓶颈,通过深化区域联系与合作进行政策协调与整合,真正形成区域管控合力、政策合力与协同发展合力。

1.1.3 需要破解条块分割的瓶颈

由于以往的空间规划种类繁多,层级关系复杂,容易导致地方与中央之间、政府不同部门之间在用地指标分配、发展权分配中出现过度讨价还价现象,各类规划的统筹性、协调性不够,利益平衡和规划共识难以达成,管制内容相互交叉,管控要求相互冲突,空间秩序失衡问题较为突出。因此,本次国土空间规划的核心就是通过国土空间的使用和分配,促进不同部门之间、不同区域之间的用地平衡与利益整合,实现空间效率与公平的协调发展。

1.2 我国国土空间规划的功能定位与规划导向

由上可知,国土空间规划在我国并不是一个新概念。但是,本轮国土空间规划与以往的国土空间规划相比,还是存在明显的拓展性,即规划的视角和空间范围从"重城轻乡"到考虑城乡统筹发展,从"重陆轻海"到谋划陆海统筹发展,从"重地上空间轻地下空间"到统筹地上与地下空间的立体综合发展,从"重省域内、市域内规划"到跨省、跨市的空间协调规划。这就对本轮国土空间规划的指导思想、功能定位、规划内容、规划体系与规划方法等提出了新的更高要求。

国土空间规划本质上是对国土空间利用、行业政策协调和政府治理过程进行的战略部署和安排,它是政府管理空间资源、保护生态环境、合理利用土地、改善民生质量、平衡地区发展的重要手段。中国的国土空间规划究竟应该被定位为"责任规划"还是"权益规划"? 或者二者兼有? 林坚等认为:"责任规划"是基于国家利益和公共利益进行的空间管制安排和土地发展权配置,侧重于自上而下的"责任"分解和"责任边界"控制;"权益规划"则强调在考虑土地权利人利益的基础上,对个体开发行为进行引导和限制,关注土地发展权价值的合理显化。由此可见,中国的国土空间规划应当将宏观层面的"责任规划"与微观层面的"权益规划"以及中观层面的"协调规划"有机结合起来。

国土空间规划既是一项国家行为与社会行为相统一、国家利益与公众利益相结合的系统工程,也是支撑经济、社会、生态、文化可持续发展的一种公共管理政策工具。国土空间兼具载体、资源和生态三种属性。作为承载人口、公共基础设施、公共服务设施、各类产业经济的空间载体,其公共空间的属性远胜于其私人空间的属性;国土空间中所蕴藏的矿藏、水流、森林、山岭、草原、荒地、滩涂、海域及各类公共空间要素和资源,均彰显出显赫的公共利益特性;国土空间的生态属性更是其社会性和公益性的体现。

（1）作为战略性的全国国土空间规划,应当坚持以社会公共福祉为导向,以公共政策工具为其功能定位,以可持续发展为终极目标,注重经济发展、环境保护、社会公平的协调与平衡,确保在国土空间规划与开发和治理过程中更好地创造与提升国土空间综合价值,维护国土空间安全与社会公平,保护国土资源环境与公众利益。

（2）作为协调性的跨省、跨市的国土空间规划,应当坚持"责任规划"与"权益规划"并重的原则,着力协调好各区域间、各城市间的发展权分配,构建综合的省际、市际利益补偿与协调机制,深入推进省际、市际协作型竞争与合作,重构可持续性的、和谐的跨区域国土空间互动发展关系。

（3）作为实施性的市、县、乡镇国土空间规划,则可以秉持"权益规划"为主的规划导向,促进国土空间综合优化,着力提升"生产空间、生活空间和生态空间"的整体效益;推进社会公平和生活条件均等化,着力提升国土空间的可达性和宜居性;增强人居环境的智能度和安全感,着力提升国土空间韧性。目前学术界主要关注国土空间的生态韧性和工程韧性,聚焦于防灾和减灾领域,如洪水、风暴潮、高温、干旱、地震、海啸、冰川退缩、海平面上升等,而对国土空间的经济韧性、社会韧性、组织韧性和空间韧性等方面重视不够。例如,空间韧性需要更多考虑空间差异、破碎化、整合性、连贯性等内容。

还需要指出的是,空间规划的客体是土地,空间规划的主体是人,空间规划的主要目的是促进人自身的高质量发展以及人与自然的可持续发展。以往的国土空间规划偏重于协调各类用地之间的矛盾或冲突,因而是"以地为本"的规划导向而并非是"以人为本"的规划导向。"以人为本"的国土空间规划应当以社会价值最大化为目标,以满足人的正常理性和人的共通物性为原则,注重协调国土空间利益相关者之间的矛盾或冲突。

1.3 协调好四大关系是国土空间规划实施的重要保障

规划既是一项统筹协调活动,也是一种平衡的艺术,国土空间规划也不例外。笔者认为,协调好公平与效率的空间平衡关系、公权力与私权力的利益平衡关系、中央与地方的权责平衡关系、刚性与弹性的政策平衡关系是国土空间规划实施的重要保障。

1.3.1 公平与效率的空间平衡关系

公平与效率既是区域经济发展中的一种矛盾的目标统一体,也是空间演变中相互转换的一种内在动力,还是实现空间平衡的一种核心机制。所有空间内的事物,只要形成了相对复杂的系统关系,就会在"公平"与"效率"的两个极点之间来回摆动,不断寻求平衡。

包括陆地空间、海洋空间、农业空间、工业空间、城镇空间、乡村空间、绿色空间、休闲娱乐空间等多种类型的国土空间,也在遵循互动与竞争、交流与融合、入侵与抵抗、公平与效率的空间原则。不同类型空间的功能定位与角色作用存在显著差异,它们既相互作用又互补共存,既不可或缺又不可分割,共同维系着空间关联性、多样性、互补性的本质特征。此外,国土空间规划是"责任规划"与"权益规划"的融合体,无疑应当坚持责任和利益相结合的原则。"责任规划"以公平为主导目标取向,适当兼顾效率诉求,追求"公平中的效率"是一项实现自我突破的崇高责任;"权益规划"以效率为主导目标取向,适当兼顾公平诉求,追求"效率中的公平"是一项实现可持续效率的伟大使命。由此可见,"公平与效率"是实现空间平衡的一种核心规则与动力机制。

1.3.2 公权力与私权力的利益平衡关系

国土空间是公共空间与私人空间的结合体。协调公权力与私权力之间的平衡,是国土空间规划必须遵循的基本原则之一。一般来说,规划权属于公权力范畴,它是国家以实现现有各类(自然)资源及生态环境的安全、节约、集约和可持续利用为目的,赋予各级政府对各类资源与环境的利用进行宏观调控的权力。例如,各类公共建筑、公共基础设施、公共空间的安全、合理、可持续、美观及恰当的空间规划和布局等。事实上,政府享有和行使规划权是为了维护公众在资源利用与生存环境方面的公共利益,但落实到具体空间范围时会对相关权利人的(空间)权利构成限制甚至对其权利和利益造成损害。因此,政府应对那些因规划已造成或将会造成直接损害和间接损害的相关权利人进行补偿。

国土空间规划的实质是基于土地发展权的空间管制。在日本，土地发展权的分配是由国土交通部门在土地利用基本规划中完成的，作为土地用途管制的基本依据。笔者认为，我国的主体功能区规划应当立足于可持续发展的长远战略目标，集聚全社会力量，科学合理分配土地发展权，共同创造安全、健康、舒适、高效的国土空间，实现对国土空间的有效管控、利用和发展，促进国土空间提质、增效和升值。然而，主体功能区规划的实施，将会扩大不同类型主体功能区域（重点开发区、优化开发区、限制开发区、禁止开发区）之间的区域差距。因此，只有建立和健全包括产业经济补偿、工程经济补偿、流域经济补偿、流量经济补偿、贸易经济补偿、功能经济补偿、社会补偿在内的综合区域补偿机制，才能保障主体功能区规划的顺利实施。

1.3.3　中央与地方的权责平衡关系

国土空间规划涉及国家、省、地区、县、乡镇等多个空间层面或规划尺度，不同空间尺度下各个行政主体之间存在着相互控制和影响的错综复杂的空间政治关系，以及相异的行政权利与责任义务。其中，最重要的是要合理界定中央政府与地方政府的权利与责任，形成合理的职责分工体系，充分发挥政府调控与市场机制的作用和效力。日本在这方面颇具代表性，其做法与经验具有启迪性。

日本各级政府在规划事务职能上的分工较为明确：①国家的主要职责是定战略，即编制国土形成规划和国土利用规划（全国），制定国土保护利用的战略方向和基本方针；国家并不过多插手地方规划管理，仅适当提出意见或劝告，给予地方较大的自主权。②都道府县主要职责是划分区，通过土地利用基本规划将国土划分为五类地域，以此作为衔接上层级宏观战略和下层级具体实施的抓手。③市町村的主要职责是定方案，以城市规划等实施性规划为手段，主导各类国土资源的开发建设和保护利用。在纵横事权明晰的前提下，日本搭建了完善的国家与地方、部门与部门之间的利益协调平台。

1.3.4　刚性与弹性的政策平衡关系

国土空间规划中刚性与弹性的平衡关系亦即"确定性"与"灵活度"之间的平衡关系。由于国土空间既是封闭的更是开放的，既是静态的更是动态的，因而其空间区位与功能定位也是阶段性变化的。这就要求我们在空间规划中必须注意把握好"刚性与弹性"的辩证演进关系，正确处理好"确定性"与"灵活度"之间的平衡关系，综合考虑规划的实施性与未来发展的各种可能性，从"定目标""定指标""定坐标"的强控型空间规划体系向注重战略开发引导,注重规划动态修编,注重空间留白机制的战略性、协调性与柔性相结合的规划体系转变。

1.4 我国国土空间规划的紧要任务

借鉴发达国家国土空间规划的经验,并结合我国实际,本轮国土空间规划尚需在下列几个方面进行补缺和深化研究。

1.4.1 深化跨区域性的国土空间协调规划研究

国土空间规划既包括市、县、镇(乡)等微观尺度的实施性规划,又包括国家层面的战略性规划和省级层面的协调性规划。在实施性规划中,注重对生态空间保护红线、基本农田保护红线、建设用地增长边界控制线等"行政单元空间"的规划管控。在战略性规划中,主要着眼于宏观性、全局性、长远性的"战略单元空间"的统筹规划与功能布局。在协调性规划中,则应重点关注区域之间、城市之间的"政策单元空间"的协同统一及其政策框架的构建。譬如,在法国,就有"市间国土协调纲要"。这既是我们在以往的国土规划或空间规划中所缺失的,又是国土规划或空间规划的最大难点。因此,在新一轮国土空间规划中,亟需突破局限于城市内部、区域内部、国家内部思考国土空间规划的束缚,研究和增补"省际、市际国土空间协调规划纲要""都市圈国土空间协调规划纲要""城市群国土空间协调规划纲要""毗邻国家之间国土空间协调规划纲要"等重大实践课题。

1.4.2 建议按四类主体功能区域构建差异化的国土空间规划体系

由于不同主体功能区域(优化开发区、重点开发区、限制开发区和禁止开发区)在资源禀赋、环境容量、开发强度、功能定位、开发方向与潜力等诸多方面存在显著的空间差异性,因此,笔者建议按四类主体功能区域,分类构建既有共性又有差异性的国土空间规划编制审批体系、技术标准体系、实施监督体系和法规政策体系,以便进一步提高国土空间规划管控的精细化水平、监督技能及其法规政策的实施绩效。

1.4.3 开展相关法律法规的梳理与补漏工作

在我国国土空间规划法律体系中,主干法(《区域规划法》《土地管理法》《城乡规划法》《建筑法》等)已经具有较好的基础;而《主体功能区规划法》《国土空间规划法》却处于缺位状态。同时,相关法(如资源、生态、环境、产业、社会公共设施等)部门专项法,要么政出多门,相互矛盾或冲突现象比较明显;要么至今依然缺失,未能履行应有的法律保护作用。因此,亟需开展梳理、整合与补漏工作。另外,《跨省(市、区)空间协调规划法》《跨市(县)空间协调规划法》等也应早日提上议事日程。

1.4.4 关注我国国土空间关系演进中的新机制与新问题

在我国国土空间关系的演进中,将会不断出现新现象与新问题,需要国土空间规划人员给予持续的关注。譬如,目前有些学者开展了收缩城市和收缩乡村的研究与探索,但是,有关收缩郊区、收缩城市群的研究尚未引起学界的重视;有些学者多年来关注城乡发展差距、区域发展差距的研究,然而,城市群之间、城市群区域与非城市群区域之间的发展差距尚未引起足够的重视。互联网及人工智能技术的进展将会对我国国土空间关系的演进产生何种影响?全球化进程又将如何影响我国国土空间关系的演进?全球气候变化将会对我国国土空间关系的演进产生何种影响?这些新的课题,亟需纳入国土空间规划的研究视域中来。

参考文献

[1] 白中科,周伟,王金满等.试论国土空间整体保护、系统修复与综合治理[J].中国土地科学,2019,33(2):1-11.

[2] 蔡玉梅,Jessica A. Gordon,谢秀珍.主要发达国家空间规划体系的经验与启示[J].中国土地,2018(5):28-30.

[3] 陈传康.中国国土整治区划方案[C].中国国土整治战略问题探讨(第二集).能源出版社,1985:29-40.

[4] 董祚继.自然资源资产管理与国土空间规划[J].景观设计学,2019,7(1):88-93.

[5] 樊杰,蒋子龙,陈东.空间布局协同规划的科学基础与实践策略[J].城市规划,2014,38(1):16-25.

[6] 樊杰,王亚飞,陈东,周成虎.长江经济带国土空间开发结构解析[J].地理科学进展,2015,34(11):1336-1344.

[7] 樊杰.中国主体功能区划方案[J].地理学报,2015,70(2):186-201.

[8] 封志明,潘明麒,张晶.中国国土综合整治区划研究[J].自然资源学报,2006,21(1):45-54.

[9] 龚海.空间启示录[M].北京联合出版公司,2018:9.

[10] 谷晓坤,刘静,张正峰等.大都市郊区景观生态型土地整治模式设计[J].农业工程学报,2014,30(6):205-212.

[11] 匡文慧.新时代国土空间格局变化和美丽愿景规划实施的若干问题探讨[J].资源科学,2019,41(1):23-32.

[12] 李洪义,李爽,吕添贵等.基于景观格局视角的土地整治对农地细碎化影响评价研究[J].长江流域资源与环境,2017,26(1):67-73.

[13] 李林林,靳相木,吴次芳.国土空间规划立法的逻辑路径与基本问题[J].中国土地科学,2019,33(1):1-8.

[14] 李亚洲,刘松龄.构建事权明晰的空间规划体系:日本的经验与启示[J].国际城市规划,2019,34(3):1-14.

[15] 梁鹤年."以人为本"国土空间规划的思维范式与价值取向[J].中国土地,2019(5):4-7.

[16] 林坚,宋萌,张安琪.国土空间规划功能定位与实施分析[J].中国土地,2018(1):15-17.

[17] 林坚,许超诣.土地发展权、空间管制与规划协同[J].城市规划,2014,38(1):26-34.

[18] 刘健.面向整体均衡发展的国土整治与空间规划——法国的经验与启发[J].城乡规划,2019(2):101-104.

[19] 刘卫东,陆大道.新时期我国区域空间规划的方法论探讨——以"西部开发重点区域规划前期研究"为例[J].地理学报,2005,60(6):894-902.

[20] 刘效龙."空间治理"与"生态文明"双线逻辑下的空间规划改革[J].国土与自然资源研究,2019(2):60-63.

[21] 龙花楼.论土地整治与乡村空间重构[J].地理学报,2013,68(8):1019-1028.

[22] 陆大道.关于国土(整治)规划类型及基础职能[J].经济地理,1984,4(1):3-8.

[23] 陆大道.国土开发与经济布局的"T"字型构架与长江经济带可持续发展[J].宏观经济管理,2018(11):43-48.

[24] 石忆邵,王青云.新时期中国功能区划研究[J].中国农业资源与区划,2007,28(2):52-57.

[25] 石忆邵.统筹区域发展理念与长三角发展的新思路[J].南通大学学报(哲学社会科学版),2005,21(1):56-59.

[26] 汪一鸣,姜有录,李岳坤等.地区国土规划的若干方法论问题——以宁南山区国土规划为例[J].地理学与国土研究,1986,2(4):1-8.

[27] 王向东,刘卫东.中国空间规划体系:现状、问题与重构[J].经济地理,2012,32(5):7-15.

[28] 王旭熙,苏春江,彭立等.四川省农村空心化土地整治潜力研究[J].中国农业资源与区划,2018,39(10):130-137.

[29] 王亚飞,樊杰.中国主体功能区核心——边缘结构解析[J].地理学报,2019,74(4):710-722.

[30] 吴传钧.国土整治和区域开发[J].地理学与国土研究,1994,10(3):1-12.

[31] 吴传钧.国土整治与规划[J].水土保持通报,1982(5):68-72.

[32] 吴燕.新时代国土空间规划与治理的思考[J].城乡规划,2019(1):11-18.

[33] 严金明,陈昊,夏方舟."多规合一"与空间规划:认知、导向与路径[J].中国土地科学,

2017,31(1):21-27.
[34] 杨树珍.国土规划与经济区划[J].经济地理,1982,2(2):252-255.
[35] 岳文泽,王田雨.资源环境承载力评价与国土空间规划的逻辑问题[J].中国土地科学,2019,33(3):1-8.
[36] 赵京勋.编制区域综合国土规划的几个问题[J].地理学与国土研究,1988,4(4):1-5.
[37] 周静,沈迟.荷兰空间规划体系的改革及启示[J].国际城市规划,2017,32(3):113-121.
[38] 周立三.我国国土整治方针与任务的探讨[J].经济地理,1982,2(4):243-246.
[39] 朱江,邓木林,潘安."三规合一":探索空间规划的秩序和调控合力[J].城市规划,2015,39(1):41-48.
[40] 庄少勤.新时代的空间规划逻辑[J].中国土地,2019(1):4-8.
[41] Fan, J., Li, P. X. The Scientific Foundation of Major Function Oriented Zoning in China [J]. Journal of Geographical Sciences, 2009, 19:515-531.
[42] Fan, J., Tao, A. J., Ren, Q. On the Historical Background, Scientific Intentions, Goal Orientation, and Policy Framework of Major Function-oriented Zone Planning in China [J]. Journal of Resources and Ecology, 2010, 1(4):289-299.
[43] Kärrholm, M., Nylund, K., de la Fuente, P. P. Spatial Resilience and Urban Planning: Addressing the Interdependence of Urban Retail Areas [J]. Cities, 2014, 36:121-130.
[44] Tang, C. C., Fan, J., Sun, W. Distribution Characteristics and Policy Implications of Territorial Development Suitability of the Yangtze River Basin[J]. Journal of Geographical Sciences, 2015, 25(11):1377-1392.
[45] Yishao Shi, Xiangyang Cao, Dongmei Fu and Yuncai Wang. Comprehensive Value Discovery of Land Consolidation Projects: An Empirical Analysis of Shanghai, China[J]. Sustainability, 2018, 10(6):2039.

2 发达国家和地区国土空间管制比较及对我国的借鉴*

2.1 引言

国土空间是美丽中国建设的载体,国土空间用途管制是推动国土空间合理开发和利用以及保障体系建设与发展的重要措施,也是土地利用规划领域改革的新重点。2015 年,《生态文明体制改革总体方案》将其作为八大改革目标之一,十九大报告提出"统一行使所有国土空间用途管制和生态保护修复职责",2018 年 3 月,国务院机构改革设立的自然资源部作为统一行使全民所有自然资源资产所有者职责,统一行使所有国土空间用途管制和生态保护修复职责,"国土空间用途管制"已经提升到前所未有的国家战略层面,成为推进建设"美丽中国"、落实国土空间规划战略、强化自然资源管理和保障生态环境监管的重要手段。在土地制度改革大讨论的背景下,对我国土地用途管制在我国的地位、未来的趋势走向和优化路径的全面解构则成为必然。

本文通过对发达国家和地区国土空间管制内容进行梳理和分类分析,总结了国内外一些国家和地区的经验做法以及对我国国土空间管制的借鉴意义,并提出针对性的建议。

2.2 发达国家和地区国土空间管制经验

受历史文化、政治经济制度、资源特点以及经济发展阶段等因素影响,国内外一些国家和地区则形成了框架相对一致但风格各异的国土空间管制制度方法和管控体系,归纳下来主要有以下类型。

---

* 朱蕾,女,博士,高级工程师,上海市地质调查研究院博士后。主要研究方向:土地利用规划和政策。

2.2.1 以用途和密度、容积分区为主的国土空间管制

以用途和密度、容积分区为主的国土空间管制国家主要有德国、美国、韩国。最早的土地用途管制始于德国柏林的功能分区,目前德国的规划体系是垂直控制式,土地使用分区管制依据市镇村一级的建设管理计划,包括土地利用规划(简称F规划)和地区详细规划(简称B规划)两种。F规划以土地用途管制分区为主要内容,把城市的土地利用分为修建建筑物、不修建建筑物和其他的土地利用,随后细分为居住地域、混合地域、产业地域、特别地域、绿地、农业用地、林业用地等10种使用类型区。B规划则详细规定了土地利用的具体方式、公共设施位置、有关建筑的限制(建筑率、容积率等),并依此进行分区管制。

美国在20世纪50年代前,国土空间管制主要通过划分土地使用分区,对使用密度与容积方面进行管制。使用分区一般分为住宅、商业、工业、农业等四大类,也可增加分区或对分区进行细分,每个分区均有详细的用途限制。密度管制主要包括人口密度、容积率、建蔽率以及宗地最大或最小面积管制。容积管制主要包括建筑间距、建筑高度、建筑覆盖规定等。

韩国国土利用规划分为土地利用基本规划和施行规划,韩国通过规划和法律确定分区,土地利用基本规划和《国土利用管理法》规定全国划分城市地域、准城市地域、农林地域、准农林地、自然环境保全地域5种,并就每个地域土地利用行为加以限制,同时还将全国国土划分为已开发地域、有必要开发区域、为开发需保留的地域、应保全的地域等。土地利用施行规划是按土地利用基本规划区分指定的用途地域,来划分用途地区,按具体用途地区进一步制定的细部规划。城市规划在《国土利用管理》规定的城市地域内进行,并将城市地域划分为住宅、商业、工业地域,并对每个地域土地利用行为加以限制规定,通过《城市计划法》进行城市土地用途管制。

2.2.2 以控制城市扩张、保护农地为核心的国土空间管制

以控制城市扩张、保护农地为核心是国际上主要国家国土空间管制的第二个阶段,主要是应对城市快速发展引起的城市蔓延、资源紧约束和环境生态问题,代表国家有美国、日本等。

美国控制城市规模与保护农用地的土地用途管制的主要措施包括划定城市增长线、分期分区发展、建筑许可的总量控制、农地分级分区管控和购买或者转让土地开发权。分期分区发展主要是州政府通过规划要求地方政府为土地开发行为规定时序与区位,如马里兰州的乔治王子郡划分为优先发展区、经济发展潜

力区、限制发展区、延续发展区等。农地分级分区管控是指在农业用地区域内，严禁修建住宅和发展其他城市基础设施，并在规划中确定保护范围和次序（如基本农地、特种农地、州重要农地和地方重要农地4种），最好的农田周围划定缓冲区如湿地、排水区、溪岸和森林等。

日本通过严格的农地购买和转用管制制度、城市土地利用规划制度、林地保护制度和空闲土地管制制度保护农林用地，提高用地效率，控制城市扩张。日本通过农业振兴区域的整治法律和《农地法》来对农地加以特殊管制，包括制定农业振兴区域、实行开发行为许可、设定特定土地利用权制度等。日本根据《城市规划法》，把城市规划区分为城市建设区和城市调整区，有计划有步骤地发展城市，抑制城市的盲目扩张。日本对林地进行特殊保护，日本政府指定800万公顷林地作为"森林保护区"进行有规划的保护和开发，保护区所有权永远属于国家所有，其中有500公顷作为国家级、准国家级和县级国家公园。另外，日本还对空闲土地进行管制，当某一土地被认定为空闲地时，都道府县知事认定空闲地，并要求土地所有者提出利用处理计划，给予所有者必要的建议或劝告，促使土地得到积极而灵活的利用。

2.2.3　土地开发许可和发展权限制为主的国土空间管制

国土空间管制实际上是对土地发展权的一种限制，因为各国土地所有权制不同，所以各个国家土地发展权限制的手段和方式各不相同，代表国家有英国、美国、法国和日本。

英国是世界上最早通过规划立法限制土地开发的国家。英国土地管理的主要特点是规划管理、开发许可、用途管制和发展权的收益归公。英国的土地名义上归国王所有，实际上归私人所有，1947年的《城乡规划法》首次明确提出将土地的所有权与开发权进行分离，为英国采取土地开发许可制度提供了可能，开发建设必须向地方规划机关申请开发许可，地方规划机关根据政策和影响程度决定是准许开发、有限制条件准许开发或不准许开发。英国通过是否授予开发者以发展权来进行管制，私人通过购买形式获得土地发展权，事前向政府交纳100%的开发税，即开发收益全部归国家。英国农地用途变更利用，要向农业部部长咨询，为防止过度侵害农用地，环境大臣则有权收回地方规划机关的申请核准权。

美国的土地发展权归土地所有者拥有。美国的土地发展权制度由土地发展权转让制度和土地发展权征购制度组成。美国政府按照有关规划将土地分为受限制开发区和可开发区，并大致分为10个等级，土地发展权转让在政府主导下通过建立土地发展权交易市场完成，土地发展权采取有偿转让，购得的土地发展权可以和原土地发展权叠加。土地发展权征购制度则是指政府部门或私人组织利用公债或联合拨款向农民支付一笔现金以作补偿，购买优质农田的开发权。补偿数额通常相当于土地市场价格的一半或三分之二，农民继续享有土地使用权，并用得到的补偿来改良土壤。

法国通过"法定密度极限"和"土地干预区"制度进行具体的土地用途管制，限制土地发展权。法定密度极限也称作容积率上限，在上限指标范围内的建设，开发者有自主权，超过该限度则开发建设权归国家，建设开发者可向政府购买超过限度标准以上的部分建设权，政府则通过卖与不卖和调整超限度开发费来保护耕地，维护国家利益。土地干预区则是指国家对那些极易遭受破坏的区域，在出售土地时享有优先购买权，以减少地产市场自由放任所造成的盲目性和自发性。

日本根据《城市规划法》划分功能区和用途区，确定有关开发许可等措施。日本对农用地转用采取严格的开发许可制，农业振兴区域的优良农地不准任意转用，凡进行以农地转用为目的的土地买卖，必须得到都道府县知事或农林水产大臣的许可。同时，日本的农地等级由高到低则被分为一、二、三类，不同类别的土地有不同的限制规定，低等级者可以转用。根据农地所在区域与都市规划范围关系不同又可分为市街化地区和市街化调整地两种，在市街化区域内的农地转用买卖，不必得到许可，只须向地方农业委员会申报，并征收与宅地同等的课税；而在规划划定的计划调整地范围内的农地转用则须经许可才能转用，非农民不得取得转用以外的农地。

2.2.4 兼顾刚性和弹性特征的国土空间管制

刚性的空间管制政策和分区管控规则促进了经济社会发展，但有些时候却难以适应产业融合发展的需要。为提高经济发展的活力，很多国家开始在某区域或方面探索弹性国土空间管制，代表性国家和地区有英国、中国台湾地区和新加坡。

英国通过规划立法确保规划的实施和用途管制，在《用途分类规则》里界定土地和建筑物的基本用途，用途转化需要规划许可。但用途分类可随着产业结构转型和科学技术进步调整，同一类别内用途变化不构成开发，不需申请规划许可。《一般开发规则》界定不需要申请规划许可的小型开发活动，《特别开发规则》界定特别开发地区，如新城、国家公园和城市复兴地区，这些区域由特定机构来管理，有一定的自主性和灵活性。英国和德国等欧洲国家地方政府还通过划定绿带，绿带的边界可以进行微调，但总面积需保持不变，也确保了规划的弹性。

中国台湾地区在都市土地使用管制中有几种特殊的管制分区，采取弹性的管制规则。一是特别使用分区管制，为特别目的的需要而给予有别于一般土地使用分区管制的规定。二是计划单元开发，在以一个单元为整体开发对象时，赋予开发者在规划、建筑设计、土地使用、开放空间、设计元素等上具有自由度。三是密度分区管制，在刚性的开发控制下，通过群体开发使某一地区总量控制下的开放空间增加。四是工业用地区的混合用地使用。即允许工业区内的产业用地有一定比例的用途变更弹性，可变更为批发零售、运输仓储、餐饮、通讯、商业、金融、保险等相关产业用地，用途变更的比例受到严格控制。

新加坡通过总体规划实现用途管制，总体规划蓝图将国土进行详细空间划分的基础上，对每一地块的发展利用方向、建设控制指标等详细控制，每一小块土地容积率都有详细标记。为促进产业转型升级，新加坡制定了"白色地带""商务地带"计划，有一定的弹性政策。"白色地带"计划规定，政府划定的特定地块允许包括商业、居住、旅馆业或其他无污染用途的项目在该地带内混合发展，发展商也可以改变混合的比例，在项目周期内改变用途时，无需缴纳额外费用。"商务地带"计划是指将园区内原工业、电信和市政设施用途的地带重新规划为新的商务地带，允许商务用地落户，改变用途无须重新申请，并且同一建筑内也允许有不同的用途，以增加土地用途变更灵活性。新加坡"白色用地"则是1995年提出并实施的市区重建新理念，"白色用地"目的是通过土地利用规划弹性管制区预留功能无法确定的用地，为将来提供更多灵活的建设发展空间。一是土地预留，二是混合利用，三是用途转换，通过不同类型的"白色用地"实施策略保证土地用途管制的弹性。

2.3　对我国国土空间管制制度的启示

2.3.1　国土空间用途管制应向多要素多维度转变

目前，我国的土地用途管制侧重对农用地转为建设用地的管制，重点是解决"能不能建"的问题，以此为目标进行指标控制和分区管控，开展"一书三证"为主体的规划建设行政许可，对其他生态用地和生态环境的管控较弱，对土地利用程度和效益的管制也较弱。新时期的国土空间管制应是全域多要素的，除了农用地用途管制，也应将所有自然生态空间纳入用途管制，有序引导农业空间、生态空间、城镇空间各类用地的相互转变，鼓励向有利于生态功能提升的方向转变，制定负面清单，严格禁止不符合生态保护要求或有损生态功能的相互转换。

新时期为促进经济发展方式转型，土地用途管制也应是多维的，应不局限于用途，应涵盖用途、利用程度、利用效益、权益附加条件和限制等多维空间管制体系，在新的空间规划体系各规划层级和用地出让的各环节应考虑"多维"空间管制。

2.3.2 国土空间管制要刚性和弹性结合

对于国土空间用途管制，国土空间规划只是载体，要管的好必须采取全方位的管理制度，应强化空间规划和国土空间管制的刚性。借鉴英国、日本和韩国等国家规划法制建设和管控经验，我国应尽快进行规划立法，加强规划法制建设。同时，继续发挥航测、卫星遥感、数字影像处理等先进技术手段的动态监控和管理作用，加强执法监察与土地督察，保证土地用途管制的实施。

结合英国、中国台湾地区和新加坡、纽约等地的实践，我国国土空间管制应针对产业融合和发展不确定性等情况，增加规划和国土空间管制的弹性，避免"统"的过死。一是可以预留一定的建设用地指标不落地，即空间不确定性留白或用地指标留白；二是做好情景应对，对城市未来发展不确定性进行考虑，预留一定的建设留白空间，这些空间是允许建设区，有建设用地指标但不确定规划用途，属于用途不确定性留白；三是在乡级土地用途管制分区中设定特定区域为综合用地，允许土地适当混合和一定比例用途变更弹性。四是参照中国台湾地区的做法，允许在上位规划总体要求下，设定特别使用分区管制，为特别目的的需要而给予有别于一般土地使用分区管制的规定。

2.3.3 强化国土空间管制的市场化手段和市场配置作用

土地利用的终极目标是提高土地资源的配置和利用效率，因此要强化土地资源的市场手段。英国、日本、新加坡对发展权征税或支付开发费；美国采取土地发展权转让和土地发展权征购制度；法国采取"法定密度极限"和"土地干预区"制度限制土地发展权，国土空间用途管制其实是一种发展权的给予和限制，我国国土空间用途管制应注重区域和利益平衡，对受管制的区域应给予经济方面或开发强度等方面的补偿，比如，我国探索实施的基本农田补偿、水源地补偿、公益林补偿、自然保护区补偿以及流域间互惠互利的置换或挂钩补偿方面效果很显著，也可以参照国外确定容积率"发送区"和"接收区"，进行容积率转移补偿。

规划编制、计划管控和国土空间管制过程中均应充分发挥市场作用，把市场该管的交给市场，一是增强公众参与力度；二是规划不应仅强调指标约束和农用地保护，应统筹兼顾经济发展和生态保护；三是规划应管市场解决不了的问题，尤其是在制定愿景目标、配置公共服务和基础设施用地、防止土地利用负外部性问题（包括环境问题）和行动计划方面。减少政府对资源的直接配置，尽可能采取对土地利用实行负面清单管理。四是对于乡村的发展，规划应预留足够比例的建设用地和空间，同时给予乡村更多自主权。

2.4 国土空间管制框架设计建议

我国国土面积大，行政层级多，应体现各层级规划中的国土空间管制内容差别。根据《中共中央 国务院关于建立国土空间规划体系并监督实施的若干意见（中发〔2019〕18号）》，目前采取全国、省级、市县和乡镇四个层级规划，其中市县和乡镇国土空间规划是本级政府对上级国土空间规划要求的细化落实，是对本行政区域开发保护作出的具体安排，侧重实施性。各地可因地制宜，将市县与乡镇国土空间规划合并编制，也可以几个乡镇为单元编制乡镇级国土空间规划。在镇级规划层面划实城镇空间、农业空间和生态空间，制定三大空间调整和转换的规则和程序，明确三大空间管制规则、正负面清单和各类型用地间转换的程序和路径等内容。

强化国土空间规划对专项规划和控制性详细规划的指导约束作用，在市县及以下地区编制详细规划，城市化地区的控制性详细规划和乡村地区的村庄规划作为"一书两证"的重要依据，对所有国土空间分区分类实施用途管制。在城镇开发边界内的建设，实行"详细规划＋规划许可"的管制方式，明确地块层面的用地指标控制，如土地混合比例、建筑高度和强度、附加条件等；在城镇开发边界外的建设，在乡村地区可编制能够指导项目建设和土地整治的村庄规划，按照主导用途分区，实行"详细规划＋规划许可"和"约束指标＋分区准入"的管制方式，落实国土空间管制内容。对以国家公园为主体的自然保护地、重要海域和海岛、重要水源地、文物等实行特殊保护制度，因地制宜制定用途管制制度，为地方管理和创新活动留下空间。

对于特定的区域或重要的区域，参照英国、中国台湾地区做法，划定特定区域或单元进行规划编制，加强区域间的协同，在规划编制、空间管制和建设管理方面通过政策突破和创新促进特定区域特定目标的实现，比如，特定的城市群、自由贸易区或部分试点区域。

参考文献

[1] 蔡玉梅,高平.发达国家空间规划体系类型及启示[J].中国土地,2013(2):60-61.

[2] 蔡玉梅,高延利,张建平,何挺.美国空间规划体系的构建及启示[J].规划师,2017,33(2):28-34.

[3] 蔡玉梅,廖蓉,刘杨,范黎.美国空间规划体系的构建及启示[J].国土资源情报,2017(4):11-19.

[4] 范华.新加坡白地规划土地管理的经验借鉴与启发[J].上海国土资源,2015,36(3):31-34,52.

[5] 冯伟,崔军,石智峰等.英国城乡规划体系及农村规划管理的经验与启示[J].中国农业资源与区划,2018,39(2):109-113,133.

[6] 高洁,廖长林.英、美、法土地发展权制度对我国土地管理制度改革的启示[J].经济社会体制比较,2011(4):206-213.

[7] 李远.德国空间规划与城市规划协同机制及其比较研究[J].武汉科技大学学报(社会科学版),2009,11(2):54-59.

[8] 林坚,刘松雪,刘诗毅.区域-要素统筹:构建国土空间开发保护制度的关键[J].中国土地科学,2018,32(6):1-6.

[9] 林坚.土地用途管制:从"二维"迈向"四维"——来自国际经验的启示[J].中国土地,2014(3):22-24.

[10] 卢为民.用地政策引领产业转型——新加坡节约集约用地启示[J].资源导刊,2012(7):42-43.

[11] 马丁·贾菲,于洋.20世纪以来美国土地用途管制发展历程的回顾与展望[J].国际城市规划,2017,32(1):30-34

[12] 潘科,陆冠尧.国外与我国台湾地区土地用途管制制度问题启示[J].国土资源科技管理,2005(3):97-101.

[13] 祁帆,李宪文,刘康.自然生态空间用途管制制度研究[J].中国土地,2016(12):21-23.

[14] 沈悦,刘天科,周璞.自然生态空间用途管制理论分析及管制策略研究[J].中国土地科学,2017,31(12):17-24.

[15] 施志源.自然资源用途管制的有效实施及其制度保障——美国经验与中国策略[J].中国软科学,2017(9):1-9.

[16] 唐黎标.英、美、法三国土地发展权制度启示录[J].上海农村经济,2012(12):40-42.

[17] 王向东,刘卫东.中美土地利用分区管制的比较分析及其启示[J].城市规划学刊,2014(5):97-103.

[18] 夏方舟,杨雨濛,陈昊.基于自由家长制的国土空间用途管制改革探讨[J].中国土地科学,2018,32(8):23-29.

［19］徐忠国.乡级土地利用总体规划土地用途分区类型体系研究——基于国际国内经验比较［J］.农林经济管理学报,2015,14(1):21-27.

［20］姚晨,魏媛.中日土地用途管制比较研究［J］.农村经济与科技,2015,26(3):137-138.

［21］张建平.我国国土空间用途管制制度建设［J］.中国土地,2018(4):12-15.

［22］周静,朱天明.新加坡城市土地资源高效利用的经验借鉴［J］.国土与自然资源研究,2012(1):39-42.

［23］周姝天,翟国方,施益军.英国空间规划经验及其对我国的启示［J］.国际城市规划,2017,32(4):82-89.

3 乡村振兴视角下大都市远郊乡村空间规划探索

——以崇明区陈家镇郊野单元(村庄)规划为例*

3.1 引言

党的十九大报告指出,新时代我国社会主要矛盾已经转化为人民日益增长的美好生活需要和不平衡不充分的发展之间的矛盾。而当前我国最大的发展不平衡是城乡发展不平衡,最大的发展不充分是农村发展不充分。2017年10月,党的十九大报告首次提出"实施乡村振兴战略",并写入党章。2018年1月,中央一号文件《中共中央国务院关于实施乡村振兴战略的意见》(以下简称"实施意见")发布,对实施乡村振兴战略作出了系统、全面的部署,为解决我国农村发展不平衡不充分问题明确了现实路径,也对未来乡村地区规划工作提出了更新更高的要求。在全国全面实施乡村振兴战略的整体格局中,发达地区尤其是大都市地区相较广大中西部区域具有其先发优势。大都市地区城乡融合程度较高,城乡居民在发展权利平等、成果共享方面差距更小,因此大都市郊区乡村应当在实施乡村振兴战略中起到引领示范作用。

大都市郊区乡村相较一般农村地区更易接受城市职能辐射,获得更丰富的资源外溢,城乡要素流动更为活跃,有充分的条件率先实现乡村振兴。同时,不同于大都市边缘区的近郊乡村面临"半城市化"、城乡用地犬牙交错、大量外来人口集聚、社会结构复杂化等问题,大都市远郊乡村与高度城市化地区的相对疏离又有利于其乡村自然内生性和地域文化性的留存,在乡村振兴全局战略中具有更加鲜明的个性特征。因此,如何强化规划的引领作用,引导大都市远郊乡村地区实现"产业兴旺,生态宜居,乡风文明,治理有效,生活富裕"的乡村振兴总目标,是新时期乡村规划面临的关键问题,也是本文探讨的重点所在。

---

* 魏丽,女,硕士研究生,注册城乡规划师,就职于上海营邑城市规划设计股份有限公司。主要研究方向:区域与城市空间发展和城乡空间规划。

3.2　新时期大都市乡村的发展定位

上海 2035 总体规划提出建设"卓越的全球城市"的总目标,上海进入"底线约束、内涵发展、弹性适应"的转型发展新时期。上海的乡村发展定位要放在城市转型发展和全面实施乡村振兴战略的新时期大背景之下进行研究。

第一,乡村地区是资源紧约束下上海睿智转型发展主战场。在城乡建设用地负增长的前提下加快推进郊区土地的集约高效利用,是优化全市土地利用结构和使用效率的关键。第二,乡村地区是上海大都市空间体系的重要组成和生态基底,也是上海全球城市功能升级的战略承载空间。乡村地区占上海市域总面积的近一半,其广大生态空间、农业空间是大都市稀缺资源,承担保障大都市生态安全和农业安全的功能。第三,未来上海将加大基本公共服务和基础设施建设向乡村倾斜,乡村地区将成为承接全球城市新兴业态、打响"上海制造"品牌的重要战略承载空间。第四,乡村地区是长三角江南文化保护与再生的主要载体。上海乡村地区是弘扬江南文化、农耕文化的主要载体,应依托大都市资源优势,彰显江南水乡田园与上海时代特征。第五,未来的上海乡村地区将是高品质农民生活、市民休闲的体验空间。乡村公共服务品质的提升和乡村社区的复兴不仅为本地农民构建高品质的生活、生产空间,也为大都市区潜力休闲人群提供享受田园生活、品味乡村文化的休闲空间。

3.3　大都市远郊乡村的发展特征

3.3.1　劳动人口流失,老龄化现象严重

近年来,上海市农村常住人口呈线性减少,以崇明区为代表的远郊乡村由于本地产业结构单一、就业岗位减少,青壮年人口外流现象更为普遍,乡村社会老龄化趋势严重。2017 年,崇明区 60 岁以上老年人口占户籍人口比例已达 35.1%,高于上海市均值 33.1%。劳动人口大量外流不仅留下大量空置房屋和用地,也导致以乡村基层服务功能衰退为代表的乡村整体经济活力衰减。上海市区和崇明区的老龄化见图 3-1,陈家镇人户分离及老龄化见图 3-2。

3.3.2　用地结构失衡,土地利用低效

乡村空间在过去城市主导的发展思路下随城镇空间扩张不断受到挤压。其

图 3-1 | 2007—2017 年上海市和崇明区老龄化率

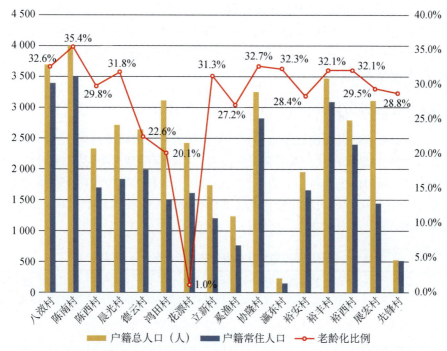

图 3-2 | 2017 年陈家镇人户分离及老龄化率

一,乡村地区用地结构失衡,主要表现在农用地规模迅速下降、耕地面积逐年减少,而农村建设用地快速增长。陈家镇作为近年来崇明区重点发展区域,2009—2016 年建设用地总量增幅近 76%(增量 15.2 平方公里),农用地减少 14.5 公顷,其中超过五成为耕地。其二,农村建设用地布局分散、效益低、功能弱。2016

年,陈家镇宅基地总面积占规划集中建设区外建设用地总面积的53%,总量大、分布散,基础设施配套相对薄弱,利用效率不高。全镇现状工矿仓储用地绝大多数布局于城市开发边界外,地均工业产值不到全市平均水平的30%。

3.3.3 产业发展乏力,缺乏造血机制

远郊农村产业发展乏力的现状与新时期构建现代化农业产业体系的目标差距较大,农村三次产业尚未融合发展,没有形成乡村自我造血机制。其一,崇明区第一产业仍以传统散户经营为主,户均耕地面积不足3亩。小农经济缺乏规模化、产业化、信息化意识,在市场经济环境下被动滞后,农产品经济效益低。其二,第二产业近年来逐渐依赖注册经济、忽视实体工业。一方面,由于崇明"特殊海岛税收返还政策"催生注册企业的高额税收,促使各乡镇逐渐高度依赖注册经济;另一方面,由于严格的生态保护政策,本土乡镇企业大量关停,新产业导入又面临苛刻的产业准入门槛和建设用地严控限制。其三,第三产业以民居改造、家庭式小规模经营的农家乐为主,乡村休闲产业发展缺乏统一规划,同时受到严格的建设用地政策管控。

3.3.4 公共服务体系薄弱,乡村社区活力不足

长期以来基础设施建设投入不足导致乡村地区公共服务薄弱、居住环境差。目前,崇明乡村地区现状公共服务设施配置以基础保障型为主,品质提升型设施短板突出。同时由于乡村公共服务设施通常以行政村为单位与村委会就近集中布置,部分村域面积较大的行政村其公共服务设施无法覆盖整个村域(见表3-1和图3-3)。

表3-1 崇明区陈家镇现状村级公共服务设施一览表(2017年)

类型	设施名称	八滧	陈南	陈西	晨光	德云	鸿田	花漂	立新	奚渔	协隆	瀛东	裕安	裕丰	裕西	展宏
基础保障型	村委会	√	√	√	√	√	√	√	√	√	√	√	√	√	√	√
	多功能活动室	√	√	√	√	√	√	√	√	√	√	√	√	√	√	√
	室外健身点	√	√	√	√	√	√	√	√	√	√	√	√	√	√	√
	卫生服务中心	√	√	√	√	√	√	√	√	√	√	√	√	√	√	√
	便民商店	√	√	√	√	√	—	√	√	√	√	√	√	√	√	√
	村民大会堂	—	—	—	—	—	—	—	—	—	—	—	—	—	—	—

续表

类型	设施名称	八滧	陈南	陈西	晨光	德云	鸿田	花漂	立新	奚渔	协隆	瀛东	裕安	裕丰	裕西	展宏
品质提升型	日间照料中心	—				✓										
	为农综合服务站	✓				✓		✓	✓	✓	✓					✓
	社区事务代理中心	✓	✓	✓			✓			✓			✓			
	室内健身点	—														
	综合文化站	✓	✓	✓	✓	✓	✓		✓	✓	✓	✓	✓	✓	✓	✓

3.3.5 风貌特色迷失，乡土文化受冲击

崇明岛由河水冲击、沙洲不断围垦生长而成，是典型的沙岛风貌区，具有典型的海岛特色，汇聚江南韵味。全岛适应传统农业生产的井字形平直水网、体现农耕文化和渔文化为主的非物质文化遗产、东西沿河南北沿路的传统乡村格局等，都是崇明乡村风貌和乡土文化的珍贵留存。随着乡村不断空心化以及城镇化过程中外来文化的冲击，如今崇明整体文化特质与风貌特色逐渐迷失，体现在生态资源缺乏景观品质、乡村传统格局破坏、民居江南特色遗失、建筑风貌混杂、公共空间凋敝等方面。

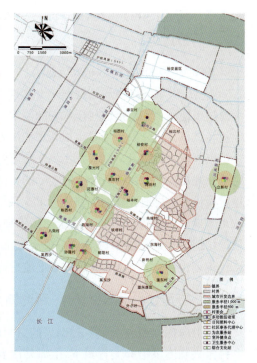

图3-3 | 崇明区陈家镇现状村级公共服务设施服务范围分析图（2017年）

3.4　近 20 年来大都市乡村地区规划演进

3.4.1　早期（2000—2008 年）——重系统、重形态、轻落地的传统乡村规划

2004 年，上海市政府首次提出"三个集中"，郊区城镇开展农民新村、中心村规划建设试点，部分地改善了村民生活、节约土地。2006 年市委明确"1966"城乡规划体系，全面推进郊区新农村先行区试点建设。但由于当时"规划""土地"各自为政，传统乡村规划偏重系统规划和空间设计，轻视土地指标及规划落地所需政策通道，全市规划 600 个中心村基本未能实施。2007 年，上海市农委牵头启动村庄改造，对全市 630 个村、32 万户农户展开工作，完善农村基础设施条件和环境状况。但农委条线的村庄改造关注单条线项目的施工设计，缺少全局系统性规划。

3.4.2　探索（2009—2015 年）——"规土合一"后初步探索乡村规划落地通道

2008 年 10 月，上海市完成"规土合一"机构改革，开始推进"两规衔接"，展开在"同一张图"下的城市规划管理与土地利用管理新机制探索。乡村地区也开始思考通过土地政策创新推进村庄规划的落地。2010 年，上海市开展农村集体建设用地流转试点。但受限于当时土地管理法尚未改革、缺乏面上推广政策，最终只有一个试点落地。2012 年，上海市启动首轮郊野单元（郊野公园）项目，创造性地以郊野单元规划为平台探索适合上海实际的大都市郊野地区土地整治模式。首轮郊野单元项目对乡村地区规划编制进行了有意义的探索：其一，规划与土地相衔接，具有可落地实施性；其二，通过法定图则管理为乡村项目的建设用地审批提供法定依据；其三，规划范围不再局限于单个村庄或项目区，更大范围统筹考虑。同时，该轮规划也存在不足，即重在关注土地指标，对农村产业和风貌引导力不强。

3.4.3　转型（2016 至今）——新时期大都市乡村空间规划体系构建

在上海探索超大城市乡村振兴的空间规划和土地管理新模式、新路径，强化乡村振兴制度供给的大背景下，上海郊区乡村规划应转换思路，将乡村规划置于国土空间规划体系中，实现多规融合，引领乡村发展。2016 年上海开始以村庄布点规划为抓手推进乡村地区土地集约高效利用，首轮村庄布点规划以解决农民集中居住为重点，以撤并为主要思路，重点明确保留村、保护村、撤并村和农民

集中居住点。2018年8月，上海市启动新一轮乡村规划编制工作，构建了由村庄布局规划、郊野单元（村庄）规划、村庄规划设计构成的大都市乡村空间规划体系。其中，村庄布局规划重点解决农民集中居住问题，优化村庄布局；郊野单元（村庄）规划重点整合镇（乡）城市开发边界外乡村地区国土空间规划职能，是推进自然资源统一管护的实时性、策略性规划，也是实施土地用途管制特别是乡村建设规划许可的依据；村庄规划设计是对村庄居住点的空间形态、建筑风貌和文化景观等的详细设计，包含一策划六方案（见表3-2）。

表 3-2　上海大都市乡村空间规划体系的三个层次

编制范围	规划层次	规划体系	
		开发边界内	开发边界外
区+镇	总体规划层次	××区总体规划暨土地利用总体规划	村庄布局规划
		××镇总体规划暨土地利用总体规划	
镇+村	详细规划层次	控制性详细规划	郊野单元（村庄）规划
村	实施方案层次	城市设计	村庄设计

3.5　乡村振兴视角下崇明区陈家镇郊野单元（村庄）规划实践

崇明区陈家镇位于崇明岛东部，毗邻东滩湿地，镇域总面积94.4平方公里，其中开发边界以外的郊野区域总面积68.4平方公里。下文笔者将以《崇明区陈家镇郊野单元（村庄）规划》项目实践为依托，梳理乡村振兴视角下大都市远郊乡村规划的实践经验，以期为此后的乡村规划工作提供借鉴。

3.5.1　基于潜力评估模型，构建全域统筹、分类引导的镇村发展体系

在镇域尺度上建立村庄发展潜力评估模型，确定各行政村发展导向。坚持底线思维，强化刚性约束条件，对受到生态因素、市政交通设施等影响较大、开发潜力较低的村庄限制发展；结合弹性潜力评估，将区位交通较好、资源优势明显、社会发展条件好、农业生产水平较高的村庄作为重点发展对象。通过评估将全镇26个行政村分为限制发展、一般发展和重点发展三类，分类施策引导村庄发展。

陈家镇作为崇明区重点发展区域，城市开发边界内建设用地规模大、城市化建设活跃，与乡村地区联系紧密。为充分发挥小城镇对乡村地区的反哺和辐射带动作用，以裕安现代社区、国际生态社区为镇区公共服务核心，辐射六个重点

发展型村庄,协同带动六个乡村发展圈,构建全域统筹、城乡一体的镇村发展体系(见图3-4、图3-5和图3-6)。

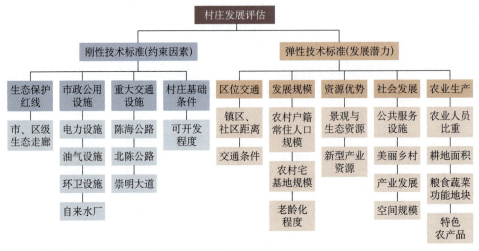

图3-4 | 村庄发展潜力评估模型技术路线图

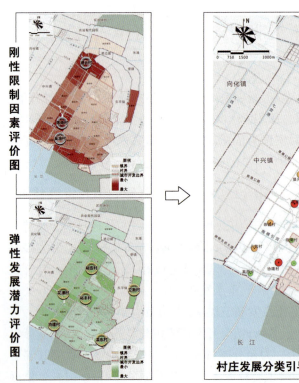

图3-5 | 村庄发展分类引导规划图

图 3-6 | 陈家镇镇村发展圈规划图

3.5.2 引导农民集中居住，优化村庄布局

（1）公众参与，推进农村宅基地撤并

坚持公众参与为导向，对陈家镇现状共 17 135 户村民进行农民集中居住意愿调查，深入了解村民的集中居住意愿、居住房型偏好、公共服务设施需求等，并将其作为村庄布局方案的重要考量因素。

在充分尊重农民意愿的前提下，首先，坚持底线思维，对受高速公路、高压走廊、高压燃气管线等市政廊道影响较大、位于邻避设施控制防护区范围或生态敏感区内的自然村落优先进行撤并；对分布零散（30户以下的自然村）以及规划项目占用的自然村落优先进行撤并（见图 3-7）。其次，突出弹性引导，对区域内交通条件、发展规模、资源条件、风貌格局等各方面较好的自然村落进行优先保留；衔接农委美丽乡村建设要求，对近两年总投资约 7 000 万元进行村庄改造和美丽乡村建设的村落进行优先保留（见图 3-8）。

（2）多元引导，合理确定安置方案

引导多元化的农民居住方式，构建由城镇集中安置区（E点）、农村集中归并

图 3-7 | 优先撤并宅基地分析图

图 3-8 | 优先保留宅基地分析图

点（X 点）、保留自然村（Y 点）组成的新型村庄布局体系。具体来讲，以集中居住为主要策略，在充分尊重农民意愿的前提下，采用以房换房和货币化补偿相结合的模式改善农民居住条件，推进城乡统筹发展。

农民安置采取进城镇集中安置区（E 点）安置、农村集中归并点（X 点）安置以及纯货币安置三种方式（见图 3-9）。首先，衔接镇总规中近期住宅供应计划和规划农民集中居住点，结合农民意愿调查进行优化，在镇域内南北均衡布局城镇集中安置区（E 点）和农村集中归并点（X 点）。其次，针对部分无集中安置意愿的村民，以行政村内平衡为原则，在保留村周边公共服务、基础设施配

图 3-9 | 陈家镇村庄布局规划图

套较好、不占用永久基本农田的地块进行平移安置。最后,对有意愿的农户依据崇明区相关政策进行资金补偿安置。同时,逐步提升和完善保留自然村的公共设施配套,提高农村居民的生活品质,最终形成"4E+5X+12Y"的村庄布局体系。

3.5.3 完善公共服务体系,营造宜居乡村社区

改善乡村公共服务体系薄弱环节是提升乡村人居环境品质,保障乡村民生,实现城乡基本公共服务一体化的关键。主要内容包含基于乡村生活圈进行村级公共服务设施提升以及完善农村道路交通、市政基础设施(见图3-10和图3-11)。

图3-10 | 陈家镇公共服务设施规划图

图3-11 | 陈家镇公共交通规划图

考虑到乡村人口结构特征及基础公共服务设施的主要服务对象,乡村生活圈范围以幼儿、老人徒步15～30分钟所达到的距离为参考,最大半径控制在1.5公里,最佳半径控制在0.5公里。基于这一服务半径配置基础保障型和品质提升型公共服务设施。其中基础保障型设施包含村委会、多功能活动室、室外健身点、卫生室、便民商店、村民大会堂等,品质提升型设施包含日间照料中心、为农综合服务站、社区事务代理中心、室内健身点、综合文化站等。

对于限制发展的行政村其设施以满足基础保障功能、现状保留为主;对于一般发展行政村应适当配置品质提升型设施;对于重点发展行政村应确保基础保

障和品质提升型设置配置完善,并适当提升其设施服务能级,以保障重点发展村对周边村庄的辐射带动能力。

3.5.4　优化存量土地资源,振兴乡村特色产业

(1) 重整经营性建设用地,重构乡村产业格局

构建乡村振兴的特色产业新格局,必须优化作为重要空间支撑的乡村土地资源的配置。其一,引导乡村地区布局零散、低效利用且不符合生态发展要求的经营性建设用地减量退出,腾挪建设空间,预留建设用地指标。其二,引导具备区位优势、发展条件较好的存量地块转型升级,引入乡村休闲旅游项目,打造新业态,优化乡村产业格局。其三,对区域内符合产业发展要求且绩效较好的现状经营性建设用地进行保留。

(2) 实施点状供地,落地乡村振兴项目

2018年11月,上海市出台《关于推进本市乡村振兴做好规划土地管理工作的实施意见(试行)》(沪府办规〔2018〕30号)明确乡村新产业新业态项目实施点状布局开发。在这一政策创新背景下,郊野单元规划充分衔接"马拉松开心农场"等乡村振兴项目方案,纳入乡村单元法定图则统一管理,确保乡村振兴项目后续落地实施。其一,"点状供地"是依据乡村单元图而确定的建设用地,地块范围办理农用地转用后,通过集体建设用地使用或征为国有方式供地,项目区内其他用地仍按原地类管理,采取租赁的方式,从而避免了传统片状供地方式带来的政府供地紧张、农转用和占补平衡指标紧缺问题。其二,乡村振兴项目投资方负担的土地开发成本降低,且依据修正后的《土地管理法》通过集体建设用地直接出让的方式确保了土地产权,大大提升了社会资本参与乡村振兴的积极性。其三,农户将闲置宅基地、周边耕地、林地等出租给乡村振兴项目主体从而获取租金收益,乡村振兴项目为农民提供就业机会,从而形成农民增收长效机制,促进农村一二三产业融合发展,助推乡村振兴(见图3-12)。

3.5.5　基于地理国情数据统筹自然资源,保护生命共同体

第一次全国地理国情普查利用现代测绘地理信息技术手段全面掌握地表自然、生态及人工设施的空间分布,形成了高精度的国情数据成果。其中,地表覆盖数据以其客观、精细的特征成为传统土地调查成果的有力补充。新时期乡村空间规划强调对空间资源开发利用和保护的整体管控,有必要将地理国情普查数据应用到乡村空间规划中,作为资源配置的决策依据,改变以往乡村规划中田林水等系统各自为政、难以衔接的困局(见图3-13)。

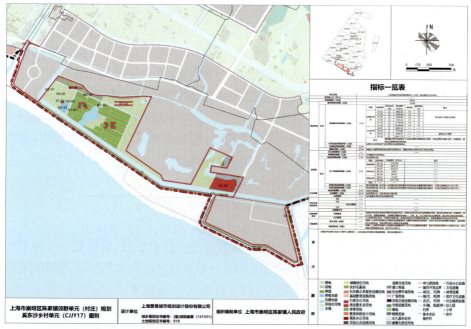

图 3-12 | 乡村单元图则示例

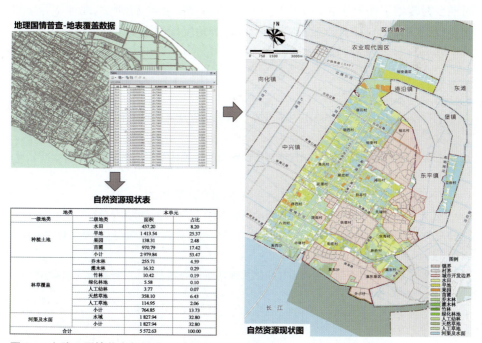

图 3-13 | 地理国情普查数据应用于自然资源现状分析

通过对地表覆盖数据的详细分析摸清区域内自然资源数据底板,统筹"山水林田湖草"生命共同体的自然资源空间布局。以基本农田数量不减少、质量不降低为原则对新增建设占用基本农田进行合理补划,确保镇总规下达的基本农田保护任务。完善河网水系布局,优化镇域河流网络,营造江南水乡景观环境。通过建设用地减量及水系、林地建设推进区域内市区级生态走廊建设,锚固城市生态基底。统筹优化郊野单元范围内农、林、水空间布局,在保障耕地和粮食生产空间的同时引导发挥农用地的生态景观功能,探索农林水复合利用新模式,改善郊野单元范围内的生态环境,丰富生物多样性,构建生态屏障。

3.6 结语

在乡村振兴视角下,乡村规划是统筹城乡经济社会发展,解决城乡发展不平衡问题的重要路径之一。以上海为代表的大都市郊区乡村进行了由规划体系到规划实践的一系列改革与探索,为此后乡村振兴工作积累了有益的经验。一方面,应继续强调规划先行、突出重点、分类实施、典型引路,加强各类规划的统筹管理和系统衔接,落实城乡融合、区域一体、多规合一的规划体系。另一方面,新时期乡村规划工作要求我们未来应当更多地结合社会学、经济学、地理学等学科优势,从人口流动、社会治理、经济动力机制等角度构建更加全面的方法体系。

参考文献

[1] 刘雪俊.地理国情普查成果应用探索——以广东省开发区土地利用强度评价为例[J].北京测绘,2018,32(6):647-649.

[2] 罗震东,周洋岑.精明收缩:乡村规划建设转型的一种认知[J].乡村规划建设,2016(1):30-38.

[3] 彭震伟.小城镇发展与实施乡村振兴战略[J].城乡规划,2018(1):11-16.

[4] 吴燕.全球城市目标下上海村庄规划编制的思考[J].城乡规划,2018(1):84-92.

[5] 张辉峰,桂德竹.地理国情监测支撑生态文明全过程建设的思考[J].遥感信息,2014,29(4):3-5.

[6] 周晓娟.城乡统筹背景下上海市村庄体系规划研究的思考[J].上海城市规划,2016(1):118-123.

4 乡村振兴战略下上海市实用性村庄规划的国土用途管制特征研究[*]

4.1 引言

村庄规划作为城镇开发边界外的详细规划,既要确保落实上位总体规划的传导性,又要对接乡村地区各类建设项目的规划许可管理,在国土空间规划体系内开启了与控制性详细规划(以下简称控规)同等地位的规划管理领域。上海市多年以来建立了具有自身特色的规划管理体系,尤其对城镇开发边界内的国土用途管制通过控规进行网格化和精细化管控。近年来在乡村振兴战略的引领下,上海市加大探索农村发展路径的步伐,系列政策不断推陈出新,新建立的乡村规划体系与原有规划体系相衔接,初步形成了城乡一体的国土空间规划管理体系。

然而与控规不同的是,乡村地区由于市场资源导入仍然缺位,农村集体土地政策正处于创新阶段尚不稳定,乡村社区的治理能力明显不足,这都对村庄规划提出了巨大挑战。在对接各类乡村建设项目的实施过程中,村庄规划的实用性仍未得到体现。

合理有效的管制方式是基于对管制实践特征有较为清晰的把握,这在村庄规划中需要得到更多的关注。村庄规划的国土用途管制特征一方面受到城乡规划外部宏观政策语境的影响;另一方面受到城乡内部自身发展差异的影响。剖析这两类影响,并结合村庄规划的实践案例分析,有助于理解上海市实用性村庄规划的国土用途管制特征,为进一步优化与创新村庄规划的国土用途管制实践提供基础。

---

[*] 奚慧,女,博士,上海同济城市规划设计研究院有限公司高级工程师。主要研究方向:详细规划管控和乡村规划与建设。

4.2 上海市村庄规划的国土用途管制政策语境

4.2.1 国土空间规划体系下的村庄规划管制职能定位

依据国土空间规划体系,实用性村庄规划是城镇开发边界外乡村地区"多规合一"的详细规划;乡村地区的建设将按照主导用途分区,实行"详细规划+规划许可"和"约束指标+分区准入"的管制方式。由此可见,实用性村庄规划的首要职能是严守底线,落实总体规划中确定的强制性用地管控指标,以及所划定的生态保护红线、永久基本农田和城镇开发边界等空间管控边界。其次是对照控规而言,实用性村庄规划的实用更重要地是体现在要解决问题。两者虽同属于详细规划,但实用性村庄规划的用途管制对象涉及乡村地区与建设相关的农村集体或国有的各类建设用地和农用地的全地类,较之控规的管制对象更具复杂性。因而,实用性村庄规划的用途管制方式在国土空间规划体系中除了与控规实施相同的"详细规划+规划许可"以外,还包括"约束指标+分区准入"方式,而这部分制度空间将为地方管理因地制宜地创新管理实践留有余地。

4.2.2 国家乡村振兴战略下的村庄规划资源配置导向

自党的十九大提出乡村振兴战略以来,各类与各级公共部门在公共资源配置的导向上始终以"建立健全城乡融合发展体制机制和政策体系,加快推进农业农村现代化"的总任务为主线。土地是乡村建设与发展中的核心资源之一,因而乡村振兴战略始终强调以土地资源配置为核心的规划所须发挥的引领作用。对于详细规划层面的村庄规划,其国土用途管制面对着乡村地区更为实际的发展诉求,因而在守底线的基础上还兼具了激发乡村发展动力以促振兴的重要角色。村庄规划需要紧跟农村土地制度改革方向,促进土地利用的创新实践,优化配置与合理管控各类土地资源,为乡村建设与发展提供足够的支撑。而大都市地区的乡村振兴进程中,其所具备的资源优势和发展条件使之在推进城乡统筹规划,促进城乡融合发展中将成为引领性和示范性的前沿阵地。

4.2.3 上海市总体规划下的村庄土地利用规划框架

上海市以及各区、镇的总体规划暨土地利用总体规划已基本完成。对照国土空间规划体系的架构,上海市、区、镇三级的总体规划中层层传导落实,土地利用的结构性框架已经全面建立。同时,根据上海市自身发展特征,各级总体规划始终坚持集约节约利用土地。这为村庄规划提供了土地利用的空间架构和管控导向。近年来,在乡村振兴战略引领下不断涌现新政策和新要求,村庄规划不仅需要自上而下将总体规划由结构性的用地框架转化为实施性的用途管制,同时还需应对来自村镇自下而上乡村发展活力激发的诉求。上海市乡村地区的人居环境、基础设施和公共服务等方面相较周边地区存在一定的差距。对照国际化大都市的目标定位,如何在现有的土地利用规划框架下,通过实用性村庄规划来补齐乡村建设短板,促进城乡资源对接,实现城乡一体化将成为重要的命题。

4.3 城乡发展差异对上海市村庄规划国土用途管制的影响

4.3.1 当前上海市乡村规划体系下的村庄规划管控特征

为落实贯彻乡村振兴战略,上海市初步建立了乡村规划体系,包括总体规划层面的村庄布局规划、详细层面的郊野单元(村庄)规划、实施层面的村庄设计等。其中,郊野单元(村庄)规划以镇为单位对其城镇开发边界以外的乡村地区各个行政村进行统筹性的详细规划,并以行政村为单位提出相应的管制图则及要求,作为乡村建设许可管理的依据。作为上海市乡村地区村庄规划的创新政策工具,郊野单元(村庄)规划在土地规划上具有区域统筹性,解决各个行政村之间跨区域的设施资源配置问题;在地类性质上倾向城乡合一性,统一的用地性质分类为农村集体土地提供了与国有建设用地同权同价的基础;在用途管制上强调管控精细化,对各行政村提出的管制要求基本达到规划许可的操作性。整个体系对原有城市规划管控思路的延续性较为明显,这对推动城乡一体化的规划体系而言是一种具有示范性的实践探索,但同时也将面临城乡发展之间的差异性所带来的各种挑战。

4.3.2 乡村"三生一体"发展特征对全地类统筹的需求

城乡之间用地发展模式的重要差异在于乡村地区具有生产、生活与生态一体化的特征,而城市地区具有功能分区的用地特征,即使城市地区的用地规划细分土地性质、倡导混合用途等,但仍聚焦于建设用地,而乡村地区的发展除了建设用地的支撑之外,还依赖于农林水各类用地一体化的发展,并且其土地的用途与人的活动之间所具有的关联性较城市更为密切。乡村地区全地类统筹发展对其国土用途管制提出了相应的挑战。这首先意味着用途管制的地类要素较城市地区将成倍增加,其中非建设用地具有各自的专项性管制要求,各类用地之间的协同发展需要获得更多的关注并进一步细化,因而如保持同等的管控精度将使村庄规划编制与用途管制实施面临较大的效率压力。基于以镇为单元强调区域统筹性的郊野单元(村庄)规划中对各类用地包括建设用地之间、非建设用地之间以及这两者之间的专项统筹性思考尚不充分,使得村庄规划的国土用途管制在应对乡村动态发展方面的适应性不足。

4.3.3　乡村社区治理特征对管制公共性理解的差异

城乡之间另一重要的差异体现在社会发展特征。城市社区是市民社会,市民对于公共利益的理解基于现代行政管理体系已达成了基本的共识。因而,城市规划的国土用途管制可以明确划分公益性用地或者具有公益性的使用用途,并能获得绝大多数人的认可。而乡村社区是植根于亲缘关系的熟人社会,村民对于公共利益的观念以村集体为界定范畴,即使大都市乡村地区能较多地受到政府公共管理体系的影响,但乡村社区仍然具有自治特征。这意味着与城市相比,乡村地区以村为单元的集体土地代表着相应范围内的村民所拥有的集体利益,从规划之初就具有了明确的利益主体。除了底线管控和区域性设施配置等基本的公共性保障以外,国土用途管制中如何引导优化与盘活作为村集体核心资源的建设用地将成为重要的关注方向。本轮郊野单元(村庄)规划强调全镇区域性的公共利益统筹,并且采用城乡合一地类性质,这在一定程度上弱化了乡村社区的利益主体角色,后续乡村建设过程可能会面临一定的实施阻力。

4.4　上海市实用性村庄规划的国土用途管制特征分析

4.4.1　实用性之一:生态管控的底线强制要求

基于上海市总体规划的土地利用结构特征,村庄规划的国土用途管制首要的实用性体现在具有明确清晰的生态管控底线强制要求。根据上海市提出的"四线"管控要求,明确落实总体规划划定的生态保护红线、永久基本农田保护红线、城市开发边界与文化保护控制线等,并且通过"指标＋边界"的管制方式落实到位。

以松江区新浜镇为例,总体规划确定的"生态新浜、迷你小镇"发展目标使得其国土用途管制中基于生态建设的管控导向尤为明显。根据总体规划,"四线"管控划定了明确的边界(见图4-1),而在郊野单元(村庄)规划中,通过空间管制分区细化了国土用途管制要求,涵盖了从底线到引导各个管控的层次(见图4-2)。对于

图 4-1 | 松江区新浜镇总体规划划定的"四线"管控区域

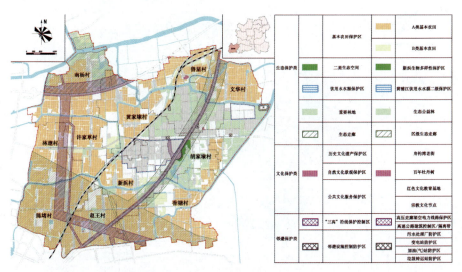

图 4-2 | 松江区新浜镇郊野单元(村庄)规划空间管制分区

村庄规划的实用性导向而言,强制管制的边界和指标更具有效力,在行政村单元的管制中应予以突出,有利于村集体组织在实际建设过程中明确自己的土地利用底线之所在。

4.4.2 实用性之二:目标导向的管控精细程度

上海市各层级的总体规划所确定的建设用地和农用地在管控精细程度上并不一致,村庄规划是否需要在城乡达成统一的用途管制精度值得探索和思考。就村庄规划的实用性要求而言,国土用途管制的精度应与其管制目标相应,根据目标导向来确定不同地类管制的精细化程度。例如,可以聚焦集体建设用地的管控,农用地则按分管部门要求进行专项管制;也可以根据建设项目导向,例如,综合性的乡村振兴示范村等,在一定范围内提出各个地类较为精细化的管控要求。

以闵行区革新村为例,在完成行政村村域全地类的土地使用规划(见图4-3)之后,根据镇政府提出的实际规划管理需求,聚焦全村域的建设用地提出管制要求(见图4-4),管制单元以建设项目为单位划分区块,对用地面积以及新建部分的容积率和建筑限高等提出指标性要求和其他建设引导性要求。而对于其中的农民居住点建设管理,则根据实际管理需要提出更为精细的管制要求(见图4-5)。有利于村集体在建设过程中进行有效对接,结合农民建房特征,管

图4-3 | 闵行区浦江镇革新村土地使用规划

图 4-4 | 闵行区浦江镇革新村村域建设用地管制图则

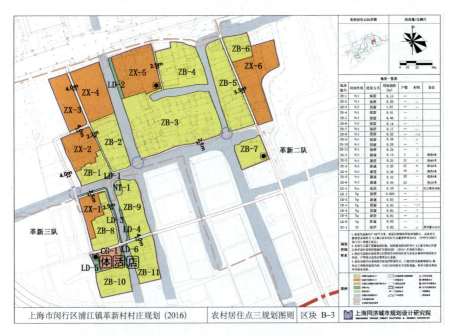

图 4-5 | 闵行区浦江镇革新村规划居民点建设用地管制图则示例

制单元基本以村组为单位划分地块,增加安置户数指标等,由此提高村庄规划作为管制工具的实用性。

4.4.3 实用性之三:适应动态的混合用途管制

乡村地区的发展具有动态性,尤其是在乡村振兴战略的引领下,逐步会有各类资源不断导入乡村地区。因而村庄规划的国土用途管制不仅仅要守底线,还需要能适应动态性。混合用途可以成为提高用途管制适应性的方式之一。积极探索农用地之间、建设用地之间以及部分农用地和建设用地之间的混合用途,是节约集约利用土地同时促进乡村振兴的重要途径。

以松江区新浜镇为例,在总体规划中确定了农民集中进镇的发展模式,因而在大部分的乡村地区宅基地将被撤并,但仍保留了一些村级的社区服务设施用地。为适应未来发展的可能,郊野单元(村庄)规划对这些社区服务设施用地提出了公共建筑用地的混合用途,这将为诸如艺术乡建和社会机构介入等提供落地的可能。农林复合一直是上海市根据自身大都市发展特征所倡导的农用地混合用途管制。郊野单元(村庄)规划以此为导向,在严守基本农田红线的基础上,

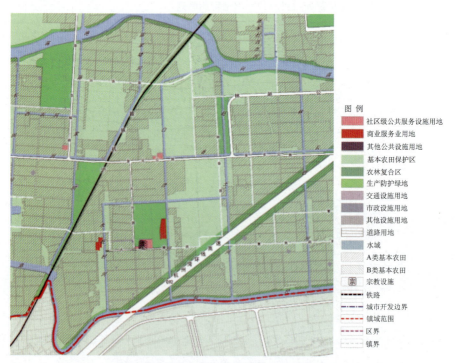

图 4-6 | 松江区新浜镇总体规划中赵王村村域范围的用地规划

以撤并的建设用地为主体落实相应管制范围,一方面提高农用地的使用效率,另一方面有利于构建网络化的农林水体系。乡村地区许多公共活动设施项目分散且规模小,有停车需求但无法供地,而许多设施农用地具有一定的场地空间,因而在部分有实际需求的用地可利用其周边有场地条件的设施农用地混合临时停车功能。新浜镇总体规划中赵五村村域范围的用地规划如图4-6和图4-7所示。

图4-7 | 松江区新浜镇郊野单元(村庄)规划(公示稿)中赵王村村域范围的用地规划

4.5 结语

上海市村庄规划的国土用途管制面临着传导自上而下的土地集约节约利用的结构导向,以及应对自下而上乡村地区发展诉求的双向要求,但两者并不矛盾;相反,这正是上海市乡村地区探索实现国土空间高质量发展的机遇所在。"城乡一体化不等于城乡一样化",其不仅仅是针对城乡物质空间品质管控的要求,同时也是对城乡国土用途管制方式提出的要求。当前的村庄规划管制不是为了限制市场开发造成的各类外部负效应,而是要确保乡村生态、生产和生活环境的必要发展条件,并在此基础上促进乡村社区、市场投资、社会机构和政府公共投入能够融合与协同,因而所需要的精细化管理不只是管制要素精细化,更是关注管制过程的精细化,为协作沟通提供条件。本文对村庄规划的国土用途管制特征的研究仅仅是抛砖引玉,希望能引起对这一命题更多的研究与实践探索。

5 国土空间规划背景下上海市规划资源信息化顶层设计实践初探*

5.1 政策背景

改革开放40年来,我国成功实现了从计划经济体制到市场经济体制的转型,自然资源体系也历经了一系列从"分"到"统"的初步变革。随着改革进程的推进,自然资源体系正在持续优化以适应市场化配置的新要求。

5.1.1 国家层面

2018年3月,中华人民共和国第十三届全国人民代表大会第一次会议表决通过了关于国务院机构改革方案的决定,批准成立中华人民共和国自然资源部,开启了新一轮机构改革序幕。按照自然资源部新"三定"方案,内设国土空间规划局、国土空间用途管制司、国土空间生态修复司等部门,首次提出了"国土空间"的概念和机构改革的方向。

2019年5月,党中央、国务院发布了《关于建立国土空间规划体系并监督实施的若干意见》(以下简称《意见》),这是国家层面首次确立国土空间规划体系的顶层设计,在长期面临各级规划过多、内容重复冲突、审批流程复杂、周期过长、地方规划朝令夕改等问题的基础上,提出:"建立国土空间规划体系并监督实施,将主体功能区规划、土地利用规划、城乡规划等空间规划融合为统一的国土空间规划,实现'多规合一',强化国土空间规划对各专项规划的指导约束作用,是党中央、国务院作出的重大部署"。《意见》还提出,要逐步建立"多规合一"的规划编制审批体系、初步形成国土空间开发保护"一张图",从政策上确立了我国正式进入国土空间统一规划时代。

---

* 庄澜,女,教授级高级工程师,就职于上海市规划和自然资源局信息中心。主要研究方向:土地管理、国土资源空间数据管理。

5.1.2 市级层面

按照国家机构改革统一部署,本市同步组建上海市规划和自然资源局,相应的对机构和职能进行了调整。2019年3月,上海市政府发布《2019年上海市推进"一网通办"工作要点》,针对市规划资源局建设规划项目审批、不动产登记等多个业务流程提出了优化再造的要求,指出:"重点推进以高效办成一件事为目标的业务流程革命性再造,系统重构政府部门内部业务流程,重构跨部门、跨层级、跨区域协同办事流程"。同时,成立了上海市大数据中心,主要职能为制定数据资源归集、治理、共享、开放、应用、安全等技术标准及管理办法,实现跨层级、跨部门、跨系统、跨业务的数据共享和交换。本市一系列重点工作从业务和数据两个条线分别展开、分别统一,对于规划资源体系而言,打破了以职能部门主导的业务实施模式,强调以规划资源业务为主线,弱化部门之间关系,以流程节点推动业务正向实施。

市级层面在国家政策统一的基础上,进一步落实到业务实施层面的融合和规范,对于规划资源系统而言,需要进一步下沉至具体业务流程的重构与优化和数据流的归集与统一。

5.1.3 局级层面

根据国家机构改革和本市"一网通办"的有关精神,市规划资源局在业务和数据双条线的基础上,以系统数据、应用服务等各层面的碎片化问题为导向,探索信息治理对于业务治理的穿针引线作用,以信息资源融合整合重构业务,打破科层制僵化,实现信息生态和业务生态的"两态融合",促进规划资源深度融合和革命性业务流程再造,发布了《市规划资源局信息资源融合整合的指导意见》。该《意见》指出:"按照空间基础数据提供商定位,问题导向,打破局系统各单位、部门行政界线,着力破解碎片化问题,推动应用集约、模块协作"。

从国家层面的国土空间统一规划到市级层面的业务、数据双统一再到业务流和数据流的"两态融合",规划资源系统正逐步构建信息化顶层设计,实践探索从"分"到"统"到"合"的上海方案。

5.2 上海市规划资源信息化建设现状

5.2.1 规划资源信息化现状

自然资源规划体系在国家层面或者政策角度一直是以土地利用规划、城乡规划、总规、详规等具体的规划任务为代表提出的，如国土空间规划体系、"多规合一"等，但下沉到最本质的实施层面，还是各类规划数据之间、数据与业务之间的融合统一。

上海市规划资源体系从最初的土地管理到房屋、土地、矿产合一，再到现在的自然资源统一，一直沿用的是业务流和数据流"双流协同"的信息化体系，数据流在业务流的驱动下产生并沉淀；反之，业务流以数据流为依据开展相关业务工作。因此，本市的规划资源信息化体系相对稳定和完整，具有丰富的内容和庞大的规模。

目前，空间规划数据库正处在建设阶段，按照总体规划、单元规划、详细规划三个层次，基本建立了全要素的空间规划数据库架构。相关数据自2012年就启动入库工作，在全市规划层面，2012年之前，是利用市级土地总体利用规划数据管控；2012年，用批复的区镇级土地利用总体规划数据管控；2018年8月用镇级土地利用总体规划调整完善数据库进行管控。永久基本农田和生态保护红线数据分别于2017年7月和2018年4月入库并进行管控；在区总规层面，崇明、宝山、青浦等区总规已完成入库；其余新市镇总规、专项规划、控制线详细规划、村庄规划均按正常流程入库。从总体入库情况来看，还存在部分成果数据在规范化、标准化方面与现有数据标准不匹配的情况。

5.2.2 存在的问题及挑战

作为规划资源体系中的职能部门，本市在信息化建设方面起步早、发展快、成果先进。但是，在国土空间统一规划的大背景下，目前还存在一系列共性问题和挑战。

（1）重业务审批，轻数据管理

业务部门主要职能为规划建设过程中各事项的行政审批，在业务办理中注重业务节点的进度，忽视了数据的同步更新，往往出现业务办理完结，而对应的数据还未入库的情况，容易造成业务流与数据流的脱节，对后续业务审批的现势性和准确性产生影响。

（2）数据需求定位不清晰

业务部门熟悉审批业务，但对各审批节点用数据审什么、用数据核什么没有标准化，对数据流需求不明确。例如，在办理某项业务时，对业务办理需要采集什么数据，需要提供什么样的比对分析功能，业务办结后产生什么数据，数据又怎么共享利用的这些数据需求定位不明确。

（3）数据标准缺乏统筹，标准体系不统一

规划资源数据体系涵盖了规划、土地、矿产等八大子体系，但各类数据的生产与管理往往局限于单个部门，数据标准缺乏有效统筹，造成数据之间存在数据格式、数据质量、空间范围、时间分辨率等方面的矛盾和不一致，缺乏有效统筹和统一，对规划资源信息化整合融合造成了根本的影响。

(4) 数据更新机制不完善，数据质量不可控

目前有些业务办理过程中成果数据是作为审批资料附件上传的，当审批业务办结，电子数据仅作为附件内容沉淀，并没有更新空间数据库，需要启动审批后入库流程，将电子数据库内容更新至空间数据库，当电子数据入库出现问题时，无法保证数据实时随业务流同步更新数据库，导致数据质量问题出现，部分数据存在不现势、内容重复、属性空值等现象。

5.3 初步设想与实践成效

5.3.1 规划资源信息化建设初步设想

按照国家国土空间规划政策要求，结合本市"一网通办"和大数据中心建设目标，在规划资源信息化现状的基础上，制定信息化建设顶层设计初步设想，目标建立"一套数据、一个平台、一张蓝图"体系，打破"数据为单部门系统服务""一个部门一个系统""不同渠道获取不同信息结果"的现状。细化业务流和数据流最小单元，按"板块-系统-模块"的构架，以业务逻辑关系识别信息组建，以业务开展方式融合信息模块，以业务价值取向整合信息系统，形成完整、关联、可灵活调整的"一套数据、一个平台、一张蓝图"体系。

要实现"三个一"体系目标，具体措施还应下沉到如何确保业务流与数据流融合统一的层级上，毕竟"一套数据"是整个信息化建设的核心思路。根据信息化目前存在的问题和挑战，初步采取以下三个措施。

(1) 规范空间数据标准体系

以规范规划数据标准为突破，结合部国土空间规划数据标准体系，对照局现状各类规划数据标准进行梳理，解决各类成果数据标准重叠、冲突等问题，统一图属设置、重构成果标准，建立规划资源数据标准体系。

在经历了多次机构改革和长期数据积累之后，本市规划资源数据体系涵盖了规划、土地、地矿、调查、项目审批、确权登记、资质管理、监督监管八大数据库，空间要素图层数超500个，数据内容包括空间图形和属性、审批文本、审批图件等，如图5-1所示。

其中，规划管理数据包括总体规划、单元规划、详细规划和规划监测评估预

警数据；土地管理数据包括土地计划、土地审批、土地交易、补充耕地、违法查处和土地监测评价数据；地矿管理数据包括地质环境、地质分析、地矿档案数据；测绘调查数据包括基础地理数据、国土调查、不动产权籍调查数据、地质调查和专项调查数据；项目审批数据包括一书两证、开工验收、地名审批和项目档案数据；确权登记数据包括不动产登记各阶段数据；资质管理数据包括测绘管理、规划编制资质、地矿资质数据；监督管理数据包括规划监督、土地管理监督、项目审批监督、执法监督等数据。

数据体系不仅在空间维度上保持着丰富的规划资源信息，在时间维度上也呈现长时序、现势性、动态的特点。

(2) 融合业务流信息流

结合大规划、大土地、大审批业务需求调研情况，有机融合业务流和信息流，梳理各业务节点上下游数据关系，确保数据关联互通、及时更新，完善用数据审查、用数据监管机制。

本市规划资源管理业务实现了从项目规划、审批、建设、变更、验收等全生命周期全要素全流程立体管控，涵盖市区两级数十个部门和单位，近十二项办理事项，涉及审批事项二十五项。庞大的业务基础和复杂的业务流程撑起了国内相对领先的大规划、大土地、大审批业务流程，如图5-2所示。例如，在规划审批阶段，审批部门要依据在编规划层数据进行数据分析与比对，开展土地利用总体规划审批、专项规划审批、单元规划审批、总规详规审批等八项审批事项，并形成总规层次成果、单元层次成果、详规层次成果等空间管控数据，最终以形成法定规划层数据为该流程完成依据。

规划资源的业务之间依靠业务逻辑建立业务关系，以业务数据作为业务基础，整个业务流依托数据流推进直至形成业务闭环。

(3) 细化业务数据流需求

为了更清晰展示各业务节点数据流关系，重点细化各业务事项数据流需求，从"基础数据提供、业务办理采集数据、数据分析比对、业务办结产生数据"四个角度，展现数据采集、数据比对和数据更新过程（如表5-1、图5-3所示）。

5.3.2 初探成效

按照"一套数据、一个平台、一张蓝图"数据融合整合体系要求，经实践初探，落实相关措施，现已形成初步成果。

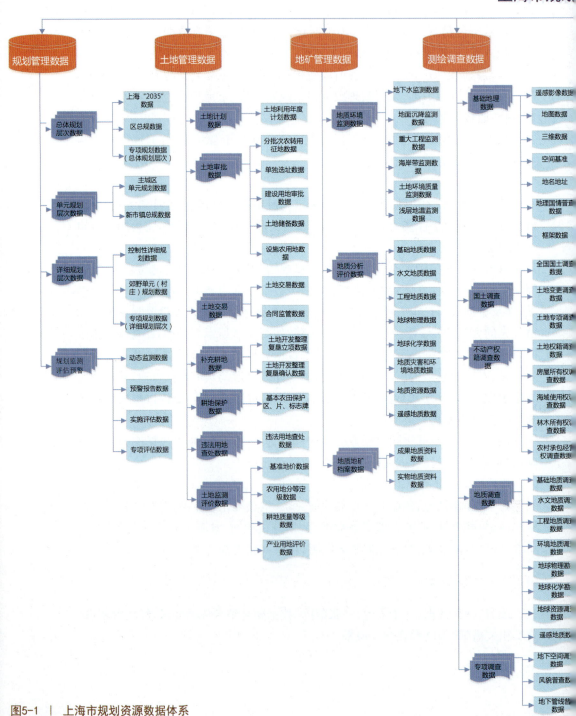

图5-1 | 上海市规划资源数据体系

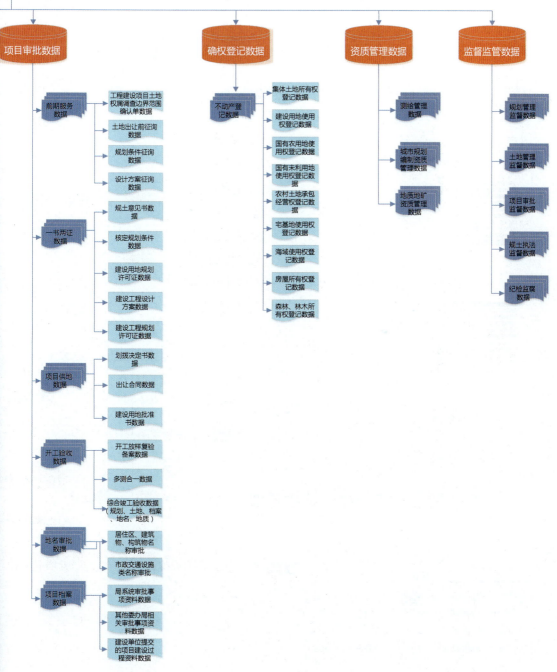

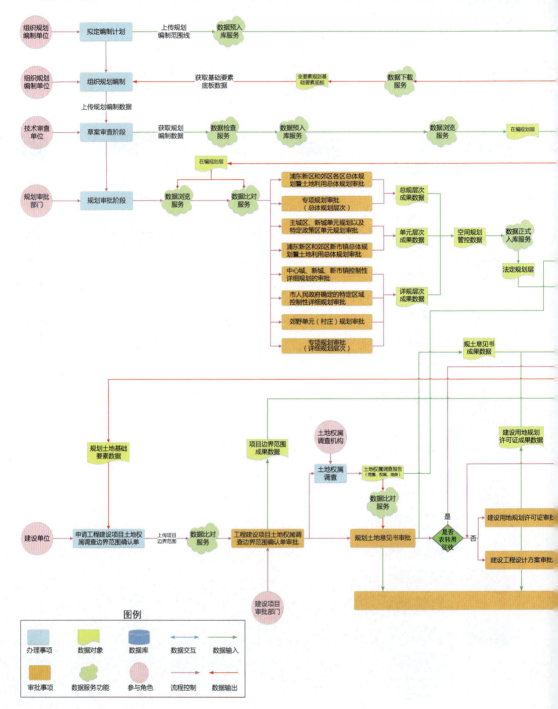

图5-2 业务流和数据流图

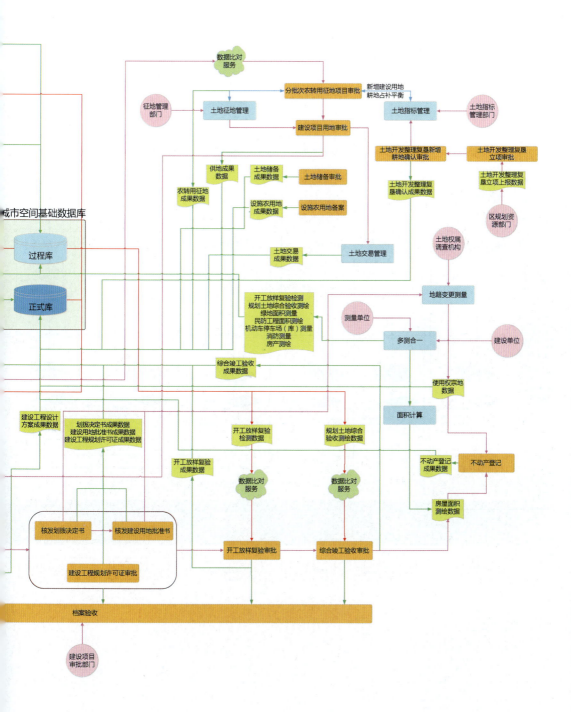

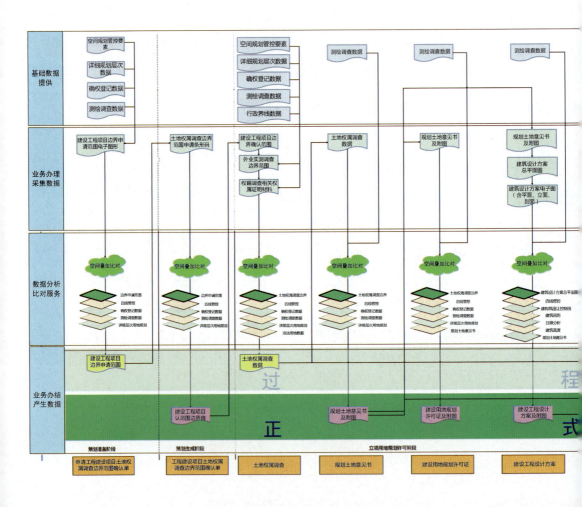

图5-3 | 细化业务数据流需求图

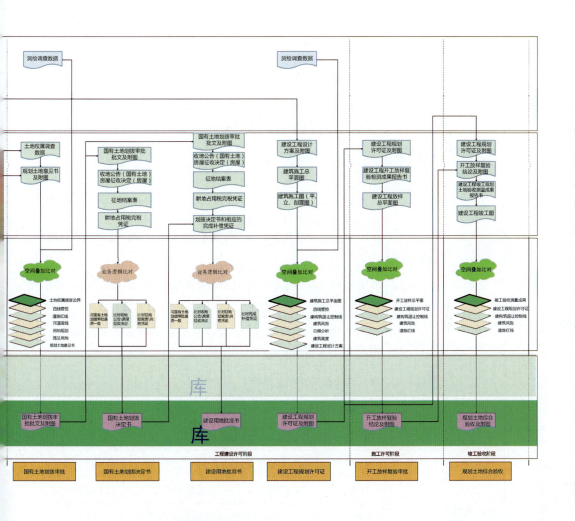

表 5-1　规划资源业务办理数据流需求单（规划土地意见书新办）

业务名称		规划土地意见书			
1	基本信息	业务级别	市/区规划资源局		
2		业务概述	根据已经批准的总体规划和各类专项规划，控制性详细规划，结合拟建项目的功能需求，确定项目的选定位置、用地规划用途和规划用地面积，同时对拟建项目规划方案提出规划控制要求，如用地边界、建筑高度控制、配套设施等规划条件，以指导建设项目进一步的立项、用地手续办理和设计方案的制定		
3		办理依据	上海市人民政府关于印发《上海市工程建设项目审批制度改革试点实施方案》的通知（沪府规〔2018〕14号）		
4		实施主体	市/区规划资源局		
5		办理期限	10个工作日		
6		办理条件	1. 申请材料齐全且在规定的有效期内 2. 申请的建设项目属于按照国家规定需要有关部门批准或者核准立项的项目 3. 项目类型应当符合国家公布的划拨用地目录 4. 选址应当符合城乡规划，并且符合国家用地政策 5. 符合其他法律法规的相关规定		
7		办理结果	《关于核定××工程建设项目规划土地意见书的决定》和《规划土地意见书》及附图		
8		办理方式	窗口现场报件或网上报件		
9	数据流情况	基础数据提供	内容	地形图	
			格式	CAD	
10		业务办理采集数据	内容1	项目建议书批复或者有关计划部门出具的立项文件	
			格式	DOC/表单	采集方式	接口调用
11			内容2	可行性研究报告编制文本及其总平面图	
12			格式	DOC/CAD	采集方式	在线上传
13			内容3	土地权属调查报告及附图	
14			格式	GIS	采集方式	接口调用

续表

业务名称			规划土地意见书
15	数据流情况	数据质检	■ 封闭多边形 ■ 图形拓扑正确 ■ 面积检查正确
16		数据分析比对服务 空间叠加	选址范围与空间管控数据叠加，判断与建设用地控制线\工业区块控制线\其他建设用地\永久基本农田\违法用地\控规\各类控制线关系 分析结果：项目选址位置、用地规模、用地性质、建设工程性质、是否符合总体规划、控制性详细规划、专项规划等上位规划的要求，与规划道路红线、河道蓝线等重要规划控制线是否有矛盾
17	业务办结产生数据	内容1	规划土地意见书附图
18		格式	GIS
19		数据库	□过程库　■正式库　□历史库
20		图层名称	**GHTDYJSFW**
21		内容2	规划土地意见书项目信息
22		格式	属性字段
23		数据库	□过程库　■正式库　□历史库
24		图层名称	
25		内容3	规划土地意见书附件
26		格式	DOC/PDF
27		数据库	□过程库　■正式库　□历史库
28		图层名称	
29	业务办结归档数据	数据内容	规划土地意见书申请数据、办理过程数据、法定结果数据（批文、证照、附图）
30	数据更新	更新依据	
31		更新方式	■自动更新　□项目更新　□批量更新
32		更新频率	■实时　□日常_____工作日　□批量_____工作日
33	共享利用	局内	规划土地意见书批文、附图、附件
		局外	规划土地意见书批文、附图、附件

业务名称	规划土地意见书
34 数据流程图	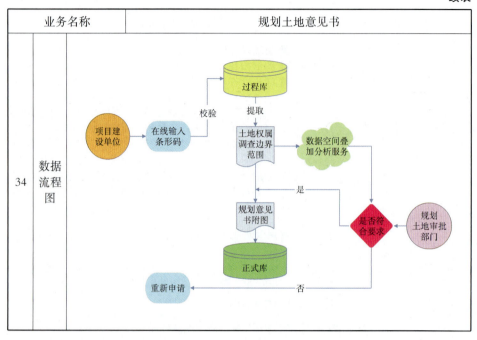

（1）初步形成全要素空间数据标准

落实规范空间标准具体措施后，现已制定完成《上海市规划和自然资源局全要素基础数据标准》初稿，针对全要素空间基础数据库的内容、要素分类代码、数据分层、属性数据结构、属性值代码等进行了详细规定。

在全要素标准的基础上，进一步制定数据库模板，统一数据格式和属性字段。现已形成郊野单元规划模板、控规、专项模板、新市镇总体规划模板。

（2）初步完成数据流与业务流细化工作

按照初步设想制定的业务逻辑，即从基础数据提供、业务办理采集数据、数据分析比对、业务办结产生数据四个角度，通过"一表一图"形式展现数据采集、数据比对和数据更新过程，现已初步完成局系统所有业务的数据流细化工作。

以规划土地意见书审批为例，数据需求表采集了该项业务的基本信息、数据流情况、数据更新方式、共享情况和数据流程图，将整个业务流程与对应的数据流相互关联嵌合，初步实现了数据流与业务流的强耦合，真正做到了两态融合，为"一套数据、一个平台、一张蓝图"的实现迈出了扎实的一步。

5.4 展望

国土空间统一规划政策标志着多规合一已经到来,如何做好国土空间规划顶层设计,发挥国土空间规划在国家规划体系中的基础性作用,为国家发展规划落地实施提供空间保障,是目前规划资源系统内部所面临的严峻挑战。多规合一最终目标是实现规划资源"一张图",其最本质的核心在于数据的融合统一。本市按照国家要求已经完成了信息化顶层设计,多项措施也正在落实,且已获得初步成果,后续将强化数据流和业务流之间的协同融合,为实现"三个一"目标提供基础保障。

6 空间信息技术融合与空间规划体系精准实施*

6.1 引言

2018年11月,中共中央、国务院《关于统一规划体系更好发挥国家发展规划战略导向作用的意见》明确了国家规划体系以及空间规划在规划体系中的定位,要求建立以国家发展规划为统领,以空间规划为基础,以专项规划、区域规划为支撑,由国家、省、市、县各级规划共同组成,定位准确、边界清晰、功能互补、统一衔接的国家规划体系。空间规划体系要更好发挥发展规划战略导向作用和落地管控作用,应以空间治理和空间结构优化为主要内容,确保空间开发强度管控和主要控制要素落地实现。这需要在不同层级规划之间,在规划—设计—施工—竣工的项目全生命周期中,按照分级管控的逻辑,建构一套上位管控有效下达、下级实施有效上传的互动传导机制和工作实现路径。对不同的发展目标和管控要求,有不同的管控手段和不同的技术实现工具,通过一套规则、指标、标准和审核管控机制,从上而下,逐步细化管控的行为和要求,最终实现对空间和用途的精准管控。

6.2 GIS+BIM,空间信息技术融合新趋势

随着科学技术的进步和硬件能力的提升,GIS技术越来越多地被用于规划管理中与空间有关的数据采集、存储、管理及各类空间评价分析,协助工程项目规划设计。同时,倾斜摄影建模数据、BIM、激光点云、人工精模、三维管线、矢量等多源异构海量的空间三维模型数据也越来越多地出现在空间规划领域,当复杂的BIM模型遇到完善而又强大的三维GIS平台后,GIS+BIM,开始从理论研

---

* 刘利锋,男,高级工程师,就职于上海市规划和自然资源局。主要研究方向:空间规划、自然资源、城市建设领域审批改革、管理创新和信息化、智能化研究。

究、学术探讨，走向创新应用和实践落地，且在今后和未来的很长一段时间里，GIS+BIM，将在构建具有上下传导、左右协同、近远衔接、空间融合的空间规划体系，促进各类规划成果精准甚至无损地实施方面发挥重大作用。

GIS，地理信息系统（Geographic Information System）是一门结合地理学、地图学、遥感以及计算机科学的综合性学科，它基于计算机的工具，把地图这种独特的视觉化效果和地理分析功能与一般的数据库操作（如查询和统计分析等）集成在一起，可以对空间信息进行分析和处理。GIS特有的对空间信息的存储管理分析技术使其广泛应用于城市规划、科学调查、测量绘图、资源管理和路线设计等领域，在政府、公众和企事业单位中规划战略、解释事件、预测结果等中具有很强的实用价值。

BIM，建筑信息模型（Building Information Modeling）是用数字化的建筑组件表示真实世界中用来建造建筑物的构件。以建筑工程项目的各项相关信息数据作为模型的基础，进行建筑模型的建立，通过数字信息仿真模拟建筑物所具有的真实信息。它具有可视化，协调性，模拟性，优化性和可出图性五大特点。BIM可在建筑物建造前期对各专业的碰撞问题进行协调，在可视化状态下进行项目的设计、建造、运营中的沟通、讨论、决策，对设计上需要进行模拟的一些情景如节能、日照、施工、紧急疏散等进行实验，也可以优化项目方案，带来显著的工期和造价改进。

GIS和BIM本处在两个不同的行业领域，BIM提供单体数据，是微观层面的基础，GIS则提供空间参考，是宏观层面的基础。二者跨界融合不是一场意外，而是各取所需、互惠互利。GIS提供的专业空间查询分析能力及宏观地理环境基础深度挖掘了BIM价值。若将BIM视作珍珠，在GIS的精心串联下，必将成为一串惊艳世人、方便佩戴的项链，"GIS+BIM"作为空间规划体系构建和实施的一个 重要方向，改进GIS和BIM的软件互操作性，优化GIS与BIM提供的地理空间信息之间的动态数据交换，利用GIS宏观尺度上的功能，通过数据集成、系统集成或应用集成来实现BIM与GIS深度集成，以发挥各自优势，拓展应用领域，加强在城市规划、城市交通分析、城市微环境分析、市政管网管理、住宅小区规划、数字防灾、既有建筑改造等诸多领域的集成应用，与各自单独应用相比，在建模质量、分析精度、决策效率、成本控制水平等方面都有明显提高。

6.3　打通GIS+BIM的关键所在

目前在规划编制阶段，通常会采用的CAD、GIS软件，在设计、建造、运维等规划实施阶段，市面上存在着多种多样的BIM技术应用软件，虽然有像IFC等数据标准一样能完成不同软件间的数据传递，但都不同程度地存在数据损失，数据可用性较差；并且不同软件间，对不同数据版本的兼容性存在较大问题。对于目前规划实施、监测中迫切需要的GIS+BIM平台从过去对BIM软件的严重依赖中解脱出来，为今后GIS+BIM数据的集成应用留出空间。

打通GIS+BIM的关键点包括以下三个方面：

一是建立GIS+BIM的管控指标体系。以多尺度空间单元为载体，梳理规划-建筑-市政-勘测等专业的关联关系，以及总体规划到控详规划到建设项目的指标传导规则，形成层层传递、全局联动的精准智能决策系统，保障开发建设的规划、设计、施工、运维和管理的综合管控。指标体系拟定原则以落实公共职能、改革行政审批为核心，将城市规建管需要管控的核心指标作为审核内容，落实简政放权。规建项目中涉及生态保护、城市规模、公共安全等直接影响城市发展与建设的控制指标被设定为项目报批时要审核的"审查指标"。指标类型分为审查指标、监测指标和备案指标3类，分别应对不同的监管周期和管控力度。审查指标为规建项目报规报件的依据，覆盖的内容包括生态环境、开发容量、功能业态、公共空间、形象风貌、公共设施、公共安全等方面的管控内容，如三线划定、容积率、用地功能混合度、人均公园绿地面积等。监测指标包括城市总量承载、运行效率、环境质量和资源集约等方面，如人口规模、交通流量、可再生能源利用率等。备案指标主要为施竣工阶段的备案信息，主要包括设备信息、材料信息、养护信息等内容。依托上述指标体系，对规划实施可进行各类体检评估。

二是建立GIS+BIM的交付标准体系。数据交付标准并非从模型生产维度制定指标全覆盖、全管控的行业标准，而是根据规监管指标体系解译相应的模型数据和属性信息形成相应的数据交付要求，在不降低管控力度的同时，综合考虑城乡规划和工程设计的实现程度。数据交付标准包含规划、建筑、市政、地质、水利、园林景观等专业，内容涵盖空间布局、公共服务设施、综合交通、市政公用设施、生态环境与蓝绿空间、综合防灾、地下空间、建筑控制、城市设计及其他专项。

三是建立统一数据转译格式。在前述交付标准中，通过对特定需求的分析、拆解，得到规划、地质、市政、建筑、城市家具等各类数据需要交付的统一数据指标，为保证这些指标数据的交换流转、不同阶段中的数据应用，还应对数据的记录格式进行标准化，用公开、标准的数据库格式记录各行业交付的数据，以保证后续应用中对BIM数据的无损读取，这种数据生成的原则是记录的专业数据内容应与交付标准对接，满足业务需求；要保障数据的准确性，保证交付的信息模型、电子文档/图纸间的一致性；模型数据在内容、格式上应保持开放性，以满足

BIM应用软件的多样性要求；所有模型数据应采用统一的单位制、统一的坐标体系与高程。要适应城市建设的多行业、各阶段需求；应有数据版本升级管理功能；要符合国家现行的标准规范，与国际通行标准相适应，与GIS、BIM、物联网（IOT）工程相互融合。

6.4　GIS＋BIM助力空间规划体系精准实施

通过GIS＋BIM的集成应用，可以创新空间规划实施的标准体系和流程体系，以信息化促进城市治理模式更新，实现数字城市与现实城市同步规划、同步建设。

一是全周期记录规划生长过程。遵循空间规划从编制到实施完成的客观规律，将其划分为"现状评估、总体规划、控详规划、方案设计、施工监管、竣工验收"六个阶段，建立起数字化现状BIM0—总规BIM1—控规BIM2—设计BIM3—施工BIM4—竣工BIM5—现状BIM0的迭代闭合流程，形成从规划到现实的数字映射。

现状评估阶段生成现状空间信息模型（BIM0）。包括地形地貌、水文植被、地质勘测、生态环境、建成现状、管理运维等信息，通过现状评估支持下一步规划与管理的优化完善。

总体规划阶段生成总体规划信息模型（BIM1）。本阶段包括规划纲要、总体规划、总体层面的专项规划及相关导则等，BIM1模型是审查控规成果文件的基本依据。

控详规划阶段生成控制性详细规划信息模型（BIM2）。本阶段包括各组团控制性详细规划和城市设计、建筑风貌要求等，BIM2模型是出具规划条件、选址意见书、建设用地规划许可证等的基本依据。

方案设计阶段生成设计方案信息模型（BIM3）。本阶段对应建筑工程的建筑专业扩初深度，市政工程的主体专业初步设计深度，地质勘察专业应达到详细勘察技术要求，其他专业达到方案设计深度，形成设计方案信息模型。

施工阶段生成工程施工信息模型（BIM4）。本阶段对应施工图编制及项目施工阶段，建设单位将工程施工信息模型等规定的交付物提交平台进行备案，BIM4模型是相关管理部门核发建设工程施工许可证的基本依据。

竣工验收阶段生成工程竣工信息模型（BIM5）。本阶段对竣工BIM进行预审以及发起多方联合验收，在验收合格之后完成BIM5电子归档，并进入BIM0阶段，形成闭合。

二是全时空的数据信息融合。在数据全汇聚、自生长的同时,GIS+BIM创造性地提出了规划建设数据管理的标准体系。该体系贯通数字空间和实体空间的业务标准、技术标准,以 GIS 为基础,通过自主可控、开放统一的数据格式和统一数据交换标准,使得地理信息系统(GIS)、建筑信息模型(BIM)和物联网信息(IOT)深度融合。通过编制规划、地质、地信、建筑、市政(包括给道路、排水、综合管廊、电力、燃气、热力)、园林、水利、城市家具等专业的数据交付标准,并开创性提出统一数据转换标准,实现规划建设管理六个 BIM 阶段数据的全流程打通,为数据全链条的共享和使用创造了条件。

三是全要素的管理规则贯通。以政府管理需求为导向,以提高管理效率,降低管控风险为目标,根据相关技术指南、技术导则、技术规范、相关政策等,以多规合一、多管合一的理念构建覆盖审查、监测、评估、预警等多种需求的指标体系,共同形成点状工程(包括一般建筑、市政建筑、园林工程等)、线状工程(包括道路、桥梁、管线、隧道、水工工程、生态工程)"全量无损"的数字管控指标,打通六大阶段中规划-建筑-市政-勘测等专业的指标关联关系,结合城市-组团-社区-邻里-街坊-街块-地块-建筑-构件等多尺度空间单元,对各项工程的空间布局、位置坐落、空间占位、功能业态、开发总量、高度控制、空间影响等进行机器管控,实现从总体规划、控详规划到具体项目层层传递、全局联动的业务规则和管控模型。

四是全方位的廉政风险防范。在规划实施过程中,通过 GIS+BIM 技术审核,既提高审批效率,又强化机器管控,对可能出现人为干预以及可能造成管理缝隙的风险点进行系统梳理和问题查找,科学确定超预值标准,实行动态优化调整,通过"三个自动一个人工",即自动审核、自动预警、自动监管和领导过问干预的管理机制,来规范权力,防止在规划实施中出现风险失控的问题。通过打造数据铁笼,在实现一张蓝图干到底的同时,确保廉洁规划、廉洁建设。

(本文有借鉴雄安新区规划建设 BIM 管理平台相关成果。)

自然资源与生态

ZIRAN ZIYUAN YU SHENGTAI

7 上海市土地利用结构与碳排放效应的灰色关联度分析*

7.1 引言

经济发展强劲、能源需求激增是造成碳排放量增加、极端天气频发的重要原因。国家"十三五"规划(2016—2020年)中强调要推动低碳循环发展,主动控制碳排放。上海市国民经济和社会发展"十三五"规划(2016—2020年)中亦提出要深入推进节能低碳、应对气候变化。土地利用结构变化作为影响碳吸收和碳排放的直接因素之一,已成为碳排放增加的第二大原因,仅次于化石燃料。优化土地利用结构、控制减少土地利用过程中的碳排放,对保护生态环境、强化生态文明建设、促进区域绿色可持续发展意义重大。既有成果显示,目前土地利用变化与碳排放的相关研究主要聚焦于:土地利用与碳排放的相关关系研究、土地利用结构变化对碳排放的影响、土地利用碳排放的效率测算、土地利用碳排放的时空格局研究等方面。从研究对象看,现有研究或以建设用地为主,分析建设用地扩张对碳排放的影响;或从微观层面出发定量分析耕地、园地、林地、草地、建设用地、水域及未利用地的变化与碳排放的关系。然而以上海市为研究区域的成果为数不多,且研究结论时效性有限。上海市在长江经济带中具有重要核心战略地位,但作为第二批国家低碳试点城市,学术界对其土地利用结构变化与碳排放的相关关系研究尚未深入。

鉴于此,本文在测算2009—2016年上海市碳排放总量的基础上,通过构建灰色关联度模型,探析上海市土地利用结构与碳排放的相关关系,旨在揭示两者的关联程度及变化情况,以期为上海市低碳城市发展战略的深入推进提供决策参考。

---

* 张珂,女,硕士研究生,助理工程师,就职于上海广境规划设计有限公司。主要研究方向:土地规划与城市规划。

7.2 数据来源与研究方法

7.2.1 数据来源

本文数据主要包括土地利用现状数据及其碳排放系数、能源消耗数据及其折标煤和碳排放系数。其中,土地利用现状数据来自自然资源部土地调查成果,依据《土地利用现状分类》(GB/T21010—2007)和上海市实际情况,将土地利用类型归并调整为耕地、园地、林地、草地、建设用地、水域及未利用地,各用地类型的碳排放系数通过总结既有文献获得;能源消耗数据来自 2010—2017 年《上海市统计年鉴》,根据数据可获取性选取原煤、焦炭、燃料油、汽油、煤油、柴油、其他石油制品、热力、电力等九种能源进行能源消耗统计,折标煤系数、碳排放系数分别依据《中国能源统计年鉴》《2006 年 IPCC 国家温室气体清单指南》进行设定。

7.2.2 碳排放总量测算

(1) 直接碳排放量测算

耕地、园地、林地、草地、水域及未利用地均属于非建设用地范畴,主要通过农业耕作中的机械耗能、化肥施用、土壤微生物呼吸作用等途径进行碳排放,借鉴已有研究成果,可采用直接测算法对上述非建设用地类型进行碳排放量测算,公式如下:

$$C_A = \sum e_{it} = \sum S_{it} \times \delta_t \quad (7-1)$$

式(7-1)中,C_A 表示耕地、园地、林地、草地、水域及未利用地的碳排放总量之和;e_{it} 表示第 i 年第 t 种地类所产生的碳排放量;S_{it} 表示第 i 年第 t 种地类的土地面积;δ_t 表示第 t 种地类的碳排放/碳吸收系数;i 表示年份,t 表示用地类型。由于耕地兼具碳源和碳汇的双重功能,因此采用二者差值表示净碳排放量,各用地类型碳排放系数见表 7-1。

表 7-1 土地利用类型及其碳排放系数

土地利用类型	碳排放系数(10^4 t/hm²)	来源文献
耕地	0.422 0	孙贤斌;孙赫等
园地	−0.730 0	赵荣钦等;孙赫等

续表

土地利用类型	碳排放系数（10^4 t/hm²）	来源文献
林地	-0.595 0	王刚等；孟梅等；蔡苗苗等
草地	-0.021 0	石洪昕等；范建双等
水域及未利用地	-0.253 0	石洪昕等；孙赫等

注：根据土地利用现状数据可知，研究期内上海市未利用地面积为 0，因此，水域及未利用地碳排放系数主要参考水域的碳排放系数进行设置。

（2）间接碳排放量估算

以土地面积和碳排放系数进行碳排放量直接测算的方法并不适用于建设用地，其碳排放量需通过统计原煤、焦炭、燃料油等能源消耗产生的碳排放总量进行间接估算。因数据可获取性及上海市实际情况，文章选取原煤、焦炭、燃料油、汽油、煤油、柴油、其他石油制品、热力、电力九种能源，根据相应年份各能源消耗总量及其折标煤系数、碳排放系数，估算建设用地的碳排放总量，公式如下：

$$C_B = \sum_{k=1}^{n} E_{ik} \times N_k \times M_k \quad (7-2)$$

式（7-2）中，C_B 表示建设用地碳排放总量；E_{ik} 表示第 i 年第 k 种能源的消费总量；N_k、M_k 分别表示第 k 种能源对应的折标煤系数和碳排放系数；i 表示年份，k 表示能源种类。具体能源种类、折标煤系数、碳排放系数数值见表 7-2。

表 7-2 能源种类及其折标煤系数、碳排放系数

能源类型	折标煤系数 （kgce/kg、kgce/10^6 kJ、kgce/kW·h）	碳排放系数 （tC/t）
原煤	0.714 3	0.755 9
焦炭	0.971 4	0.855 0
燃料油	1.428 6	0.618 5
汽油	1.471 4	0.553 8
煤油	1.471 4	0.571 4
柴油	1.571 4	0.591 2
其他石油制品	1.200 0	0.585 7
热力	0.034 1	0.260 0
电力	0.122 9	2.525 5

7.3 土地利用结构碳排放总量计算结果与分析

7.3.1 土地利用结构变化

相关数据显示,2009—2016 年上海市行政区划面积由 8 318.00 km² 增至 8 327.33 km²,年均增长率为 0.016 0%。其中,2009—2011 年增速较缓,2014—2015 年为快速上升阶段,总体呈增—减—增—减变化趋势。

耕地面积由 2009 年的 1 897.33 km² 增至 2016 年的 1 907.33 km²,其中 2009—2011 年、2012—2013 年耕地面积减少,总体呈减—增—减—增的"W"型变化趋势。

2009—2016 年,园地、林地、草地、水域及未利用地面积逐年递减。其中,草地以年均 4.584 5% 的减速位列第一,林地次之为 1.250 5%,水域及未利用地面积年均减少约 0.933 3%。

建设用地面积自 2009—2016 年以 1.199 3% 的年均增长率持续增加。其中,2009—2011 年增速较快,2011 年后增速逐渐放缓且趋于平稳。

7.3.2 碳排放变化情况

根据相关数据及公式,计算得出 2009—2016 年上海市土地利用结构碳排放总量。并以 GDP 总量、常住人口数为依据,分别计算得出碳排放强度及人均碳排放量,具体见表 7-3。

表 7-3 2009—2016 年上海市碳排放总量、碳排放强度及人均碳排放量计算结果

年份	碳排放总量(万吨)	碳排放强度(万吨/亿元)	人均碳排放量(万吨/万人)
2009	3 305.88	0.22	1.50
2010	3 456.00	0.20	1.50
2011	3 494.04	0.18	1.49
2012	3 496.45	0.17	1.47
2013	3 536.29	0.16	1.46
2014	3 586.02	0.15	1.48
2015	3 536.06	0.14	1.46
2016	3 637.82	0.13	1.50

由表 7-3 可知，2009—2016 年上海市碳排放总量由 3 305.88 万吨增至 3 637.82 万吨，总体呈增—减—增趋势。其中，2009—2014 年为持续增长阶段，2014 年增至最高值后有小幅下降，后趋于平缓。碳排放强度自 2009—2016 年均不足 1.00 万吨/亿元，且呈持续下降趋势，由 0.22 万吨/亿元降至 0.13 万吨/亿元，可见上海市 GDP 总量增速较快，已远超碳排放总量增速。人均碳排放量变化趋势相对复杂，总体呈增—减—增—减—增变化趋势。2010—2013 年为持续下降阶段，2015—2016 年为快速增长阶段。人均碳排放量数值均在 1.45~1.50 万吨/万人区间，即 2009—2016 年上海市碳排放总量增速略快于人口增速。

7.4 土地利用结构与碳排放的灰色关联度分析

7.4.1 灰色关联度模型

根据灰色系统理论，土地利用结构和碳排放总量作为两个系统，其关联程度由因素间发展趋势的相似程度或相异性进行表征。鉴此，通过构建土地利用结构与碳排放的灰色关联度模型以衡量二者相关关系。

依次将碳排放总量、碳排放强度及人均碳排放量列为参考序列：

$$\{X'_i(1), X'_i(2), \cdots, X'_i(n)\} \tag{7-3}$$

同理，将各不同用地类型面积占比列为比较序列：

$$\{Y'_j(1), Y'_j(2), \cdots, Y'_j(n)\} \tag{7-4}$$

对上述参考序列、比较序列进行消除量纲处理，以统一数量级进行比较，公式如下：

$$X_i(m) = \frac{nX'_i(n)}{\sum_{n=1}^{t} X'_i(n)} \tag{7-5}$$

$$Y_j(m) = \frac{nY'_j(n)}{\sum_{n=1}^{t} Y'_j(n)} \tag{7-6}$$

通过式(7-5)、式(7-6)对序列进行处理后，计算二者绝对差值：

$$\Delta_{ij}(n) = |Y_j(m) - X_j(m)| \tag{7-7}$$

比较序列对参考序列在 n 点上的关联系数用在第 n 个点上的相对差值进行表征,具体公式为:

$$\varepsilon_{ij}(n) = \frac{\Delta_{ij}(\min) + \rho \Delta_{ij}(\max)}{|Y_j(m) - X_j(m)| + \rho \Delta_{ij}(\max)} \tag{7-8}$$

取上述各序列在各年份关联系数的平均值为最终关联度:

$$\lambda_{ij} = \frac{1}{t} \sum_{n=1}^{t} \varepsilon_{ij}(n) \tag{7-9}$$

式 7-9 中,n 表示各用地类型;i、j 分别表示其所在序列的对应各年份;$\Delta_{ij}(\min)$、$\Delta_{ij}(\max)$ 分别表示参考序列、比较序列绝对差值的最小值和最大值;ρ 为分辨系数,取值区间通常为 $(0,1)$,本文取值为 0.5。

7.4.2 关联度测算结果与分析

(1)灰色关联度测算结果

根据式(7-3)至式(7-9)测算出 2009—2016 年上海市各用地类型分别与碳排放总量、碳排放强度及人均碳排放的关联程度,具体结果见表 7-4。

表 7-4 2009—2016 年上海市土地利用结构与碳排放总量、碳排放强度及人均碳排放关联度测算结果

土地利用类型	耕地	园地	林地	草地	水域及未利用地	建设用地
碳排放总量关联度	0.711 3	0.847 4	0.810 4	0.769 0	0.702 8	0.781 6
碳排放强度关联度	0.729 7	0.733 9	0.766 7	0.645 8	0.729 9	0.702 2
人均碳排放量关联度	0.712 3	0.884 9	0.821 8	0.754 2	0.835 7	0.772 3

(2)关联度横向比较分析

据表 7-4,各土地利用类型均以超 0.7 的高值与碳排放总量呈显著关联。其中,园地、林地、建设用地与碳排放总量的关联度相对较高,分别为 0.847 4、0.810 4、0.781 6。上海市草地面积相对较小,园地、林地因面积较大而承担主要的碳汇功能。建设用地碳排放量占上海市碳排放总量的 99%,因此作为主导碳源,其与碳排放总量的相互关联较为紧密。

土地利用结构与碳排放强度的整体关联度较高,各用地类型间差异较小。其中,林地与碳排放强度以 0.766 7 的关联度高居第一。研究期间,因土地利用结构调整,各类用地面积动态变化,林地占比降幅较为明显,面积减少并向其他

用地类型转化,碳排放量相对增加。且因建设用地碳排放量基数较大,林地虽作为主导碳汇用地,仍无法进行完全碳中和。故碳排放强度对林地变化相对较为敏感,且变化趋势随时间变化而愈发显著。

土地利用结构与人均碳排放量整体呈高关联度。其中,水域及未利用地、建设用地与人均碳排放量的相互关联较为紧密。水域及未利用地兼具碳源与碳汇功能,建设用地是生产生活过程中最主要的碳排放来源,故与人均碳排放量具有较强的相关关系。

(3) 联度纵向比较分析

据 2009—2016 年土地利用结构与碳排放总量的关联系数,分析其时间变化趋势(图 7-1)。据图 7-1,各土地利用类型与碳排放总量的关联系数随时间变化呈大幅波动状态。其中,耕地与碳排放总量的关联系数随时间变化呈"上升—下降—上升—下降"的 M 型多阶段波动趋势。2009—2012 年、2014—2015 年为关联系数增长阶段,2012—2014 年、2015—2016 年为关联程度弱化阶段。耕地与碳排放总量的关联系数变化幅度较大,可见随着耕地利用方式以及生产方式的改变,耕地作为碳源与碳排放量增加的相关关系正逐渐减弱。园地、林地与碳排放总量的关联系数呈先减后增的变化趋势,该现象与园地、林地作为主要碳汇具有密不可分的关系。草地、水域及未利用地与碳排放总量的相互关联程度则为先增后减,这一变化与草地、水域及未利用地面积的逐年减少紧密关联。建设用地与碳排放总量关联系数的变化趋势与耕地恰好相反,整体呈"下降—上升—下降—上升"的 W 型交替变化趋势。2009—2010 年、2014—2015 年为关联程度下降阶段,2010—2014 年、2015—2016 年为关联程度增强阶段。可见建设用地与碳排放总量的关系在不同社会经济发展状况及城镇化阶段具有差异化表现。

7.5 结论与建议

7.5.1 结论

2009—2016 年上海市碳排放总量增幅较大,增速远超人口增速,同时低于 GDP 总量增速。研究期内上海市行政区划面积呈先增后减再增再减的动态变化趋势,增幅为 9.33 km^2。其中,建设用地面积持续增长,具有显著的扩张趋势。园地、林地、草地、水域及未利用地面积均有不同幅度减少。同期,上海市土地利用碳排放总量净增约 331.94 万吨。随着新型城镇化脚步的不断加快,建设用地需求及其碳排放量同步增长。碳排放强度、人均碳排放量数值显示,随着社

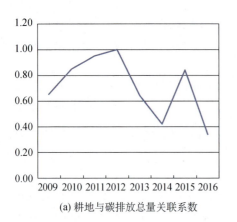
(a) 耕地与碳排放总量关联系数

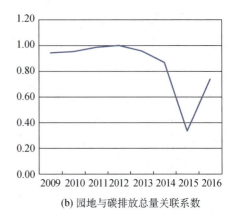
(b) 园地与碳排放总量关联系数

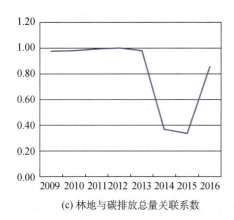
(c) 林地与碳排放总量关联系数

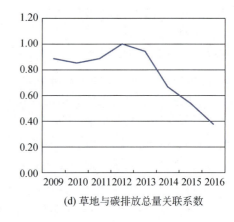
(d) 草地与碳排放总量关联系数

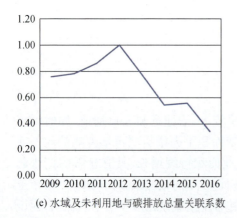
(e) 水域及未利用地与碳排放总量关联系数

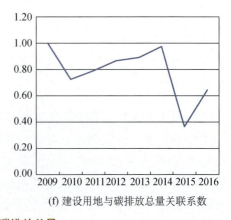
(f) 建设用地与碳排放总量关联系数

图 7-1 | 2009—2016 年上海市土地利用结构与碳排放总量

会经济发展水平的不断提高,碳排放总量增速已大幅低于GDP总量增速,并远超人口增速。

各用地类型与碳排放关联程度较高,土地利用结构与碳排放总量的关联系数随时间变化呈不规则大幅波动。关联度指数显示,与碳排放总量、碳排放强度、人均碳排放量关联度最高的用地类型均为园地、林地等碳汇用地。土地利用结构与碳排放总量的关联系数则随时间变化产生无序波动。可见,合理的土地利用结构对提高碳吸收、控制碳排放具有重要作用。

7.5.2 建议

优化土地利用结构,深入推进建设用地减量化。上海市建设用地与碳排放总量的关联度高达0.7816,可见控制建设用地规模对减少碳排放具有重要意义。作为上海市土地利用碳排放的最主要碳源,应控制建设用地规模,深入推进低效建设用地减量化工作,保障存量用地提质增效,抑制碳源功能发挥,从源头减少碳排放。

以扩大碳汇为核心,坚持碳减排和碳增汇并举。测算结果显示,园地与碳排放总量的关联最为紧密。从源头控制减少碳排放的同时,应强化园地、林地等碳汇用地资源的保护,限制林地向其他用地类型转化,扩大碳汇效应,充分挖掘并全面发挥碳吸收功能,为加快推进城市绿色生态化建设和低碳经济发展提供有力保障。

参考文献

[1] 蔡苗苗,吴开亚.上海市建设用地扩张与土地利用碳排放的关系研究[J].资源开发与市场,2018,34(4):499-505.

[2] 樊高源,杨俊孝.土地利用结构、经济发展与土地碳排放影响效应研究——以乌鲁木齐市为例[J].中国农业资源与区划,2017,38(10):177-184.

[3] 范建双,虞晓芬,周琳.南京市土地利用结构碳排放效率增长及其空间相关性[J].地理研究,2018,37(11):2177-2192.

[4] 郭自强,吴开亚,周峰.上海市土地利用碳排放测算与分析[J].湖北农业科学,2016,61(21):5479-5482.

[5] 黄锐.基于灰色模型的土地利用与碳排放关系研究[J].山东农业大学学报(自然科学版),2016,61(6):856-861.

[6] 嵇少丞.地震与中国大陆形影相随[M].科学出版社,2009.

[7] 李乐乐,徐占军,杨娜等.山西省土地利用的碳排放效率及其优化策略[J].山西农业科学,2019,58(3):476-481.

[8] 李小康,王晓鸣,华虹.土地利用结构变化对碳排放的影响关系及机理研究[J].生态经济,2018,34(1):14-19.

[9] 刘思峰,谢乃明.灰色系统理论及其应用[M].科学出版社,2008.

[10] 孟梅,崔雪莹,王志强.乌鲁木齐市土地利用结构与碳排放的关联测度研究[J].水土保持通报,2018,38(2):178-182.

[11] 石洪昕,穆兴民,张应龙等.四川省广元市不同土地利用类型的碳排放效应研究[J].水土保持通报,2010,32(3):101-106.

[12] 孙赫,梁红梅,常学礼等.中国土地利用碳排放及其空间关联[J].经济地理,2015,35(3):154-162.

[13] 孙贤斌.安徽省会经济圈土地利用变化的碳排放效益[J].自然资源学报,2012,27(3):394-401.

[14] 唐川,许强.强震区城市地质灾害风险管理的研究内容与方法探讨[J].工程地质学报,2009,17(1):56-61.

[15] 陶云,梁红梅,房乐楠等.烟台市土地利用结构与能源消费碳排放关联测度[J].水土保持通报,2016,35(5):156-161.

[16] 王刚,张华兵,薛菲等.成都市县域土地利用碳收支与经济发展关系研究[J].自然资源学报,2017,32(7):1170-1182.

[17] 王胜蓝,周宝同.重庆市土地利用碳排放空间关联分析[J].西南师范大学学报(自然科学版),2017,60(4):94-101.

[18] 文枫,鲁春阳.重庆市土地利用碳排放效应时空格局分异[J].水土保持研究,2016,31(4):257-262,268.

[19] 杨国清,朱文锐,文雅等.20年来广东省土地利用碳排放强度与效率空间分异研究[J].生态环境学报,2019,28(2):332-340.

[20] 殷跃平.中国地质灾害减灾战略初步研究[J].中国地质灾害与防治学报,2004,15(2):1-8.

[21] 袁凯华,甘臣林,杨慧琳等.建设用地扩张与碳排放增长的EKC验证及特征分解研究——以武汉市为例[J].中国土地科学,2019,32(1):56-64.

[22] 袁凯华,梅昀,陈银蓉等.中国建设用地集约利用与碳排放效率的时空演变与影响机制[J].资源科学,2017,39(10):1882-1895.

[23] 张思齐,陈银蓉.城市建设用地扩张与能源消耗碳排放相关效应[J].水土保持研究,2017,32(1):244-249.

[24] 赵荣钦,黄贤金,钟太洋等.区域土地利用结构的碳效应评估及低碳优化[J].农业工程学报,2013,29(17):220-229.

[25] 郑亦伶,苑韶峰.基于土地利用的碳排放时空分析——以浙江省为例[J].上海国土资源,2013,33(2):33-36.

[26] 周勇,赵伟.西安市土地利用结构碳排放核算及低碳优化研究[J].生态经济,2018,33(5):21-25.

8 农林水一体化研究思路探究[*]

8.1 引言

随着乡村振兴从规划到实施的逐步推进,农林水一体化建设也逐步从战略层面渗入实施层面,森林覆盖率、河湖水面率等可量化指标愈来愈受重视。在土地刚性制约与土地供给有限性矛盾突出的背景下,上海可腾挪空间十分有限,如何在非建设用地空间上复合利用,既保障农业生产的用地需求,又落实生态建设指标成为一项挑战。此外,随着乡村"三生"项目的不断推进,现有农、林、水重叠区域协调问题,也成为相关职能部门的"痛点"。

根据文献资料,目前农林水一体化的研究主要包括三个方面:一是关于农林水一体化系统的研究,孙家驹在考虑解决未来粮食、淡水、生态安全问题时,提出农林水需从分道扬镳转向一体化发展,模仿自然森林系统,逐步构建农业系统的自平衡、自循环功能。但从已有文献来看,农林水一体化系统的研究绝大部分是关于农林复合利用的研究,且从研究层次上划分,又可进一步划分为宏观研究和微观研究。宏观研究主要指研究农林复合利用的作物品种选择、合理的间距、复合利用模式研究等,微观研究则是研究农林复合利用的养分利用规则、水分利用效率等。

二是农林水一体化相关评价研究。目前,农林水一体化评价研究也是以农林复合利用评价研究为主,从评价内容的层次上具体划分,可与农林水的研究内容相对应,也与宏观性评价研究和微观性评价研究相对应。宏观性评价研究主要是对农林复合模式的经济效益、生态效益或综合效益进行评价;微观性评价研究如农林复合系统中物种间水肥光竞争机理分析与评价、农林复合系统水热资源利用率的研究。

---

[*] 朱宇,男,硕士研究生,高级工程师,上海城市房地产估价有限公司副总经理。主要研究方向:土地规划、土地整治、城市更新、房地产估价。

三是从政府工作机制角度研究"农林水"联动工作机制。朱建江在总结嘉定"农林水"联动工作机制时指出,"农林水"联动是针对上海当下涉农政府职能部门机构设置、事权和财权归口管理现状和统筹难点而提出的有助于巩固和提高上海农业基础设施建设水平、工作效率的理念和解决问题的路径。

但以上三个方面的研究仅是从"农林水"一体化系统或"农林水"工作机制角度分析的,在一定程度上缺乏"农林水一体化"系统与行政管理结合的研究,对实际工作的具体指导意义相对较低。本文以上海某区为研究范围,通过对各研究对象进行数量和空间叠加分析,旨在厘清"家底",统一认识,同时针对不同层面的农林水重叠问题提出具体的解决方案以及该方案需要的政策支撑,从实施层面促进农林水一体化,提升区域的生态文明建设水平。

8.2 技术路线

农林水一体化研究思路可分为三个层次,即建立统一数据库、统一认识、统一工作机制。三个层次之间的关系为递进关系,是由"表"及"里"的研究过程,"表"指立足于解决农、林、水指标之间空间重叠的客观实际问题,"里"指本次研究的研究目标在于通过农、林、水在实际中的空间复合利用,促进区域生态功能改善、景观风貌提升及农业产业发展。

建立统一数据库有两方面的涵义,一是数据库中的数据经各委办局核实确认;二是数据的格式统一。本次研究建立的统一数据库包含农、林、水三个方面。"农"指耕地、基本农田以及正在划定的蔬菜生产保护区和粮食生产功能区;"林"指 2017 年林地现状和 2016—2020 年新增林地;"水"指现状水面图斑和规划河道蓝线。

统一认识指在建立统一数据库的基础上,摸清农、林、水指标的空间重叠情况。主要通过叠加分析,统计出农、林、水在空间上的重叠数量及分布,针对这些重叠区域与各委办局对接,结合各委办局近期重点建设的项目,划分出指标复合区和指标冲突区。

统一工作机制主要针对指标冲突区,通过与各委办局、专家沟通,明确农、林、水指标复合认定的基本原则、主要措施及行业标准更新建议,并结合实际典型案例开展农、林、水复合利用模式探索,提出农、林、水复合利用方案,如图 8-1 所示。

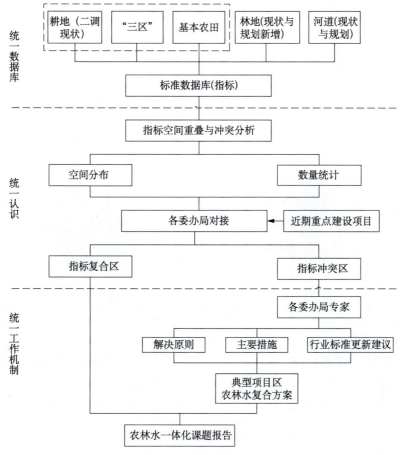

图 8-1 | 技术路线图

8.3 研究范围及对象

研究对象为"农""林""水"主要指标。

8.3.1 研究对象—农

"农"指二调中的耕地、基本农田以及蔬菜生产保护区、粮食生产功能区。耕地、基本农田、蔬菜生产保护区、粮食生产功能区之间的关系如图8-2所示。本次研究为实现农、林、水指标重叠统计全覆盖,在研究过程中"农、林、水"之间的指标重叠统计时,"农"以耕地和基本农田的并集为研究对象。

8.3.2 研究对象—林

"林"指2017年现状林地和至2018—2020年新增林地。其中需要说明的是现状林地有两种统计,一是计入森林覆盖率的林地统计,二是所有有林地。两种林地统计的关系为完全包含关系,如图8-3所示。本次研究为实现农、林、水指标重叠统计全覆盖,在研究过程中"农、林、水"之间的指标重叠统计时,"林"以所有林地为研究对象。

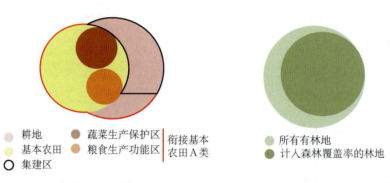

图8-2 | 典型区耕地、基本农田与"两区"的关系

图8-3 | 所有有林地与计入森林覆盖率林地的关系

8.3.3 研究对象—水

"水"指2016年现状河道(湖泊)(不包含小微水体)和2017—2020年规划新增河道。

本次研究的主要数据包含农、林、水三个方面,其中,①"农"相关数据:耕地数据来源于2014年9月二调数据;基本农田数据来源于纳入大机的数据;②"林"相关数据:现状林地数据来源于2017年现状林地图斑;规划林地数据来源于至2020生态廊道林线;③"水"相关数据:现状河道数据为2016年现状河道(湖泊)(不含小微水体);规划新增水面为2017—2020年新增水面。

8.4 农、林、水重叠解决方案

8.4.1 农林水重叠总量分析

通过Arcgis空间重叠分析,可分析出重叠区域,并可根据现状和规划两个层次将重叠区域分为3大类,现状层面重叠(包括农林、农水重叠,见图8-4"橙色"圈内)、新增与现状重叠(包括新增林与农重叠、新增水与农重叠、新增水与现状林重叠,见图8-4"紫色"圈内)、新增与新增重叠(包括新增林与新增水重叠,见图8-4"灰色"圈内)。

8.4.2 农林水重叠解决原则与思路

（1）解决原则

管控性原则。基本农田的空间位置保持不变,数量也不减少;集建区外的耕地总量不得减少;另外,为保障现有自然资源不浪费,计入森林覆盖率的林地和现状水面总量也不减少。

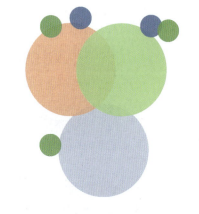

● 现状农地　● 现状林地　● 现状河道
● 新增林地　● 新增水面

图8-4 | 典型区农林水重叠示意图

单一性原则。从方便管理的角度出发,优先考虑农林水单一认定,其次考虑农林水复合。

现状优先原则。从珍惜资源的角度出发,现状利用优先,循序渐进,减少不必要的要素空间调配所造成的资源浪费。

近远期结合原则。重点解决近期,即至2020年的突出矛盾,远期以引导为主。

（2）解决思路

基本农田从理论上来说,地类应为耕地。在《上海市第三次全国土地调查实施方案》(征求意见稿)中明确提出,对永久基本农田范围内的可调整地类,全部按耕地调查,不再作为可调整地类(即去掉K属性)。

根据上海市三调开展的指导方向及国家对基本农田的管控要求,基本农田是作为耕地管理的。因此本次研究将基本农田范围的地类全部调整为耕地,结合耕地总量下调的趋势,首先在现状农、林、水管辖范围内进行单一指标清算。

在单一指标清算的基础上,本次研究提出三个方面的解决方案,一是针对现状重叠提出"多重标注"的解决方案;二是针对新增与现状重叠提出"功能复合"的解决方案;三是本次研究新增林地多落于建设用地而建设用地减量推进难度日趋增大的问题,对课题进行深化研究,提出"集建区内退耕还林和林地增减挂钩"的解决方案(图8-5)。

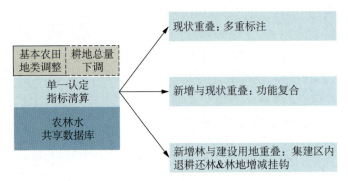

图 8-5 | 农林水重叠解决思路

① 单一认定，指标清算。单一认定指标清算的基本思路为根据市三调开展的指导方向及国家对基本农田的管控要求，基本农田是作为耕地管理的。因此，本次研究将基本农田内非耕地地类调整为耕地。

同时根据现状林和现状水资源数量不减少的原则，将基本农田和耕地区域内的现状林、现状水以及新增林、新增水均挪移至集建区内的耕地空间，耕地数量下降。通过数据测算，可明确具体区域是否可完成相应的农、林、水指标任务。但该方法仅为理论推演，是对农、林、水总量的整体梳理，而不是实际的解决方案。

② 现状重叠——多重标注。针对现状林与农、现状水与农重叠，通过改造实现功能复合工程量大且又涉及各部门管理，至 2020 年实施可行性较小，因此，本次研究遵循"现状优先"和"近远期结合"的原则，针对现状重叠的情况提出"多重标注"的解决路径。

(3) 政策支撑

"多重标注"的政策支撑主要包括两个：一是《上海市第三次全国土地调查实施方案》(沪土地调查办〔2018〕3 号) 农村土地利用现状调查指导中提出"对于存在相关部门管理需求交叉的耕地、林地等地类进行利用现状和管理属性的多重标注"。二是《国土资源部、国家发展改革委关于深入推进农业供给侧结构性改革做好农村产业融合发展用地保障的通知》(国土资规〔2017〕12 号)：鼓励土地复合利用"允许在不破坏耕作层的前提下，对农业生产结构进行优化调整，仍按耕地管理"。

(4) 多重标注区域

多重标注区域分布于基本农田内和集建区外的耕地范围内。农与现状林重叠区域称为"农林重叠区"，农与现状水重叠区称为"农水重叠区"。

(5) 所需政策支持

多重标注区所需政策支持包括对多重标注区在测绘时，地类应认定为耕地；在划定基本农田 A 类时，避免将多重标注区域划入。

新增林与农、新增水与农及新增水与现状林重叠，与现状重叠情况不同。因为新增与现状重叠会导致新增部分难以实施，故可对新增的部分提出要求，既可保障新增部分落地，又可实现功能复合。

(6) 主要依据

《上海市城市总体规划（2017—2035）》提出促进农用地复合利用，通过强化农田林网、沿路及滨河林地建设，扩大生态用地规模，促进农用地资源空间共享、集约利用和农林水一体化发展。

《上海市土地资源利用和保护"十三五"规划》（沪府发〔2017〕24 号）提出对永久基本农田以外的其他农用地，积极推进农林水复合利用，提高综合生态价值，提升农用地生态休闲、观光旅游价值，即从上海市的规划引导方向来看，在土地资源空间有限的制约下，应引导农林水复合利用，以提升综合生态服务价值。

8.4.3 主要模式

(1) 新增林与农复合模式

在本次研究提出的"刚性管控原则"下，并结合外业调查实际情况可知，新增林地难以落地。因此，建议新增林地空间调整至环境综合整治区和已立项的减量化地块。此外，还可挖掘河道及田间道路两侧种林空间。

① 新增林与农复合模式。环境综合整治区和减量化地块农林复合模式建议以经济果林为主，同时探索性试点林粮模式、林菌模式和林药模式。其中，经济果林的优点在于种植经济果林的地块可认定为耕地，且又可将经济果林计入森林覆盖率；而林粮模式、林菌模式、林药模式目前的认定为耕地和林地还需政策支撑。

经济果林包括柑橘、梨、桃、樱桃等；林粮模式较为常见，即在种植水杉的同时套种农作物甘薯等；林菌模式可参考"以菌促林、以林促菌、林菌一体化"和林下食用菌种植模式；林药模式可参考林下种植铁皮石斛模式和益大本草园医药文化园发展模式。

田间道路和河道两侧林带较为常见，不再赘述。

② 所需政策支持。环境综合整治区需强化停车管理，落实种林空间；经济果林种植面积可计入每年各镇林业建设任务；通过政策宣传或农业补贴，推进农

田林网建设,此外,4米以下生产路,两侧各种一排林木即可计入森林覆盖率。因为根据林地认定标准,乔木林带行数应在2行以上且行距小于等于4 m。故4米以下生产路两侧各种一排林木可满足森林覆盖率的要求。河道两侧种林写入河道整治景观建设要求中,并明确提出根据实际情况尽可能种植两排林木。林粮、林菌、林药区域等地类可认定为耕地。

(2) 新增水与农复合模式

新增水与农复合的模式,在不影响通航和水质的前提下,可适当试点开展浮岛种植和稻田蟹模式。浮岛种植可发展水体农业,主要是在非通航水面上种植水生农作物,如水芹、水葱等,在收获农产品、美化水域景观;稻田蟹可参考"稻田蟹"模式——三分水,七分田,水深在一米五左右,即水稻采取大垄双行的播种方法,让稻秧的间隙加宽,而大闸蟹就生活在两排稻秧之间的空地。

以上是针对于非通航河道开展的农水复合模式,但对于通航河道占用基本农田在河道蓝线走向不可变更的前提下,至2020年之前建议先分段实施,待2020年之后,基本农田总量管控下降后,逐步解决。

(3) 新增水与现状林重叠复合模式

新增水与现状林复合建议试点开展两种模式,一是"优化河道走向",二是建设水上森林。

优化河道走向是因为新增水涉及的林地基本为计入森林覆盖率的林地,按照"现状优先"原则,现状林地空间移动会造成资源浪费。因此建议非通航河道对河道走向进行优化。

以图8-6河流A为例,如需扩展至虚线范围,则会占用林地,建议按照虚线所示优化河道走向,这样不仅可以减少对林地的占用,还可以增加水面面积,塑造多种景观,提升区域综合生态服务价值。

水上森林可以在水中种植池杉、落羽杉、中山杉,丰富林间生物多样性,同时可发展一定容量的乡村旅游,激发乡村活力。

新增林与建设用地重叠-集建区内退耕还林和林地增减挂钩。

本次研究提出集建区内退耕还林与林地增减挂钩,以时间换空间,保障近、远期种林空间,也是在确实无法拓展种林空间的前提下,提供的一种选择路径。但还需针对具体区域进行空间匹配性和经济可行性分析。

图8-6 | 优化河道走向示意图

具体如图8-7所示,地块A处于集建区内,现状为耕地,远期规划为工业用地,近十年不会收储;集建区外7块工矿仓储用地近五年难以立项减量,规划地类为林地。

根据实际情况,可将地块A退耕还林;待十年后地块A收储时,实施林地增减挂钩,即地块A林地转为建设用地,集建区外7块地通过减量化复垦为林地。既保障近期种林空间,由可保障远期林地空间不减少。

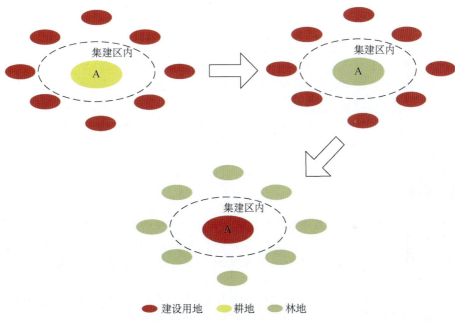

图8-7 | "集建区内退耕还林和林地增减挂钩"示意图

8.5　小结

本次研究在建立农林水统一格式的数据库后,在经过指标清算的基础上,针对现状重叠区和新增与现状重叠区提出不同"多重标注"和"功能复合"的解决方案,同时对于新增林地空间现状为难以减量的建设用地的情况进行深化研究,提出"集建区内退耕还林和林地增减挂钩"的解决方案,但三种方案还需相关政策支撑方在一定程度上促进农林水一体化(见表8-1)。

表8-1 解决方案及所需政策

解决方案	所需政策支持
多重标注	多重标注区地类为耕地的认可 多重标注区地类统一变更为耕地 基本农田A类精细化,避免将多重标注区划入
功能复合	环境综合整治区需强化停车管理,落实种林空间 经济果林种植面积可计入每年各镇林业建设任务 通过政策宣传或农业补贴,推进农田林网建设,此外,4米以下生产路,两侧各种一排林木即可计入森林覆盖率 突破公益林单纯种林的模式,试点性推进农林、林水功能复合 河道防护林建设写入河道整治景观要求中,促进河道防护林建设 在不影响通航前提下,与现状林冲突时,采取"分流"模式 功能复合区测绘双指标认定
集建区内退耕和林地增减挂钩	解决路径认可 集建区内种林,林种选择速生林、易于搬迁的林木或经济果林

参考文献

［1］樊巍.农林复合系统的林网对冬小麦水分利用效率影响的研究[J].林业科学,2000,36(4):16-20.

［2］何建平.陕西渭北地区常见农林复合系统中林木养分循环利用规律研究[D].西北农林科技大学,2011.

［3］靳雪艳.紫色土区农林复合生态系统能值分析——以四川盐亭县为例[D].西北农林科技大学,2010.

［4］陆光明,马秀玲,周厚德等.农林复合系统中农田蒸散及作物水分利用效率的研究[J].北京农业大学学报,1992,3(4):409-416.

［5］孟平,樊巍,宋兆民等.农林复合系统水热资源利用率的研究[J].林业科学研究,1999,12(3):256-261.

［6］三峡库区坡耕地农林复合种植模式与效益研究[D].西南农业大学,2004.

［7］孙家驹.农林水应从分道扬镳转向一体化发展[J].学习时报,2009(4).

［8］王来.渭北农林复合系统生产力及其土根响应[D].西北农林科技大学,2016.

［9］吴骏恩,刘文杰.西双版纳地区不同胶农(林)复合系统的植物水分利用效率比较[J].广西植物,2016,36(7):859-867.

［10］辛学兵,陈建业,孟平.农林复合系统结构优化的研究[J].林业科学研究,1997,10(5):482-489.

［11］严忠海.陕南秦巴山区农林复合模式效益评价及优化[D].西北农林科技大学,2005.

[12] 赵英,张斌,王明珠.农林复合系统中物种间水肥光竞争机理与评价[J].生态学报,2006,26(6):1792-1801.
[13] 朱波,陈实,廖晓勇等.陡坡耕地的开发利用与保护——一种农林复合模式[J].山地学报,2000,18(1):37-41.
[14] 朱建将.嘉定区"农林水"联动工作机制建设研究[J].上海农村经济,2016(12):14-17.
[15] N. J. Rosenberg.小气候——生物环境(中译本).科学出版社,1982.

9 崇明世界级生态岛建设与土地治理的探讨*

9.1 引言

崇明岛作为上海重要的生态屏障,不仅是上海的"绿肺",对全国的生态环境和生态安全也具有重要意义,"世界级生态岛"的发展目标,将崇明的发展提高到了全新的高度。为契合崇明世界级生态岛的建设,在崇明区总体规划引导下,光明田缘生态农业示范区项目的建设,是建设崇明世界级生态岛的需要,也是土地治理中农业休闲旅游行业发展升级的探索。

9.2 项目定位

崇明是上海最大的农村地区,拥有全市1/4的林地、1/3的基本农田,崇明生态岛的建设离不开大规模的土地开发治理,光明田缘生态农业综合示范区定位为集土地治理、田园休闲、生态农业、旅游度假、文化创意于一体的新型田园综合体,包括农业生产交易、乡村旅游休闲度假、田园娱乐体验、田园生态享乐居住等复合功能,在这里,土地与文化相融,精致农业与旅游观光互补,形成一种具有浓厚现代色彩的田园野趣示范区。项目总体分区图和项目土地使用规划图分别见图9-1和图9-2。

---

* 丁海涛,男,大学本科,工程师,上海浦河工程设计有限公司设计二所所长。主要研究方向:水利工程、河湖生态治理、土地整治与环境修复。

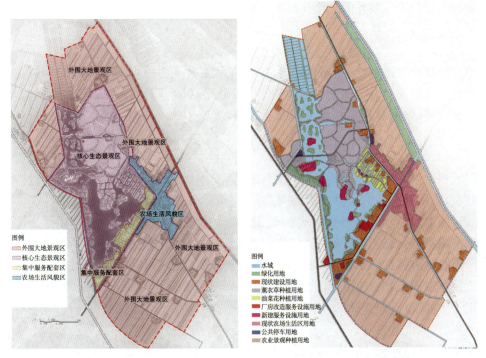

图 9-1 | 项目总体分区图　　图 9-2 | 项目土地使用规划图

9.3　土地规划策略

9.3.1　功能更新

示范区区域内,主要以农业生产为主,挖掘资源优势,在主打"生态牌"的前提下,引入多样的功能活动,既是地块功能的更新,同时也是项目区产业转型的需要。依据场地特点,规划设置多样的观光游览路线,进而形成特色鲜明的不同功能区块,在不同的区域内,组织具有更强的参与性和互动性的功能活动,为地块注入新的活力。

9.3.2　文化共生

依托崇明作为上海这个国际大都市生态后花园的区位优势,规划上,一方面传承中国传统的田园文化,营造"大隐隐于市"的生活意境;另一方面又结合现代的消费文化,并将废弃厂房改造为艺术社区,提升整体文化内涵,吸引各个年龄段的人群。形成多元的文化社区。

9.3.3 产业创新

根据项目区管理部门的发展战略,将现代农业列为核心主业加以培育,提出现代农业产业转化的产业规划,将餐饮、旅游、艺术等多种产业与新型农业整合,丰富产业结构,增强吸引力,形成鲜明的特色。

9.3.4 生态引导

根据崇明建设国际生态岛的总体目标,光明田缘的建设只有以生态建设为核心,改善区域环境,提高环境品质,才能谈及产业发展,功能更新。

规划设计以"生态+"为思路,是在产业上发展"生态+景观农业""生态+旅游度假业""生态+农产品加工",在建设上发展"生态+特色小镇"的新型生态田园综合体。将自然滩涂、生态景观等结合于整体规划之中,运用生态技术,充分发挥场地的生态功能,降低建筑的能耗。利用生态条件,合理运用清洁能源,塑造一个低碳环保的新型田园。

9.4 市场分析及预测

9.4.1 旅游资源分析

崇明生态环境优良,全区林地总面积 40 多万亩,三岛森林覆盖率已近 24%;崇明大气环境质量常年保持在国家一级标准,空气优良天数占全年的 90% 以上,空气相对湿度常年保持在 80%,空气中的负氧离子含量为每立方厘米 1 000~2 000 个,是大都市的百倍以上,成为都市人流连忘返的天然氧吧。

崇明地处北半球亚热带,典型海洋性气候,温和湿润,全年的日照数 2 094.2 小时,年平均气温 15.2℃,四季分明,冬暖夏凉。

岛上有众多的历史名胜和人文景观。有面向浩瀚江水的瀛洲公园、千姿百态的城桥镇澹园;还有金鳌山、寿安寺、孔庙、唐一岑墓、明潭、郑成功血战清兵的古战场等遗址;还有面积达 5 400 多亩的华东地区最大的人造森林——东平林场。

崇明岛水洁风清,到处都有未经人工斧凿的天然风光。早在明清两代,岛上就有"金鳌镜影""吉贝连云""玉宇机声"等瀛洲八景。崇明岛还有一个美丽的古称:"东海瀛洲"。

2016 年年初,国家旅游局公布了首批 262 家"国家全域旅游示范区"创建单位名单,上海市崇明成功入选。

9.4.2　区域旅游产业发展政策分析

《崇明世界级生态岛发展"十三五"规划》要求"以创造需求、引领消费、提升服务为导向,聚焦生态农业、海洋经济、旅游健康、科技创新等领域,实施'生态+'战略,加快构建更具活力的生态发展格局。一是打造生态农业高地。打造国内外知名的绿色优质特色农副产品生产和供应基地,绿色食品认证率达到90％,建设有全国影响力的农业科创示范基地。促进崇明绿色消费与绿色农产品市场培育,完善绿色农产品流通与销售环节"。《崇明三岛旅游发展总体规划》提出崇明岛七大分区概念,对崇明北部分区的定位是"以生态农业为主的规模农业区和战略储备区"。

崇明旅游资源丰富、旅游资源特色鲜明,旅游产业发展势头良好,但现阶段崇明亲子游、休闲游较为薄弱甚至为空白。而本项目的顺利启动与运营,能够填补该项空白,并获取稳定的客源。

9.5　设计方案

光明田缘生态农业综合示范区项目总用地面积约 21.1 平方公里。其中,现状鱼塘约 2.7 平方公里,现状建设用地约 1.56 平方公里,另有大量零散的农用设施用地约 0.6 平方公里,其余为市政道路、绿化、水系及基本农业用地。示范区项目核心区约为 7.1 平方公里,主要包含有水域、花田、新建配套设施及现状厂房区,核心区外围主要是由大面积薰衣草、油菜花等作物组成的大地景观,还包含部分现状原住民居住生活区及零星的农业设施用地,同时根据项目区现状,项目还配置了集中服务配套区及农场生活风貌区。

9.5.1　外围大地景观区

主要指"光明田缘"外围的万亩花海大地景观,根据"光明田缘"大水面、大色块的景观特点,结合项目区特有的资源优势,以薰衣草、油菜花、向日葵的经济作物打造万亩花海,形成生态农业的景观特色。该区域是整个"光明田缘"的生态的、景观的大背景。

同时,将原有的田埂路景观化,形成田间阡陌的景观步行系统,穿插于花海之中,根据现有的农业设施用地的分布特点,将其改造成既是为农忙服务的设施点,同时也是为游览人员提供诸如如厕、饮水等服务的服务点。

由此，外围大地景观区形成了以花海为底，网状花田阡陌路连接各服务设施点为图的"图底关系"。

9.5.2　核心生态景观区

主要由集中水面、湿地、港汊、薰衣草花田、水道、服务设施等功能块组成，是整个"光明田缘"项目的核心景观区，也是整个项目生态环境改善、提升的重点打造区域，通过将现有的块状鱼塘进行梳理，促其形成自然的生态湿地。

同时，利用现状已有的集中大鱼塘，扩展成一个集中的大水面，既能起到防洪排涝的水利功能，同时也能组织开展水上运动，诸如具有民俗特色的龙舟赛、水上拔河等。几种水面还是"光明田缘"项目"大水面、大色块"的重要组成部分，既是景观的特色，又能进一步改善区域微气候。

根据现状特色，规划利用现状区域内星罗密布的灌溉水渠，梳理规划出一条条穿插于花田之中的港汊，创造不同的游览空间体验。

配套服务设施，在核心生态景观区内，局部新建部分功能设施，包含酒店、会议、餐饮、水上运动中心等服务配套，建筑特色上以生态化、乡土化为特点，建筑以底层为主要体量组成，形成绿树掩映下的建筑，与自然环境相协调。

9.5.3　集中服务配套区

规划范围内，沿鸽笼港路沿线保留着大量的始建于 20 世纪的工业厂房，其中大批厂房已不再生产，部分更做其他用途。规划将该区域作为未来"光明田缘"的集中服务配套区，主要基于其现有的具有一定规模的建筑量，通过改、扩建的方式，注入新的服务功能，既丰富区域内的产业结构，同时也能为区域带来新的活力。

根据厂房的位置、历史、规模，结合规划中"光明田缘"未来的功能需求，引入酒店、民宿、餐饮、创意产业等功能，结合项目区的知青文化，打造一个有环境、有历史、有文化、有精神的新型田园社区。

9.5.4　农场生活风貌区

该区块内主要是原农场的厂部生活区，现状还部分保留着原有的农场生活风貌，由于独特的农垦文化、知青文化，使得该区域不同于传统的乡镇，有着独特的文化魅力。规划还将该区域作为宣传农场文化、农场生活的一个风貌区，既能保留原有居民的发展空间要求，同时也能与"光明田缘"强调"望得见林，看得见水，记得住乡愁"的精神理念相结合，是最接地气的文化载体。

9.6 土地景观总体方案

9.6.1 规划指导思想

生态理念贯穿始终："光明田缘"种植设计必须自始至终贯穿生态设计思想，包括适地适树、乡土树种为主的植物品种选择，互惠互利的植物种间搭配，选择合适的种植间距，发挥物种多样性和空间多样性功能等多方面的考虑。

乡土田园景观再现：种植设计顺应总体设计理念，移天缩地、模拟自然，在景观机理与植被构成等各个层面营造出不同特色的乡土景观风貌。首先营造生态稳定植被基底，通过水网、道路等形成生态与景观廊道，进而与功能空间的布局结合营造精致化的版块空间。

科学与艺术完美结合：通过对山、水、田、园、林等各类元素的梳理，为植物生长提供丰富和适宜的生态空间，如地形营造、水系营建，丰富园林种植空间的目的。

建设多样性生境，科学选择树种，体现水生、湿地、陆生等多层次植物景观变化，丰富种植景观，让人们接近绿色、接近田园，从而融入"绿色"生活氛围之中，达到唤醒人们生态意识、拥抱自然的目的。

9.6.2 景观设计原则

（1）地带性原则

"光明田缘"是当代生态文明、地域文脉的重要展示窗口，通过植物种植与地形、水系、建筑、园林艺术小品等的有机结合，充分展现地域性自然景观和人文景观特征。构造以本地植物为主体，外来引进且经多年驯化能够在本地良好生长的植物为辅，同时与精品展示植物相结合的植物选择模式。

（2）群落性原则

合理的植物群落重要的是能创造出适合人类生存的生态环境。它应具有吸音除尘、降解毒物、调节温湿度及防灾等生态效应。在设计中结合区域植物群落的特点组合搭配植物，使园内的植物种植尽快形成乡土植物群落，适应园区的气候环境。

（3）艺术性原则

选择和配置园林植物要符合景观艺术要求。完美的植物景观必须具备科学性与艺术性两方面的高度统一，既满足植物与环境在生态适应上的统一，又要通过艺术构图原理体现出植物个体及群体的形式美,及人们欣赏时所产生的意境美。

(4) 典型性原则

园区植物种植以营造典型的乡土景观机理、植被景观为原则,如湿地、花海、林原、丘陵、草地等不同地形地势下形成的典型自然景观或人文景观;形成生态稳定、环境优美、独具特色的环境。

9.6.3　土地规划方法

① 绿化种植与田园总体功能分区保持一致,所创造的景观效果服从总体设计所需。

② 选择乡土树种构建公园的人工植物群落,增强自身维护能力,降低后续维护费用。

③ 以稳定的群落结构为种植单位,以生物多样性作为田园建构稳定生态系统的基础。

④ 强调水系生态景观的创造,形成多种类型湿地景观。

⑤ 注重道路绿化的序列和景观单元变化,使游人漫步期间,既有方向感,又有强烈的感知体验局部地段形成绿色围廊空间。

9.6.4　土地分区利用布置方案

根据各区的功能定位和所处位置,从景观类型、绿化效果、植被构成、树种多样性等方面对各绿化区块进行种植设计规划,从而确定拟用的骨干树种。

9.7　社会经济效益分析

目前,项目地块上产业以农业种植、养殖和初加工为主,功能比较单一。发展以农业为主导,融合工业、旅游、创意、文化、娱乐等相关产业与支持产业,形成多功能、复合型、创新性的新型田园综合体,能有效提高产业集成度、产业集聚度、产业融合度和产业关联度,改变传统产业结构,转变产业发展和运作模式,增强产业间互动与支持效应,催生出新型业态。本项目在传承中国传统的田园文化的同时,结合现代消费文化,注入文化创意要素,吸引更多年轻客群。

本项目是在结合农业生产活动及乡村文化的基础上,充分利用田园景观、自然生态及环境资源,将生态农业与旅游综合体进行组合的创新型综合体,具有引领区域资源共生、聚合增值的特质。它以休闲观光为营销点,试图全资源旅游化，同时着力聚集、发展其他服务业，其核心是农业生产和生活资源休闲观光化，恢复乡村独有的美丽与活力，成为新都市人的桃花源。项目以田园生产、田园休闲、田园景观为核心要素，是现代农业、休闲文旅、田园社区多产业多功能的有机结合体。作为乡村旅游的新型业态，能够成为城乡发展的粘合剂，实现呈现在多个领域的对接，构建城乡的内生性、可持续的联动发展。鉴于崇明区目前农业旅游产品仍以初级的"农家乐"为主，本项目打造的精品体验式田园综合体，有利于区域农业旅游产品的创新，满足上海市及长三角市民不断上升的生活品质和消费水平的需要。

崇明是上海优质农副产品的生产和供应基地，其生态农业、绿色食品在上海树立了极好的口碑。本项目以项目区良好的生态农业为基础，拟打造产业先进、环境优美、生活优越的优质田园，充分展示自然农法、田园景观，使消费者得以亲身体验大隐隐于市的休闲生活。本项目建成后，将有助于实现一二三产业的融合发展，有利于发挥生态农业的经济效益，是对崇明生态岛建设要求的积极响应。

9.8 结论

本项目的建设，是农业休闲旅游行业发展升级的需要；是助推崇明建设世界级生态岛的需要；是企业联合一二三产业，提高产品附加值的需要，因此，本项目的建设是十分必要的。

本项目选址合理，区位优势突出，自然条件良好；项目基地对外交通稍有不便，但上海市区连接崇明的轨道交通方案已经颁布，随着项目的整体建设，项目建设与运营所需的市政配套将逐步到位，建设条件基本具备，适宜项目建设。

崇明休闲旅游资源丰富、旅游资源特色鲜明，旅游产业发展势头良好，旅游业产值不断提升，基于《上海市城市总体规划（2017—2035年）》以及《崇明世界级生态岛发展"十三五"规划》对崇明政策的东风，可为本项目的顺利启动与运营，提供稳定的客源与商业运营保障。

本项目的建设，能够促进企业产业链延伸，提升"光明田缘"品牌价值；能够打造功能复合型生态田园综合体，促进农业旅游模式创新；能够体现生态农业经济效益，响应崇明生态岛建设的要求，因此，本项目建成后社会经济效益显著。

综上所述，本项目建设必要性充分，市场环境良好，资金来源明确，项目社会、经济效益显著，项目建设切实可行。

10 生态文明理念下的上海大都市区国土空间整治与生态修复初探*

10.1 引言

人类经历了原始文明、农业文明、工业文明,而生态文明是工业文明发展到一定阶段的产物,是实现人与自然和谐发展的新要求。国土空间整治与生态修复是已被实践证明的改善生态环境、促进城乡融合发展的重要工具平台。党的十九大将"坚持人与自然和谐共生"纳入新时代发展中国特色社会主义的基本方略,强调要统筹山水林田湖草生态系统治理,实施重要生态系统保护和修复重大工程;针对自然资源机构改革实施和落实这一要求,成立了相应部门,承担国土空间综合整治与生态修复职能,从国家战略来讲,国土空间整治修复被提到了前所未有的地位。对于上海来讲,目前已步入存量规划时代,如何通过国土空间整治与生态修复优化国土空间布局、提升生态系统的稳定性和承载力,满足人民群众日益增长的对美好生态环境的需要,是落实"2035"城市总体规划,提升城市竞争力,建成卓越全球城市的必然选择。

10.2 国土空间整治修复内涵分析

从土地开发整理复垦到土地整治,再到国土空间整治和生态修复,随着经济社会的发展,土地整治呈现出整治对象更加综合、目标更加多元等显著特征。新时期,梳理分析国土空间整治与生态修复的内涵和外延,对于推进大都市区国土空间整治与生态修复具有基础性的意义。

---

* 侯斌超,男,博士,上海市建设用地和土地整理事务中心党总支书记、主任。主要研究方向:国土空间综合整治与生态修复、历史风貌保护和城市更新。

10.2.1　生态修复概念及实践的发展历程

1935年,美国威斯康星大学的生态学家Leopold教授带领他的学生在学校植物园修复了的一块24公顷的草场,被认为是世界上最早的生态恢复试验。(俞孔坚,2016)20世纪五六十年代,欧洲、北美等地都意识到各自的环境问题,并开展了针对矿山、水体和水土流失等方面的生态重建工程,生态修复进入萌芽阶段。1985年,英国学者首次提出"恢复生态学"这个科学术语。同年,国际生态恢复学会成立(顾晨洁等,2017)。20世纪80年代,随着我国经济的快速发展、人口的快速增长以及人们环保意识的增强,国外关于生态恢复、生态重建的理论和技术陆续引进国内,同时期,三北防护林工程、太行山绿化工程、沿海防护林工程则是在区域范围内组织开展的生态修复重大实践的代表(沈国舫,2017)。

2015年,国家《生态文明体制改革总体方案》提出,要按照生态系统的整体性、系统性及其内在规律性,统筹考虑自然生态各要素,进行整体保护、系统修复、综合治理。2016年,财政部、原国土资源部、原环境保护部印发《关于推进山水林田湖生态保护修复工作的通知》。2017年,住房城乡建设部印发《关于加强生态修复城市修补工作的指导意见》,全面部署开展"城市双修"工作。同年,党的十九大提出统筹山水林田湖草生态系统治理,实施重要生态系统保护和修复重大工程,优化生态安全屏障,构建生态廊道和生物多样性保护网络,提升生态系统的质量和稳定性。2018年,自然资源部全面落实中央"两个统一"机构改革要求,成立生态修复司,负责统筹国土空间生态修复,负责国土空间综合整治、土地整理复垦、矿山地质环境恢复治理、海洋生态、海域海岸线和海岛修复等工作(焦思颖,2019)。

10.2.2　生态修复词源及词义辨析

与生态修复相关的概念主要有三个,分别是生态修复(Ecological Remediation)、生态恢复(Ecological Recovery)及生态重建(Ecological Restoration)。生态修复是恢复生态学中出现的新词,目前还未形成统一的定义。作为生态恢复重建的重要内容,生态修复一词源于"生态重建"。2002年以来,国际生态恢复学会将生态重建定义为"协助一个遭到退化、损伤或破坏的生态系统恢复的过程"。这个定义在20世纪80年代传入我国时,曾被误译作生态恢复,然而生态恢复是特指"自然回复到原来事物,即生态系统被干扰之前的生态结构的过程",不同于生态恢复和生态重建,生态修复比生态恢复更具积极含义,又比生态重建更具广泛的适用性,也可用于人工生态系统(沈国舫,2016年、2017年;胡振琪,2019年)。生态修复既具有恢复的目的性,又具有修复的行动意愿,在中国语境中越来越被广泛应用(见表10-1)。

表10-1 生态修复相关概念内涵比较表

概念名称	修复主体	修复对象	达成目标
生态恢复	自然	自然生态系统	恢复到被扰动之前的结构和状态
生态重建	人	退化、损伤或破坏的生态系统	人为地创造或促进生态系统的发展
生态修复	保护优先、自然修复为主	自然生态系统+人工生态系统	人与自然的和谐发展

10.2.3 国土空间整治与生态修复的内涵分析

从生态修复的词源、词义、概念发展历程以及国外经验来看,国土空间整治与生态修复是指在国家生态文明建设大背景下,为破解国土空间资源环境紧约束难题,遵循生态系统整体性、系统性及其内在规律性,通过综合运用多学科方法与技术措施,实施自然恢复与人工修复相结合的修复工程,优化国土空间开发格局,修复受损生态系统,提高资源利用效率,提升国土空间品质的过程。其具体内涵包括以下四个方面。

① 指导思想及方针:以习近平生态文明思想为指导,强调生命共同体理念,强调生态系统的整体性、系统性;坚持节约优先、保护优先、自然恢复为主。

② 目标:调整和优化国土空间用地结构布局,使失序的空间更加有序;复合利用农用地、各类建设用地,提升公共空间品质,持续提升资源利用效率。

使受损和退化生态系统恢复、改善或重建,即生态系统结构、功能不断改善,不断向好的方向发展。

③ 空间对象:国土空间范围内各类失序、受损和退化的生态系统。按生态系统划分,不仅包括自然生态系统(森林、草原、荒漠、湿地、海洋等)、半自然生态系统(农田、人类经营管理的天然林等),也包括人工生态系统(城镇、工矿等);按空间类型划分,具体包括:生产空间内的工矿废弃地整理复垦、农用地整理复垦、高标准农田建设等;生活空间内的低效用地再开发、人居环境综合整治等;生态空间内的湿地、河湖岸线、海岸带、森林、草原等生态修复和生态景观修复重建、农林水复合利用等。按要素类型划分,不仅包括田、水、路、

林、村、厂等各要素综合整治，更包括山、水、林、田、湖、草生命共同体系统修复。

④ 手段：以空间结构调整优化为基础，以自然修复措施为主、人工修复措施为辅，可以综合采用生物、物理、化学、工程等多学科方法及技术措施。

10.3 上海大都市区国土空间整治修复面临的机遇与挑战

上海陆域面积6 833平方公里，常住人口超过2 400万，经济高速发展、人地矛盾突出，与国内的很多其他区域生态建设的重点在于防风护沙、废弃矿山复垦等情况不同，上海大都市区国土空间整治与修复有其特有的矛盾与问题、优势和机遇。

10.3.1 上海大都市区国土空间整治修复面临的矛盾及挑战

（1）从总量来讲，生态用地空间不足，新增建设用地规模接近"天花板"

上海人多地少，自然资源紧约束现象逐年加剧。伴随着经济的高速增长，城市建设用地规模快速扩张，建设用地占全市陆域面积（扣除崇明三岛）接近50%，为了更高质量的发展，"上海2035"城市总体规划将建设用地规模锁定在3 200平方公里，而2017年年底，现状建设用地规模已达3 169平方公里，在上海极度压缩新增建设用地计划的近三年，年均新增建设用地规模依然达到每年20平方公里，新增建设用地空间极度紧缺。与此同时，随着经济的稳步发展以及建设用地的快速扩张，生态空间被挤压，上海市耕地、林地、水面面积大幅减少，郊野生态资源在近郊区呈现出零散分布状态，相比于大都市区居民对于绿色休闲游憩需求、对于生态空间渴求的快速增长趋势，生态空间不足问题彰显。

（2）从质量来讲，生态用地质量有待提升，低效不合理用地现象依然存在

从生态用地质量方面来看，生存环境破碎化现象严重、绿地面积小而散、水系人工化及部分支流和湖泊水污染现象严重，湖泊湿地面积萎缩、河海岸线开发利用过度，且生态系统化解城市热岛效应、净化空气的作用十分有限，地面沉降问题不容忽视。从总体土地利用效率来看，低效用地现象依然存在。截至2018年年底，城市开发边界外还存在约150平方公里低效、散布的工业用地，能耗高，环境污染严重；与此同时，农村居民点用地总量大、布局散，空置现象凸显，2015年年底，农村人口260万，农村居民点用地514平方公里，占全市10%的人口占

用全部居住用地面积的44%。农林区域农业生产、生态保护、休闲游憩等多功能复合效应尚未得到有效发挥,相比于长三角其他城市,上海开展乡村旅游的乡村数量以及民宿数量明显偏少。

(3) 从均衡角度来看,总体经济社会稳定发展与乡村相对凋敝态势持续之间的矛盾凸显

改革开放以来,上海经济快速增长,城市面貌日新月异。但与此同时,上海乡村地区发展相对滞后,农村人口以及农村从业人员数量逐年呈线性减少趋势,2017年年底,第一产业生产总值占GDP的总量仅为0.46%,且在近五年呈现逐年下降趋势。同时,乡村地区不同程度存在基础设施建设投入不足、水环境差、农业面源污染严重、居住环境差等系列问题,乡村传统适应性文化景观快速消失,大都市区乡村"灯下黑"现象明显,乡村发展动力不足,凋敝态势持续等问题显著。建设具有世界影响力的社会主义现代化国际大都市,必须统筹考虑大都市区乡村广大腹地空间的发展,改善区域生产、生活、生态面貌,维护和提升具有地域特色的江南文化风貌。

10.3.2　上海大都市区国土空间整治修复具备的优势与机遇

破解以上矛盾难题,上海也具有大都市区特有的优势:①长三角一体化上升为国家战略,长三角各方集聚资源力量加快建设生态绿色一体化发展示范区,这都为系统性开展国土空间整治修复提供了良好的契机;②大都市区更有利于推动城乡融合发展,相对来讲,更有利于从人才、客流、资金等方面实现城市对乡村的反哺;③上海作为一个国际化大都市,有条件对标国际标准开展工作,具备国际合作竞争优势,有利于聚智引智;④上海具有精细化管理的优势,有条件统筹考虑地下、地面、地上整个立体国土空间生态修复。

总体来讲,相比于其他城市,上海对于生态环境问题,更加具备"有条件不破坏、有能力修复"的优势。要立足新时期良好的发展机遇,聚焦关键矛盾问题,走出一条具有大都市特色的以国土空间整治修复助推卓越全球城市建设之路。

10.4　上海大都市区国土空间整治修复的策略分析

伴随着自然资源机构改革的推进,国土空间生态修复新职责的明确,土地整治需要顺应时代背景,向国土空间综合整治与生态修复转型。存量发展时代,大都市区国土空间整治修复是国土空间规划实施的重要工具,落实"上海2035"城

市总体规划,要针对不同区域特点,采取差异化策略,助推追求卓越的全球城市和社会主义现代化国际大都市建设目标实现。

10.4.1 综合施策,突出大都市区国土空间整治修复特点

相比于一般城镇区域,大都市区人口集聚,经济密度大,人地矛盾以及资源环境紧约束形势更加严峻,面临的空间资源问题更加综合、更加复杂,推动乡村振兴及城乡融合发展、推动生态文明建设都需要采用综合性的、跨学科的手段来统筹解决。

纵观土地整治的发展历程,从土地开发整理复垦到土地整治、国土空间综合整治与生态修复,整治对象更加综合、目标更加多元、方法手段更加多样。从本质上来讲,国土空间整治修复,通过对田水路林村厂综合整治、叠合城乡建设用地增减挂钩政策,推动空间结构的调整优化,实现生产空间、生活空间、生态空间的有效配置;通过工业用地"退二进三"、城市空间更新、低效工业用地减量、农村居民点整治、多功能农用地整治等提升国土资源利用效率;通过对山水林田湖草自然生态系统保护修复,提升国土空间生态系统质量和生态服务功能,打造美丽国土。调整优化空间结构、提升资源利用效率、保护修复生态系统,三者相互补充、相互联结,是整体性、系统性优化区域国土空间开发格局,提升区域国土空间品质的重要政策工具(贾文涛,2019)。

纵观世界各地经验,各大城市群均在不同时期关注到生态环境问题、乡村发展问题,并利用土地整治修复工具推动乡村发展与生态环境建设。分析大伦敦、大巴黎、大芝加哥等地的最新一轮规划以及美国西雅图煤气厂公园改造案例、纽约高线公园、韩国清水川、香港郊野公园等案例,可以得到以下启示:①从规划层面锁定城市总体生态格局予以保护和建设,重视绿色斑块的连通、农林地的保护及其绿色休闲功能的发挥;②注重文化价值的挖掘与传承,尤其是历史遗存的保留和再利用;③注重生物多样性的保护;④注重根据区域实际情况采取独特的手段和解决方案。"上海2035"总体规划、已经开展的郊野公园建设、深坑酒店矿坑改造等项目探索也呈现出了同样的特点和趋势。

综上,大都市区国土空间整治修复,一是具备综合性的特点,需要针对复杂问题采取综合手段统筹解决;二是具备精细化的特点,需立足上海大都市区特质及工作基础,根据不同区域不同项目因地制宜,精细化设计、施工,以细节、品质满足人民群众对更加美好生活的需要。

10.4.2　分区分类,推动大都市区国土空间整治修复

借鉴国内外生态整治修复案例,基于大都市区国土空间整治修复的综合性和精细化特点,上海大都市区国土空间整治修复要分区分类开展、精准施策。

① 在重要生态区域,推动以自然生境保护修复、提升,水土环境协同治理,生物多样性保育等为核心内容的山水林田湖草系统保护修复工程。聚焦"上海2035"城市总体规划确定的生态修复区,坚持节约优先、保护优先、自然恢复为主的方针,在生态敏感区域,推动低效污染建设用地减量退出,实施生态修复,守好生态底线;在生态环廊重要节点推动郊野公园建设,夯实生态基底,兼顾人们休闲游憩需求;在河湖海岸线实施蓝色岸线及湿地保护修复工程,维护和提升生态系统功能,提升大都市区生态系统的稳定性。

② 在乡村区域,积极推动以低效建设用地减量、农村居民点整治以及多功能农用地整治为核心的乡村全面革新。聚焦"2035"城市总体规划确定的农林复合生态区,尤其是基本农田保护区、水源保护区、生态廊道规划区、薄弱村集中区域,大力推动低效建设用地减量,为区域发展消除污染、腾挪空间;聚焦高速公路、高速铁路、高压走廊沿线和环境影响整治区域、生态敏感区域,在符合规划、充分尊重农民意愿、经济可行的前提下,因地制宜、分类引导,推进农民集中居住。通过城乡建设用地增减挂钩等政策的运用,实现小城镇区域范围内的总体空间腾挪、基础设施条件改善、生态环境质量提升和农业的接二连三发展,切实改善乡村人居环境及农民生活水平,实现乡村区域的全面振兴。

③ 在城市区域,推动以市地整治及城市更新为核心的低效用地再开发与人居环境改善工程。在"2035"城市总体规划确定的城市开发边界内,以提高城市活力和品质为目标,推动土地利用模式由外延粗放扩张向内涵式效益提升转变。以小型地块的更新和特殊风貌地区的保护式更新为主,完善社区公共服务设施、提升生态质量、增加公共活动空间;以工业用地转型发展为核心,提升城市区域用地效率;以城市绿道建设、城市公园建设、高架道路沿线绿化建设、绿色屋顶建设等推进城市区域生态网络形成,提升城市生态系统质量,联结城乡绿色生态空间(图10-1)。

从网状的绿廊、面上的乡村区域、中心城区到点上具体已经建成以及正在实施的一个个土地整治项目、郊野公园,分区分类开展,总体形成大都市区国土空间整治和修复的总体格局。

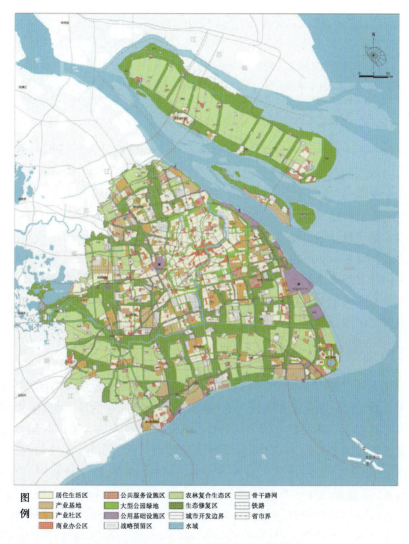

图 10-1 | "上海 2035"城市总体规划市域用地规划布局图

10.5 推进上海大都市区国土空间整治与生态修复的关键措施

10.5.1 开展国土空间整治修复规划编制研究

落实"上海 2035"城市总体规划,开展上海国土空间整治修复规划编制研究,以"全域规划、整体设计、综合整治、系统提升"为目标，遵循"优化空间布局结构、改善生态景观风貌、提高资源利用效能"的原则，统筹田水路林村，山水林田湖草等空间要素，划定国土整治修复功能区，采用整治、修复等多种手段，统筹安排项目区域布局、重点项目、建设时序等，为上海大都市区国土空间生态修复工作开展提供指引。

10.5.2 重视国土空间整治修复项目示范引领

综合考虑一般性与差异性，分区分类在生态环廊区域、乡村区域、沿海岸线等不同区域实施具有不同特点的空间整治修复项目，形成点、线、面相结合的生态修复工程布局，加强上下工作融合、部门资金整合、各方力量聚合，探索不同的国土空间整治修复模式，为全市各区开展国土空间整治修复发挥示范引领作用。在推进示范项目开展过程中，同步探索构建涵盖新型国土空间用途管制制度、国土整治修复规划实施制度、资金投入制度、统筹协调制度、监督管理、绩效考评制度等在内的大都市区国土空间整治修复制度体系；逐步构建涵盖各个环节，彰显大都市特色的整治修复技术标准体系，以修复制度及标准体系建设带动、指导各区整治修复工作开展。

10.5.3 加强国土空间整治修复科学技术创新

聚焦大都市区国土空间利用结构性矛盾突出、生态系统脆弱、水土环境问题突出等矛盾，要形成集前沿科技攻关、技术工程化集成化研发、示范应用推广和创新人才培养于一体的具有国内引领作用和国际影响力的大都市区国土空间生态修复工程技术创新中心，以追求卓越全球城市目标为引导，围绕调查评价-规划设计-整治修复-监测评估4个关键环节，从精准调查、精细感知、精明治理等角度入手，形成涵盖生态系统调查评价与问题识别、国土空间生态规划与布局、国土生态修复与功能提升、国土空间生态修复效果监测监管与后评价等在内的系列国土空间生态修复关键技术（高世昌等，2018；郭旭东等，2018），以科技创新引领和支撑大都市区国土空间综合整治和生态修复工作的开展。

10.5.4 打造协作互助共赢的国土空间整治修复生态圈

立足上海大都市区人力资源优势，强化长三角区域一体化交流合作，共同推动区域性、流域性整治修复项目开展；强化与相关高校及科研机构的合作，以工程技术中心建设为依托，打造产学研用一体化科研创新链条；持续引入跨专业科研、艺术、体育、金融以及相关的NGO、NPO等社会化创新力量，为区域发展集聚智力资源，注入发展活力。

参考文献

[1] 高世昌,苗利梅,肖文.国土空间生态修复工程的技术创新问题[J].中国土地,2018(8):32-34.

[2] 顾晨洁,王忠杰,李海涛,宋春丽,聂竹君.城市生态修复研究进展[J].城乡规划,2017(3):46-52.

[3] 郭旭东,谢俊奇.新时代中国土地生态学发展的思考[J].中国土地科学,2018,32(12):1-6.

[4] 胡振琪.我国土地复垦与生态修复30年:回顾、反思与展望[J].煤炭科学技术,2019,47(1):25-35.

[5] 焦思颖.推进生态保护修复,服务生态文明建设——访自然资源部国土空间生态修复司司长周远波[J].国土资源,2019(1):18-19.

[6] 沈国舫.从生态修复的概念说起[N].浙江日报,2016.

[7] 沈国舫.中国生态文明建设主题下的生态保护、修复和建设[J].国土绿化,2017(5):16-18.

[8] 王威,贾文涛.生态文明理念下的国土综合整治与生态保护修复[J].中国土地,2019(5):29-31.

[9] 俞孔坚.人类世生态系统与生态修复[J].景观设计学,2016(2):6-9.

11 国土空间规划下的绿隔区生态价值转化路径探讨

——以成都市温江区公平街道为例*

11.1 绿隔区的背景研究

11.1.1 绿隔区起源及发展脉络

"绿隔"概念起源于英国,由城镇规划专家霍华德在1898年提出的"田园城市"模式中提出,在城市外围应建有永久性绿地,并将其上升到控制城市空间发展的理论层面。莱奇沃思田园城市在两镇之间设置500公顷的农业用地作为缓冲区。到了20世纪20年代,这一理念得到进一步发展,即在城镇与乡村之间划定的清晰的物理边界,防止城市无序蔓延。

1927年,大伦敦区域规划委员会认为,绿带不只是单纯农业用途,还可以作为运动场地或者类似精神病院等机构用地。继1945年的大伦敦规划明确设置绿带后,1947—1955年,英国相继颁布了城乡规划法以及一系列通告和规划政策指引,在国家层面上确定绿带的核心规划功能为:①核查一个大面积建成区的进一步增长;②防止邻近的乡镇发生合并;③保持乡村特色景观。至此,绿带规划进入由国家开发的有序集中规划时期。

进入21世纪后,在城市发展的新需求和可持续发展的社会背景下,很多地区也出现了绿带用地保护与市场发展亟需用地之间的矛盾,各地区都不断探索绿带规划的改革路径。部分地区引入了"绿楔"政策,绿楔相比绿带具备更强的灵活性,可以根据经济发展和土地使用需求进行更改。以刚性绿带为主、弹性绿楔为辅的政策结合,成为控制城市无序增长方面的主要手段,以此适应地区发展压力的转变趋势。

---

* 宋莉,女,高级工程师,注册规划师,深圳市新城市规划建筑设计股份有限公司上海分公司技术总监。主要研究方向:城市规划编制、多规融合。

11.1.2 绿隔区及在城市发展过程中的作用

在我国,绿隔区在不同的城市有不同的表现形式,以北京、上海、广州、深圳为例,分别为绿化隔离区、生态空间、生态廊道和基本生态控制线等;从功能上来看,不同城市的控制要求不同,可以以清单的方式引入一些产业功能(表11-1)。

表11-1　北京、上海、广州、深圳的绿隔区表现形式

城市	表现形式	内涵作用	规模	功能控制	控制要求
北京	绿化隔离区	共同划定交界地区生态控制线,明确城镇建设区、工业区和农村居民点等开发边界	1 220平方公里	正面清单:公园、游乐设施、高新技术产业和休闲产业	建筑基底不超过总绿化用地面积2%～3%,层数限制为1～2层
上海	生态空间	以"永久基本农田保护红线、城市开发边界、生态保护红线、文化保护控制线"作为城市空间管控的底线	双环120平方公里生态间隔带260平方公里	正面清单:小型体育用地、少量的公共服务设施用地、城市郊野公园	近郊绿环绿地率60%、建筑高度12 m;生态间隔带绿地率40%、建筑高度24 m
广州	生态廊道	以山水为骨架,依托都会区231条大小河涌,构筑联接北部山体生态斑块、中心绿心、南部农业生态斑块的生态廊道体系	都会区生态廊道系统共1 352 km,其中"三纵四横"区域生态廊道总长近300 km,组团生态廊道总长530多km,社区生态廊道总长860多km	负面清单:禁止新增工业、仓储用地,严格限制居住、商业等房地产开发项目进入	
深圳	基本生态控制线	基本生态控制线作为生态保护范围界线	974平方公里	正面清单:重大道路交通设施、市政公用设施、旅游设施、公园、现代农业、教育科研等项目	

尽管绿隔区在不同地区的功能定义有所差别,但是可以总结以下几方面的作用:①控制城市蔓延,抑制人口向大城市集中,防止城市连片发展;②通过在城市周边保留农田、绿地等,为城市营造良好的生态环境,也为市民提供游憩场所;

③保护生态水源和优质农耕地,保护绿带内的自然环境;④基于军事防护的需要,将绿带作为防护缓冲区。

11.2 案例研究和经验借鉴

11.2.1 大城市绿隔区案例研究

(1) 北京:建设绿化隔离地区

北京绿隔区贯穿于自1958年北京市总体规划方案之后的各版总体规划之中,是北京城市空间结构的重要组成部分。随着城市的发展变化,北京先后规划了两道绿隔区,具体的发展政策也不断调整。绿隔区的性质也逐步从纯保护性区域转变为一种特殊的开发性区域。根据绿化隔离地区有关政策,为保障绿地实施及集体经济发展安排的产业用地,北京城乡规划中设置了绿隔产业用地(F81)的特殊土地分类。在最新批复的《北京市城市总体规划(2016—2035)》中提到,"全面实现绿化隔离地区减量提质增绿和集体产业、基础设施、民生保障、社会管理的城乡一体化发展"(见图11-1和表11-2)。

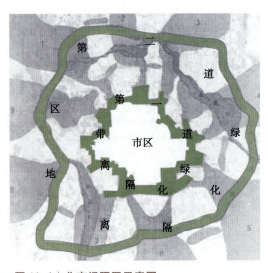

图11-1 | 北京绿隔区示意图

表11-2 北京绿隔区规划

第一道绿隔区	规模	政策内涵
京政发〔2000〕12号	240平方公里	充分发挥绿化隔离地区的区位优势,调整产业结构和企业布局,大力发展符合首都经济要求的第二、第三产业,重点发展高新技术产业和为市民休闲服务的第三产业
第二道绿隔区	规模	政策内涵
北京总规划2016—2035	<1 220平方公里	全面实现绿化隔离地区减量提质增绿和集体产业、基础设施、民生保障、社会管理的城乡一体化发展

（2）上海：划定四类生态空间

上海生态空间划分为四类，其中一类、二类生态空间为生态敏感区，包括长兴岛水库和崇明岛湿地公园，属于生态保护红线的范畴（图11-2）。

图11-2｜上海生态空间示意图

三类生态空间是指上海的乡村地区，不属于生态敏感区和生态保护红线范畴，划入限制建设区予以管控，禁止对主导生态功能产生影响的开发建设活动，控制线性工程、市政基础设施和独立型特殊建设项目用地，可以引入郊野公园、产业类等项目。

四类生态空间是指城市开发边界内的结构性生态空间，包括外环绿带、城市公园绿地、水系、楔形绿地等,面积不小于104平方公里(均为陆域面积),要求严格保护并提升生态功能。

(3) 深圳:划定基本生态控制线

2005年,为了缓解建设用地无序蔓延并保障城市生态安全,深圳市在全国率先划定基本生态控制线作为生态保护区域,并配套出台了《深圳市基本生态控制线管理规定》,提出了基本生态控制线内的产业引入正面清单,包括重大道路交通设施、市政公用设施、旅游设施和公园四类;经调整后,新增了现代农业、教育科研两类产业项目(图11-3)。

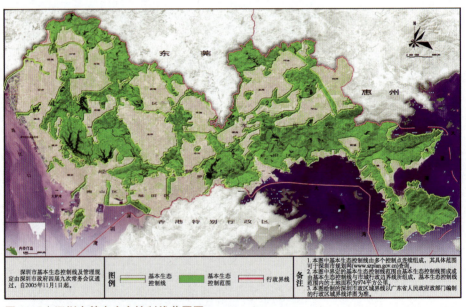

图11-3 | 深圳市基本生态控制线范围图

深圳市将基本生态控制线内分为三类管控区,分类进行控制引导。一级管制区按生态保护红线要求划定和管理。二级管制区为评估认定的生态环境敏感区和脆弱区,均实施严格的生态保护和建设管控;同时,建立弹性管理规则,允许适当的调整,引导生态空间的绿色发展。针对三级管制区,制定相关指引,编制协商式、精细化的生态社区规划,提升生态品质,引导发展生态型产业。

11.2.2 经验总结

各个城市在防止城市蔓延的控制带中采用分级管控的形式,并不是一刀切地进行严控。规划进行严控的都是属于生态保护红线范畴的区域,除生态保护红线外的区域,可以发展现代农业、旅游服务(含休闲农业)、郊野公园、教育科研、体育等符合管控要求的产业。对产业准入一般采用功能分区和项目清单的形式。对非生态敏感区、不属于生态保护红线范畴的区域均允许相关产业进入。

11.3 成都市温江区绿隔区生态价值利用分析

11.3.1 成都市绿隔区发展历程

2007年,成都市在"198规划"中首次提出"环城生态区"的发展理念。作为全国统筹城乡综合配套改革,这是成都首次将乡村地区纳入城市管理体系。在土地用途上,生态用地主要包括森林、花卉、草地、水体和生态农业等;建设用地以现代服务业功能为主,用于社会保障、文化、体育、娱乐、旅游、商务、住宅等,负面清单包括工业、仓储物流、大型专业市场、大专院校等。2013年,成都市通过制定《成都市环城生态区保护条例》来立法保障198规划的实施,制定《成都市环城生态区总体规划》为法定198规划,进一步提出控制要求(表11-3)。

表11-3 成都市绿隔区规划

规模控制	功能控制	形态控制
环城生态区总面积为187平方公里,生态用地面积为133平方公里。(单个项目未作出明确规模控制,如保利公园建设用地达到了100公顷)	负面清单:不得新建工业、村庄生产用地(不含村庄仓储用地)、仓储物流、采矿项目,与生态绿隔区功能无关的办公和教育科研设施等	建设用地临水、临生态用地界面30米进深以内的建筑平均高度不超过10米,局部最高高度不超过13米

11.3.2 西控绿隔区的发展政策

2017年,《成都市总体规划(2016—2035)》提出按照"东进、南拓、西控、北改、中优"十字方针发展战略,成都市先后开展《成都市生态守护控制规划》,明确了全域生态保护红线区、重要生态绿隔区、一般生态绿隔区和城镇空间四个分区的管控要求。

2017年10月,成都市发布了《成都市实施"西控"战略规划导则》,强调和细化了对重要生态绿隔区的管控要求和发展指引。导则要求,在总量控制上,要求在保障农村居住用地的前提下,其余现状村庄建设用地逐步减少至现有总量的一半,要求拆除与建设统筹挂钩。

11.3.3 温江区绿隔区发展问题:优质本底资源与价值转化不足的冲突

作为成都市"西控"发展区域,依托得天独厚的"水、田、林、园"等自然本底和生态禀赋,温江区是成都二圈层区县中西控面积占比最大的区县,城市建成区外60%区域都属于重要生态绿隔区。2017年,温江区提出"南城北林"发展战略,积极构建"三医两养一高地"全域健康产业生态圈,但优越的本底资源价值在经济价值转化中存在不足,"两养"包含的高端养生和养老产业在绿隔区发育十分有限。以公平街道为例,作为温江区三大园区板块唯一交汇点,公平街道绿隔区在融合产业要素、创新产业场景上具有先天优势,有优质的科研、教育、医疗资源服务等。但是,生态资源与价值转化不足,企业规模小并与周边产学研联动不强,文化底蕴和田园景观资源优越但未加利用(图11-4和图11-5)。

图 11-4 | 温江区重要生态绿隔区范围图

图 11-5 | 公平街道重要生态绿隔区范围图

11.4 国土空间规划下的绿隔区生态价值转化路径

11.4.1 国土空间规划下绿隔区分区划定

《中共中央、国务院关于建立国土空间规划体系并监督实施的若干意见》中提出:"在资源环境承载能力和国土空间开发适宜性评价的基础上,科学有序统筹布局生态、农业、城镇等功能空间,划定生态保护红线、永久基本农田、城镇开发边界等空间管控边界以及各类海域保护线,强化底线约束,为可持续发展预留空间。"全面摸清并分析国土空间本底条件,结合双评价、双评估划定"三区三线"(图11-6)。

在国土空间规划体系下,需落实的空间管控边界为永久基本农田保护红线、城镇开发边界和生态保护红线。温江区公平街道不涉及生态保护红线,而城镇开发边界、永久基本农田控制线已经划定。按照主要地类,公平街道绿隔区在国土空间内属于农业空间(表11-7)。

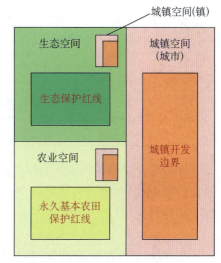

图 11-6 | 绿隔区划定

表 11-7 "三区三线"划定

三区一网络	三线与其他	功能分区(国土空间规划总图图例)
生态空间	生态保护红线	保护林地;保护草地;保护水域;保护滩涂沼泽;其他保护生态用地
	一般生态空间	一般林地;一般草地;一般水域;一般滩涂沼泽;一般生态用地
农业空间	永久基本农田	基本农田
	一般农业空间	一般农田;园地;牧草地;历史文化保护村落;农村居民点;其他农业空间

11.4.2　国土空间规划下科学使用公平街道绿隔区发展空间

(1) 基于"三调"数据,合理进行村庄布局

绿隔区应提前做好新增空间的科学布局研究,处理好农民、宅基地、产业的关系,为未来四调落图做准备。根据《成都市实施"西控"战略规划导则》的要求梳理林盘资源,作为保留村庄肌理、乡村文脉的重要载体(表11-8)。

表11-8　"西控"林盘聚落识别标准

规模	100～500 人			
用地占比	林	水	院	路
	40%～60%	5%～10%	20%～30%	10%～20%
要求	大于3笼以上的竹林或胸径在30厘米以上高的乔木	多以堰塘、水渠的形式存在于林盘中	以川西建筑为基本单元,建筑层数不超过2层,且应低于周边林木高度	—

综合考虑总量控制和其他相关约束性条件的要求,对现状进行"一户一宅"全面的基础调研,统计村民搬迁与安置意愿,合理确定保留村庄规模与布局,编制实用性村庄规划。

(2) 多路径布局产业用地

① 调整适宜发展规模化、连片发展的种植农业空间。依托绿隔区生态环境,根据相关规划引导,绿隔区重点发展花卉苗木、农业科研、休闲农业,以科技创新促进现代农业融合发展。以上都离不开规模化的空间载体,所以不仅要考虑建设用地布局,还要考虑农用地的高效规整使用。

② 经营性用地布局方式。一方面,通过梳理现状规模较大、空间规整的存量工业用地,发展两养、旅游等产业,对现状存量工业用地实现再利用;另一方面,可以依托点状供地新增项目空间,以解决必要的文化旅游产业项目用地需求,保障项目落地,推动乡村振兴发展。

点状供地将是三调确权后的绿隔区重要用地政策,按照"建多少、转多少、征(占用)多少"的原则点状报批,开发建设服务于乡村振兴的项目用地,具体涵盖农村基础设施和公共服务设施、休闲农业、乡村旅游和健康养老、农产品生产加工(流通)和手工作坊以及符合相关规定的农村新产业新业态的建设项目。绿隔区涉及的康养、农商文旅、文化公益性项目,只要不在点状供地负面清单范围内,均可使用该供地模式。

（3）构建绿隔区消费新场景

第一，可根据成都市建设全域公园体系的要求，以花篱郊野公园整合乡村资源，构建都市休闲游憩新场景。郊野公园本质上是一个项目包，通过郊野公园可以串联整合绿道、林盘民宿、农业产业、乡村文创旅游等资源。第二，绿隔区可主动共担医学城在乡村区域的生态康养产业功能，构建"两养"主题新场景。根据乡村资源特色，利用周边高端医疗资源、自身生态环境，确定康养开发类型。强化健康主题，进行多元化开发。以健康养生、休闲养老度假等健康产业为核心，进行休闲农业、医疗服务、休闲娱乐、养生度假、健康食品、户外运动等多功能开发。第三，绿隔区应致力于成为温江农业龙头引领，深度融合一二三产，建立现代农场场景。以花木产业为核心，完善旅游配套设施，打造温江农商文旅体融合发展的品牌。

11.4.3 以清单的方式进行绿隔区企业招引计划匹配性分析

根据相关规划初步梳理正面和负面清单，对目前意向项目的匹配性进行解读，判断意向项目在国土空间规划下是否符合相关规划的准入条件，并对项目清单通过专项规划进行进一步研究（见表11-9和表11-10）。

表11-9 绿隔区准入产业类型

准入产业类型	正面清单（具体要求）
文化创意	传媒影视、创意设计、现代时尚、音乐艺术、文体旅游、信息服务、会展广告、教育咨询等
休闲运动	构建全面健身、竞赛表演、体育旅游等为特色和核心竞争力的现代体育服务业体系
康养旅游	建成体现旅游、休闲、医养、度假、养生、养老等健康服务新理念，产业共融、业态相生的康养产业
绿色食品	绿色生态产品

表11-10 绿隔区禁止准入产业类型

类型	负面清单（具体要求）
禁止任何建设用地占用	生态保护红线划定范围以及各级各类自然保护地
	Ⅰ级保护林地、一级国家级公益林以及不符合《建设项目使用林地审核审批管理办法》规定的林地
	重点饮用水源保护区
	地质灾害、洪涝灾害危险区，以及处于地质灾害易发区经评估不能建设的
	挖山填（挖）湖、削峰填谷或成片毁林毁草等破坏生态环境的

续表

类型	负面清单（具体要求）
禁止发展的项目	涉农涉旅以外的工业类项目
	集中加工园区
	利用集体建设用地实施的房地产开发项目
	商品住宅、别墅类房地产、私家庄园、私人别墅

国土空间规划体系下可进入的项目可细分为利用存量建设用地项目和建议优化布局项目。利用存量建设用地项目如果出现存量建设用地地块面积不能够满足项目面积的情况，需通过对周边地块土地转用，获取建设用地，以满足项目所需，可以分期建设，并纳入"四调"数据。建议优化布局项目针对的是意向位置主要位于宅基地或者基本农田，分布较散，较难形成产业集聚效应，或周边环境不利于产业发展的项目。

11.4.4 公平街道绿隔区减量实施机制探索

建设用地减量化主要集中在宅基地、工矿仓储用地和其他建设用地。

（1）宅基地减量与农民安置

在对宅基地进行减量化之前，需要对现状宅基地情况进行充分调研，建立"一户一档"调查数据库，统计农民安置意愿，以此为基础确定后续宅基地减量与各类安置方式的规模、资金等。在充分掌握现状情况的基础上，根据上位规划及政策的约束性条件、当地自身发展诉求确定宅基地减量原则（见图11-7）。

一户一档信息调查表

乡镇：_____   行政村：_____   村民小组：_____   门牌号（住址）：_____

户主	家庭成员总数	年龄结构（基于是否可以分户分类）				常住人口数	户籍状况			农业人口数量	非农业人口数量	近五年是否有分房、翻建计划	是否在他处有住房	集中居住安置意向		建筑物底数		
		60岁以上（人）| 40—60岁（人）| 18—40岁（人）| 18岁以下（人）|	纯农户	非农户	混合户	继承户					上楼	独栋或多拼	建造年代	房屋间数	是否出租	闲置间数

备注：集中居住安置意向只针对纯农户与混合户统计，为其提供多种集中安置的方式预选。对非农户和继承户引导退出宅基地。

图 11-7 | 一户一档信息调查表

以公平街道为例，街道的约束性条件主要有三点，一是控制建设用地总规模，"农村建设用地在现状基础上减半"；二是不得占用永久基本农田；三是占用规划道路红线、市政廊道的宅基地需减量（见图11-8和图11-9）。

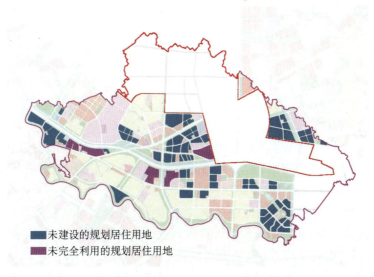

图11-8 | 温江区公平街道居住用地建设情况汇总图

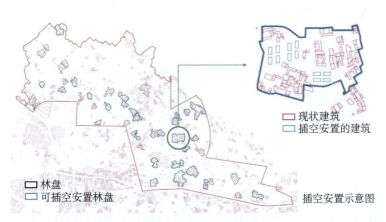

图11-9 | 温江区公平街道农民社区插空安置示意图

公平街道的发展诉求主要有三点，一是要保留村庄肌理，形成林盘聚落；二是减量其他集聚相对零散、交通不方便、远离公服设施的宅基地；三是根据"一户一档"的调查结果减量空闲宅基地。

对于减量化农民安置,提供多种方式供农民选择。一是进城上楼。结合规划与现状建设情况,梳理未建设的规划居住用地规模,公平街道可将老场镇作为统筹安置的重点区域,高效完成宅基地向城区安置,给绿隔区发展产业留出空间,作为温江区的示范试点。二是插空安置。通过对照保留林盘与地形图,梳理可以插建的林盘资源点。三是建设农民新型社区。农民新型社区建议靠近城区布置,提高公共设施共享利用水平,集约土地度。四是制定因地制宜、因户制宜的货币化补偿标准。根据"一户一档"的统计结果,对选择自愿退出宅基地、接受货币化补偿的农民,根据其农户、非农户、继承户等不同情况,制定相应的补偿政策。

(2) 工矿仓储用地减量

工矿仓储用地类型往往比较复杂,因此采用潜力分析结合实地调研的方式进行减量难易程度的判断,最后和当地政府进行沟通讨论来进一步明减量化图斑。

潜力分析评价要素分为土地权属、污染能耗、建筑质量和经济效益等,通过层次分析法(AHP)进行综合权重计算得到各评价要素的综合权重,最终可计算出工矿仓储用地减量潜力的综合评价结果。

公平街道工矿用地减量化后的指标可以进行"拆二还一"使用,也可以进行存量利用。由于新的《土地管理法》对永久基本农田管理更加严格,未来绿隔区新增建设用地调整永久基本农田的难度很大,因此绿隔区需要充分利用现状存量的工矿仓储用地发展产业。

(3) 其他建设用地减量

其他建设用地可根据现状调研结果,对有意向减量图斑进行减量,并可根据宅基地归并情况减量部分公服设施。通过进一步研究村级道路,对使用率不高道路降低等级,缩减道路宽度。

参考文献

[1] 黄雨薇.英国绿带政策形成、发展及其启示[D].华中科技大学,2012.

[2] 吴纳维.北京绿隔产业用地规划实施现状问题与对策——以朝阳区为例[J].城市规划,2014.

[3] 许海峰.绿带政策的形成、演变与实施成效研究[D].浙江大学,2016.

乡村振兴

XIANGCUN ZHENXING

12　从政策聚焦型向设计引导型转变的美丽乡村建设

——以青浦区王泾村、朱浦村为例＊

12.1　概述

上海市自 2014 年起开展美丽乡村建设工作,将美丽乡村建设作为上海落实党的十八大提出的"美丽中国、生态文明"总体要求的重要措施。上海市美丽乡村建设以农村人居环境改善为主要目标,以农村村庄改造工程为载体,围绕"美在生态、富在产业、根在文化"的主线,在全面保障农民基本生产、生活条件的基础上,促进农村全面健康可持续发展。

美丽乡村建设是指在行政村村域范围内,针对城市开发边界以外的区域,通过整合各部门资金、政策和已有项目,在较短的项目周期内,实现农村环境面貌的显著提升。具体做法是将村庄改造、河道整治、生活污水处理、道路建设、桥梁改造、林地建设、农田水利、农村环卫设施、社区养老设施、文化体育设施等涉及多方面和多部门的政策及资金进行整合,把美丽乡村建设作为一个平台对村庄内田、水、路、林、村等要素进行综合整治,优化生态空间布局,改善农村居住环境,建设宜居、宜业、宜游的美丽乡村(见图 12-1)。

目前,乡村地区发展以市、区、镇三级城乡总体规划作为宏观指引,以郊野单元(村庄)规划作为详细规划,美丽乡村建设在遵循上位规划确定的发展目标、功能定位以

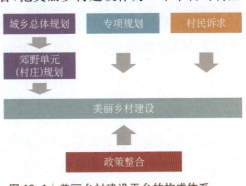

图 12-1｜美丽乡村建设平台的构成体系

＊　冯立,男,工学博士,注册城市规划师,高级工程师,就职于上海浦升规划建筑设计有限公司。主要研究方向:城市设计理论、城乡统筹与乡村规划。

及空间布局外,衔接三区划定、蓝线规划、林地规划等各类专项规划,通过编制美丽乡村建设规划的形式反馈村民切身诉求,是将各类规划要素落地的重要手段。

青浦区是长三角一体化发展的示范区域和上海市的西大门,现状城市开发边界外的乡村郊野地区约占全区总面积的60%,是乡村振兴和美丽乡村建设的重要区域之一。截至2018年年底,全区共累计推进119个村开展美丽乡村(镇级)达标创建,占规划保留保护村庄总数的82%;在此基础上推进美丽乡村(区级)示范村建设40个,其中已有14个村成功创建为上海市美丽乡村示范村。对改善农村居住环境,保护传统乡村风貌,修复自然生态环境起到了重要的推动作用(见表12-1、图12-2)。

表12-1　青浦区美丽乡村建设情况统计表(截至2018年年底)

	镇级达标创建	区级示范村	市级示范村
个数	119	40	14

图12-2 ｜ 青浦区市级美丽乡村示范村建设效果(徐姚村)

12.2　美丽乡村建设的主要问题

近年来,美丽乡村建设在改善乡村品质方面取得了显著的效果,但在实践探索中也凸显一些问题,主要在以下方面。

12.2.1　政策影响较大,地方自筹动力不足,村民能动性较弱

乡村地区产业和集聚不够、产能等级较低,且农业产业化程度和经济效益较低,在村集体经济不富裕的情况下,无法支撑村庄基础设施和公共服务设施建设

的高额投资；此外，"198"区域工业减量化，对经济本就薄弱的村集体更是雪上加霜，村民的福利、乡村的发展，越来越依靠财政转移支付，村集体缺乏对美丽乡村建设的资金投入能力。

人口"倒挂"现象明显，人户分离问题突出。据调研资料显示：一是乡村人口"倒挂"现象较严重，户籍人口增速缓慢，而来沪人口高速增长，有的乡镇比例已达1∶10。二是人户分离问题较突出，存在户在人不在，人在户不在，空挂户较多等情况，郊区村镇户籍中户在人不在的接近50%，且留在村内的多为无劳动能力的老人和小孩。人口"倒挂"现象明显，人户分离问题突出等造成村民能动性不足，缺少乡贤能人为美丽乡村建设出谋划策。

为贯彻落实党的十八大以来农村工作有关会议精神，围绕建设美丽中国、生态文明的总体要求，上海于2014年启动美丽乡村建设工作，相继印发了《上海市美丽乡村建设导则(试行)》《上海市美丽乡村建设项目和资金管理办法(试行)》等，各区也出台相应生实施细则和奖励政策，同时开展了市级、区级美丽乡村示范村评审活动等。美丽乡村建设在一系列政策的支持下，主要采用自上而下的形式推动，因此受政策的影响较大。如何在维持政策外力的同时，增强内生动力，实现乡村的持久发展，是对美丽乡村建设的一个重大考验。

12.2.2　以点状治理为主，管理粗放，缺乏系统整体考虑

美丽乡村建设应该建立在科学细致的研究和规划基础上，整体思维、统筹布局、符合实际、突出亮点。但村民关注的大多是和自身诉求相关的问题，关注面较窄，缺乏长久考虑；地方政府在建设中也存在"头疼医头，脚疼医脚"的现象，缺乏系统整体考虑，导致很多建设与原有环境不协调。特别是有些设计手法过于城市化，把城市景观的一套照搬到村庄，局部看起来很漂亮，放到乡村的大环境中则显得不实用不协调，也得不到村民的认可。

12.2.3　部分政策分工不明，造成推诿和重复浪费

由于美丽乡村目前采用的模式是政策拼盘，其好处是将各项涉农政策集中叠加，可以短期出成效。但是在实际操作中，各部门政策并不能很好的衔接，有的地方重复，有的地方有空白。例如，道路建设资金来源既可以是交通部门的农村道路项目，也可以来自农业农村部门的村庄改造项目。绿化建设资金来源既可以是绿化市容部门，也可以来自河道，还可以来自村庄改造等不同类型的项目。类似的政策分工不明极易造成重复浪费，也容易造成推诿。

12.3 美丽乡村建设发展思路探讨

针对前述美丽乡村建设中的问题,笔者结合青浦区白鹤镇王泾村和朱浦村美丽乡村项目,探讨了美丽乡村规划和建设的一些思路和策略。

12.3.1 坚持整体规划整体打造,分步实施

虽然美丽乡村建设规划是政策性和实施性的规划,但是仍然要注重规划的统筹性、整体性,需要较高的立意和明确的目标,分步实施的具体措施要检验是否始终围绕目标,是否符合规划的整体统筹要求。

例如,白鹤镇王泾村本是一个没有突出特色的普通村庄。在这次美丽乡村建设规划提出"绿色田园,幸福王泾"的发展目标。通过"美景王泾、富民王泾、乐居王泾、共建王泾"四步走的策略,将王泾村建设成一个幸福之村。在乡村景观上整治村庄环境,打造美丽王泾;在乡村产业上,农业与文旅产业结合,提高农民收入;在乡村民生上,贴心的设施改造,方便村民生活;在乡村长效管理上,激发村民自身积极性,扩大整治行动成果(见图12-3、图12-4和图12-5)。

图12-3 | 王泾村美丽乡村建设规划策略

图 12-4 | 王泾村生态农庄总体布局和节点放大平面图

图 12-5 | 王泾村生态农庄效果图

12.3.2 对接上位规划，力保产业空间

美丽乡村建设规划是最底层的行动实施计划，必须确保不违反上位规划要求。在郊野地区建设用地减量和农民集中居住的大背景之下，村庄的可用建设用地资源十分紧张。要使投入美丽乡村的资金发挥最大效用，避免浪费，就必须对接好上位规划。最好的方式就是将资金和政策用在上位规划划定的建设用地之上。同时，为了保证乡村可持续发展并建立乡村经济造血机制，产业发展空间必须予以保证。产业发展空间可以利用经营性建设用地，也可以利用村庄公共

服务设施用地兼营。因此,美丽乡村建设规划对可用于发展产业的空间应毫不犹豫地予以投入。

白鹤镇郊野单元(村庄)规划对村庄农居点布局进行了大规模的减量归并。但是也给各村庄预留了少量产业用地空间。王泾村将三亩建设用地指标用在了王家自然村南侧滨河一块未利用的空地上,建设集餐饮、休憩、农事体验于一体的都市休闲体验型农庄,成为增加村集体收入的重要组成部分。朱浦村也利用预留指标将村内"幸福农庄"项目中一组缺乏用地手续但发展条件很好的建筑物保留了下来,成为非常有特色的一个好去处(见图12-6)。

图 12-6 | 朱浦村幸福农庄保留建筑

这些产业项目不仅为村庄带来收入,还可以兼顾为村民提供更好的公共服务,以及极具品质和特色的公共空间。那些特色建筑、文化活动、亲水平台、水生植物、休闲座椅、景观花架、庭院小景,无不刻画出一个诗情画意的田园空间,让人流连。

12.3.3　以村民需求为中心,聚焦身边的变化

宅旁的河道变清了,身边的环境变美了,村里的设施变得更全了,这些细微的变化之处正是村民切身的需求,是看得见摸得着的变化。因此,村庄的环境美化、设施提升也是美丽乡村建设中的关键部分。

① 朱浦村乡村公园。规划充分利用蔡仁浦与新开河交汇处减量建设用地,与村委会一路之隔,打造朱浦村乡村公园,通过布置亲水平台、安全护栏、休息桌椅,健身器材和景观小品等为村民提供一处游憩、娱乐的公共活动空间,将原来拥挤的空间打开,通过细化设计形成精品化的乡村公园,以点带面推动朱浦村整体空间环境品质的提升(见图12-7)。

图 12-7 | 朱浦村乡村公园效果图

② 王泾村潘家库农居点村民休憩园。现状为一处断头浜,河水污浊、岸边杂草丛生,规划通过河道整治、修筑护坡、安装护栏等,将脏乱差的断头浜变成岸绿水清的滨水景观带,并结合临路一侧空地,布置休憩亭、景观花池、健身活动场地等,形成农居点内村民的公共活动空间(见图 12-8、图 12-9 和图 12-10)。

图 12-8 | 王泾村潘家库农居点现状照片

图 12-9 | 王泾村潘家库休憩园鸟瞰效果图

图12-10 | 王泾村潘家厍休憩园效果图

③ 家门前的"一米"菜田。在王泾村和朱浦村的农居点内均存在零星的永久基本农田,由于面积过小无法种植水稻且部分权属不明确,因此多数堆放杂物、杂草丛生。考虑到永久基本农田的特殊性,规划用竹篱划分成小块给周边的村民种植蔬菜,既保护了基本农田的完整性,也调动了村民参与的积极性。

12.3.4　长效治理的探讨

美丽乡村建设不仅要考虑目前的政策、注重近期的建设,也要考虑产业文脉、乡风文明建设等,更要全面考虑村庄的长效治理。

王泾村目前已有6～7家家庭农场,种植面积在50～200亩,农场主均为该村村民,并通过职业农民培训,实施了农业专业化种植,提高了农业水平。与此同时,利用小型农田水利设施建设项目,进一步进行交通设施、排水设施、田块分割的治理,同时新建电灌站,满足远期发展的需求。

规划还积极探索村民参与和自主管理村庄环境的高效途径,根据村庄实际,个性化制定村规民约,引导农民群众普遍接受和遵守村规民约,落实设施维护、河道管护、绿化养护、垃圾收运、公厕保洁队伍。建立监管管理制度,做到运行高序、管理到位、群众满意,使村庄环境管理走上规范化、制度化、长效化轨道,确保环境整治有成效不反弹。

12.4　结论

上海地区的乡村拥有自己的历史底蕴和水乡特色,以及作为国际化大都市郊区的独特优势。在美丽乡村建设中,切忌盲目模仿其他地区,不能过度使用城市地区设计的手法,避免千村一面,力求与本地自然环境融合,体现当地传统民居特色、历史底蕴,或融入现代文化创意,进行整体设计,一个村庄形成比较一致的风格,塑造宜居、美观、富有文化内涵和地方特色的田园型乡村风貌。

总之,美丽乡村建设不可能单靠一个部门或者一方力量就能顺利完成,也不简单将政策叠加就一定会产生好的效果。以乡村设计为引导,社会各方共同参与、共同努力,从目标设定到策略提出,再到方案落地,通过一体化筹划确保实施过程扎实落地,这样的全过程管理才是建设美丽乡村实现乡村振兴的有效路径。

参考文献

[1] 刘静,陆靖慧等.上海市"198"区域工业用地减量化对镇村利益的影响分析及对策研究[J].上海国土资源,2015(4):39-04.
[2] 青浦区农村农业委.关于乡村振兴示范村、美丽乡村建设推进情况的汇报[R].2019.
[3] 王士兰,陈静.新时代上海美丽乡村规划建设的思考[J].上海城市规划,2018(6):54-64.
[4] 薛艳杰.上海特大城市郊区美丽乡村建设的若干思考[J].上海经济,2015.
[5] 杨博,郑思俊.生态空间承载城市未来发展宏图——以上海市生态空间规划及美丽乡村建设为例[J].园林,2017.

13 上海乡村振兴模式与实施路径初探*

13.1 乡村振兴提出的背景和意义

乡村作为城市产生前的主要聚落形态,一直起着为城市发展输血的作用。但从 2004 年至今,中央一号文件每年都聚焦"三农",中央从对乡村与城市的定位也发生了从"农村支持城市"到"城市反哺乡村"的转变。乡村振兴战略是习近平同志在党的十九大报告中提出的战略。乡村振兴战略以二十字方针总的建设要求,目标是加快推进农业农村现代化,让农业成为有奔头的产业,让农民成为有吸引力的职业,让农村成为安居乐业的美丽家园。

13.2 上海乡村现状发展情况

13.2.1 乡村人口

乡村人口不断减少,人口结构中外来人口数量不断增多。上海农村常住人口数量不断下降,流出人口大多是青壮年,乡村面临空心化和老龄化问题。但是,上海乡村地区的外来人口数量呈现出不断增长的趋势,在某些产业发达的乡村地区甚至出现了外来人口超过本地乡村人口数量的现象。

13.2.2 乡村产业发展

上海乡村产业已形成一定基础,成为农民及村集体的重要收入来源。上海农民目前仅从事一产劳作的数量已经很少,大部分农民已经转型从事二产或三产活动,耕地多数被外地职业农民承包进行扩大规模的专业化种植。现有上海

---

* 刘勇,男,博士,上海大学上海美术学院建筑系副教授。主要研究方向:城乡规划与设计、住房与社区发展。

乡村工业用地集中在"198"用地区域,这些分散在规划集中建设区外的工业用地,吸纳了周边农村剩余的劳动力,也是农民和村集体提高收入的主要途径。近年来,上海推进低效建设用地转型,"198"区域内用地成为主要的整治对象,在一定程度上影响了乡村地区产业创收的渠道。

另一方面,以农业体验、采摘、观光为特色的农家乐类型为代表的乡村第三产业在上海蓬勃发展。崇明农事体验、青浦草莓采摘、嘉定葡萄采摘、松江农家民宿等已经成为居民亲近自然、体验乡村生活的重要渠道,也为当地农民带来了可观的经济收益。

13.2.3　乡村用地与风貌

上海乡村人口的不断下降,农用地、宅基地、其他建设用地闲置的情况越来越多。由于乡村居民点分布较为分散,居民点归并也存在较大难度,使农村用地浪费现象普遍存在。

上海乡村呈现的是典型的江南水乡的田园风貌。水系、农宅、农田互相呼应,建筑形式以二至三层小楼为主。在现在推进的农村宅基地撤并集中过程中,局部地区出现了一些多层建筑,对原本低密度、低强度的乡村风貌造成了一些影响。

13.2.4　乡村治理与配套建设

上海乡村地区经济条件较周边地区更发达,基础设施配套也更为完备。自来水、电力、电信、入村道路硬化等设施基本完善。中心村也基本配置卫生室、村民活动室,满足村民的生活与休闲要求。

13.3　上海乡村振兴政策举措与实施过程遇到的问题

13.3.1　政策举措

关于乡村振兴战略部署与顶层设计。上海市政府在 2018 年年末提出,将对 2013 年以来出台的 128 项涉农政策文件进行系统梳理和甄别,并明确制定推进乡村振兴"1+19"配套文件。

(1) 关于土地问题

2018 年年末出台的《上海市乡村振兴战略规划(2018—2022 年)》和《上海市乡村振兴战略实施方案(2018—2022 年)》,是上海乡村振兴的顶层设计与产业引导;《上海市农村村民住房建设管理办法(上海市政府 2019 年 16 号令)》对推进农民集中安置、宅基地撤并、农民建房标准等事关农村土地集约化利用问题进行指引;

(2) 关于农民保障

《〈上海市被征收农民集体所有土地农业人员就业和社会保障办法〉的通知(沪府规〔2018〕21 号)》对被征收土地农民的社会保障与培训再就业问题明确了政府责任与引导措施。

(3) 关于乡村风貌

为打造具有江南水乡特征和大都市郊区特色的上海农业农村新风貌,2018 年 8 月,上海出台的《村庄规划编制导则》和《郊野乡村风貌规划设计导则》,对村庄空间布局散、规模小、风貌不协调的问题进行规划布局与建设引导。

13.3.2　现有实施抓手与目标

在现在的工作部署中,市委市政府以"三园"——"美丽家园""绿色田园""幸福乐园"工程建设为抓手,分步实现乡村振兴。"美丽家园"工程规划的核心是全面提升农村环境和人居环境建设;"绿色田园"工程规划的核心是全面实现农业的提质增效,目标是实现农业的现代化;"幸福乐园"工程的核心则是在全面促进农民持续征收的同时,实现乡村治理。通过推进"三园"建设,2022 年上海将基本形成乡村空间布局合理、人居环境整洁、产品绿色优质、产业融合发展、社会治理有效、农民生活富裕的格局。

13.3.3　遇到的问题

(1) 重空间,轻产业

在已经进行的乡村振兴项目,大部分集中在对乡村风貌的整治、乡村宅基地归并安置等固定设施投资建设。农家乐、采摘等小规模乡村休闲产业的发展发起方大多为在地农民或少量社会资本。相反,针对"198"用地的整治将会使现存的乡村二产缺乏存续基础,缩减乡村的产业收入来源。所以,如何对待现有乡村产业,使乡村具有持续的造血能力,是新时期乡村振兴需研究的重点问题。

(2) 重生态,轻生活

现有的乡村生态环境管理非常严格,大到国家层面基本农田、林地保护,小到地方对于水系、河道、生态用地等的严格控制,乡村自身发展的腾挪空间有限。这些政策在一定程度上保证了乡村面貌,但也对乡村的生活水平、产业发展形成约束。

(3) 重管理，轻治理

乡村作为最基础的管理单元，实行党领导下的村长负责制，村集体领导班子由全体村民选举产生。上海乡村配套相对完善，治安条件也安全，都与相对严格的行政管理有关。但同时对在地方文化的传承上挖掘不足，宗族、乡绅文化逐渐淡化，原有的以文化为凝聚力的乡村治理优势没有得到充分发扬。

13.4 上海乡村振兴核心问题探讨与模式探索

13.4.1 乡村分类

乡村的振兴，并非单纯依靠投入资本实现，应该注重本身造血功能。实际上，城镇化趋势下，不是所有乡村都有振兴的可能与必要，所以，在确定乡村振兴模式前，首先应结合实际对乡村进行顺应趋势的分类引导。

根据交通区位、自然本底、村庄规模、人口数量、土地利用、现有产业发展、文化底蕴、建筑风貌等多种类多要素对乡村进行评估，初步确定需要保留、搬迁与发展的村庄。进一步地，根据以上要素，分析保留与发展的村庄未来振兴的方向，建议区分为生态保育型、文化休闲体验型、产业驱动型、耕作生活型等类型的乡村。

13.4.2 乡村振兴所涉及的要素与角色作用

① 村民：乡村振兴最基本的实施主体，也是最需要保障的个体。

② 村集体：最基本的管理单位，也是村民与外界沟通交流的代表。

③ 当地政府：乡村的上级管理，也是指导乡村基层工作、托底社会保障的主体。

④ 社会资本：乡村振兴需要借助的外力，也是需要监管的逐利者。

13.4.3 乡村振兴模式探索

(1) 市场主体介入模式

① 目标：最大化经济收益。

② 操作方式，如表13-1所示。

③ 优势。最大化利用社会资本，依托其资金与市场优势，挖掘村庄自身资源，完善乡村造血机制，全面提升一二三产业化水平；利用社会资金进行村庄土地集约化利用，安置村民，减少政府一次性投入负担。

表 13-1　市场主体介入操作方式

角色	责任
社会资本	• 对乡村进行打包式承包操作,完全介入乡村一二三产业甚至农民生活安置中 • 负责对农村宅基地负责盘活,落实集体用地撤并与集约利用,承担村民的安置工作,节地指标的经营 • 全面接管村庄农用地,安排农业种植 • 植入经营性第三产业,提供第三产业就业机会
村集体	• 负责代表村民进行前期意愿收集与谈判 • 协助社会资本进行集体建设用地流转 • 参与后期项目管理,监督项目落地
村民	• 前期参与村庄发展与实施主体选择的集体决策 • 参与后期项目运营,争取就业机会
在地政府	• 审核、监督集体建设用地指标腾挪流转 • 完善社会保障工作,再就业村民的培训引导

④ 不足。资本的逐利性可能会对村庄进行过度开发利用,影响村民生活;节约的土地指标服务于开发主体,无法在更大层面进行统筹。

⑤ 建议适用类型:文化休闲体验型。

⑥ 案例:乡村振兴过程中的市场化运营商介入。

乡伴文旅集团:乡伴的核心商业模式是"田园综合体"运营商,通过对乡村或城郊区域居民已外迁的传统自然村落进行改造,以精品民宿集群、儿童乐园特色零售店等作为主体业态,配合周边的农田、山林、水系等环境要素,形成主要为城市周边服务的旅游度假地。同时发展部分度假屋、专业工作室、卫星办公、教育、养老等半长居形态,平衡环境承载力和服务产能的波动性。

(2) 集体经济模式

① 目标:发挥现有产业与集体经济优势实现共同富裕。

② 操作方式,如表 13-2 所示。

③ 优势。既发挥村集体熟悉本村现状优势,主导村庄发展方向,又部分利用社会资本,减轻村集体经济负担;使全体村民享受村集体经济发展红利;减轻所在地政府社会保障的压力与负担。

④ 不足。集体经济运行的效率相较完全市场化运营存在差距,农村熟人社会也会对集体经济运行造成障碍;外来资本进入村集体经济过程中,利益协调存在诸多挑战。

表 13-2　集体经济模式下的操作方式

角色	责任
村集体	• 负责成立村集体公司,确定村集体公司运营机制 • 成立管理层,制定资产处置与利用规划 • 承担基础设施改造和环境整治工作 • 负责集体建设用地流转、宅基地撤并安置
村民	• 以村民身份参股村集体公司 • 参与后期项目运营,争取就业机会
在地政府	• 审核、监督集体建设用地指标腾挪流转 • 完善社会保障工作
社会资本	• 可以参股村集体企业,提供自身的优势资源与技术,获取相应收益

⑤ 建议适用类型：产业驱动型、文化休闲体验型。

⑥ 案例：陕西袁家村。

对于农民自身能发展的产业，袁家村采用的是"全民皆兵"模式，即农户自己经营老字号、农家饭，农民还住在原地。这样既完好地保留了农村原生态的生活场景，又调动了村民的积极性。同时，针对需要规模运营的产业，袁家村在全民股份制的制度设计上，创造性地搭建农民创业平台，孵化能做大的企业，并设计村民入股的机制，让所有人分享产业发展红利。

(3) 村民自治、自由生长模式

① 目标：尊重个体选择，发挥村民自身主观能动性。

② 操作方式，如表 13-3 所示。

表 13-3　村民自治自由生长模式下的操作方式

角色	责任
村集体	• 对外联络,提出产业发展引导 • 负责集体建设用地流转、宅基地撤并安置
村民	• 结合各自的兴趣与自家优势,自主选择种植与经营范畴 • 参与后期项目运营,争取就业机会
在地政府	• 审核、监督集体建设用地指标腾挪流转 • 承担基础设施改造和环境整治工作 • 完善社会保障工作
社会资本	• 可以租用村民资产或其他资源,参与到乡村生产和运营中来

③ 优势。依靠村民主观能动性，政府几乎不介入乡村运营，只投入村庄基

础设施运维；对村庄的改造力度小，有利于保持村庄原有风貌；减轻在地政府社会保障的压力与负担。

④ 不足。村庄可能随着人口进一步外迁，对产业支撑不足，可能会逐渐萎缩。

⑤ 建议适用类型：耕作生活型、生态保育型。

13.4.4 政府在乡村振兴中的建议角色

对于乡村振兴，政府既不能缺位，也不建议介入过深，其角色应主要定位于以下四个方面：①建立乡村数据平台，对乡村进行完整的资源摸底，建立相对完善的乡村数据库；②根据实际情况判断乡村发展前景，对乡村发展进行分类引导，确定引导方向与方式；③控制乡村土地流转、监督宅基地等建设用地撤并及腾挪工作；④对乡村农民进行保障托底，引导失地农民再就业等服务工作。

参考文献

[1] 韩森,赵雁.乡村振兴综合体空间设计发展新模式[J].设计,2019,32(13):142-144.

[2] 李进涛,杨园园,蒋宁.京津冀都市区乡村振兴模式及其途径研究——以天津市静海区为例[J].地理研究,2019,38(3):496-508.

[3] 乡村振兴:产业兴旺是根本——《关于促进乡村产业振兴的指导意见》解读[J].中国合作经济,2019(7):22.

14 松江区农民集中安置探索
——泖港镇黄桥村村庄规划*

14.1 背景

20世纪70年代,上海的农村多以自然村落为主,但城市化进程的不断加快,建设用地需求量的日趋增加,以及生态环境的逐渐恶化,成为阻碍农村稳定发展以及新农村建设过程中的突出问题。在此背景之下,大力推进农村居民集中安置,可在一定程度上增加城镇建设用地供给,缓解用地矛盾,实现耕地占补平衡,对改善农村生态环境、提高农民生活质量、促进城乡统筹发展具有重大的现实意义。近年来,松江区在农民集中安置过程中多以大规模、大范围的整体迁出,实施过程中部分结构良好、装修完善的农民住房被一律拆除,一方面,较高的拆除成本造成大量的资金需求;另一方面,区政府在提供农民安置房问题上日趋显得力不从心。

党的十九大报告首次提出了乡村振兴战略。2018年1月,中共中央、国务院发布《中共中央、国务院关于实施乡村振兴战略的意见》,同年,上海市委发布《中共上海市委上海市人民政府关于贯彻〈中共中央、国务院关于实施乡村振兴战略的意见〉的实施意见》(沪委发〔2018〕7号),提出要牢固树立和贯彻落实创新、协调、绿色、开放、共享的新发展理念,全面实施乡村振兴战略与《上海市城市总体规划(2017—2035年)》("上海2035")。郊区农村是上海后续发展的战略空间,乡村振兴事关上海城市发展全局,必须要提高乡村规划科学性,优化乡村空间布局,提升乡村生态环境。村庄同时作为传统农耕文明与自然关系的载体,健康的村庄发展一方面有助于彰显上海特色、传统文化价值认同引领的江南田园;另一方面也有助于构筑新时代城乡融合发展的人口、空间格局和功能、产业布局,对实现乡村振兴具有非常重要的现实意义。

---

* 董晓培,工程师,就职于上海市松江区规划设计所。

14.2 松江区农民集中安置的主要问题

上海市实行农民集中居住模式时间比较早,在推进过程中不断形成了多种各具特色的模式。从近年来的发展来看,主要分为宅基地征用、宅基地置换、渐进归并等模式。松江区以宅基地征用、宅基地置换这两种模式为主。宅基地置换模式通过农村居民点的整体规划达到农村建设用地的高度集约利用,同时从居住入手促进村民市民化的转变,促进居住集中,加快农村城市化进程,在松江运用的更加普遍。运用这两种模式的原因:一是对于政府来说,通过这两种模式可直接获取建设用地;二是对于农村居民来说,这两种模式本质上都是"以房换房"房农获得品质较好的商品房向城镇集中居住,且解决了社会保障问题。因此,这两种模式接受度高、推进快。而从目前的总体推进情况来看,松江区各镇大多都以镇域为单位进行大规模、大范围、整体铺开式的农民动迁,所涉及的村庄多,整治范围大,拆旧地块的总规模大。

14.2.1 建筑容量存在缺口

郊野单元规划的推进,尤其在浦南地区,需动迁的宅基地规模大,且动迁户基本上被安置在集建区内或是新增的类集建区内,所能提供的安置地块面积无法满足安置的用地面积,这是松江区各乡镇所面临的最主要问题。

以泖港镇为例(表14-1),现状城镇住宅用地33.43公顷,占建设用地的比例为3.03%,现状农村宅基地360.95公顷,占建设用地的比例为32.7%。现状宅基地的比重远大于城镇住宅用地。根据《上海市松江区泖港镇郊野单元规划(2014—2020年)》(沪规土资乡〔2014〕836号)文件要求,泖港镇集建区外农村宅基地将全部减量。

表14-1　2017年泖港镇土地使用现状表

用地性质	用地面积(公顷)			占建设用地比例(%)
	镇域内	其中		
		集建区内	集建区外	
城镇住宅用地	33.43	27.14	6.29	3.03
农村宅基地	360.95	22.17	338.78	32.7

泖港镇现有宅基地9 410户,根据在编的泖港镇总规,到2035年,全镇农村居民点需减量约178公顷,即约有4 789户居民需动迁,按照既有的政策,安置地

块面积约需 842 864(4 789×176)平方米,安置房将分布在泖港全镇(图 14-1)。按目前总规确定的安置地块容积率计,全镇可用于安置的建筑容量约 435 352 平方米,只可满足约 50%的安置需求。既使将安置地块容积率均提高至 1.8,也只能满足约 74%的安置需求,建筑容量存在较大的缺口(表 14-2)。

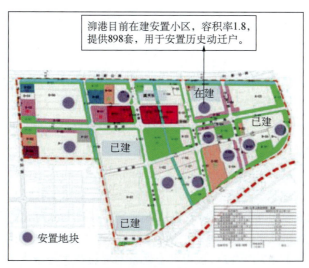

图 14-1 | 泖港镇镇区内安置地块分布

表 14-2 泖港镇安置地块建筑面积对比

安置地块	用地面积	建筑面积(容积率 1.2)	建筑面积(容积率 1.8)
A-03	40 735.01	48 882.01	73 323.02
B-03（扣除南乐苑）	13 436.45	16 123.74	24 185.61
B-05	5 815.89	6 979.068	10 468.6
B-06	6 900.35	8 280.42	12 420.63
B-07	11 518.94	13 822.73	20 734.09
D-04	36 365.86	65 458.55（容积率 1.8）	65 458.55（容积率 1.8）
E-03	9 778.71	11 734.45	17 601.68
C03	9 211.6	11 053.92	16 580.88
C04	9 936.38	11 923.66	17 885.48
I-03	51 842.16	62 210.59	93 315.89

续表

安置地块	用地面积	建筑面积(容积率1.2)	建筑面积(容积率1.8)
I-08	14 589.73	17 507.68	26 261.51
N05	11 675.17	14 010.2	21 015.31
O-06	70 250.29	84 300.35	21 015.31
P-06	52 554.19	63 065.03	94 597.54
合计		435 352.4	620 299.3
缺口		-407 511.6	-222 564.7

14.2.2 资金压力大

位于集建区内的土地开发价格高,集建区外"以房换房"后结余的土地多作为复垦,因而资金问题对于各乡镇也是棘手的问题之一。

松江区新浜镇从2015年第一个"以房换房安置基地"的建设,到办理土地手续的"建设,亩安置基地"的建设,安置成本从58万/户上涨至153万/户,拆旧区的收入与建新区的支出无法达到平衡。以已经竣工的市级土地整治项目为例(图14-2),涉及1 127户农户,从市级土地整治项目资金平衡表来看(表14-3),市、区二级所承担的农户搬迁安置费用为5.47亿元,安置地块土地出让金0.91亿元,合计资金来源6.38亿元;而安置房建设费用及各类补偿费用即安置成本为12.69亿元,资金缺口明显。

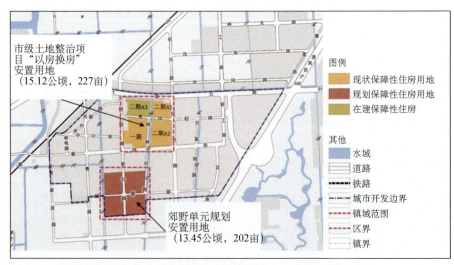

图14-2 | 新浜镇郊野单元规划及市级土地整治项目对应安置基地布局图

表 14-3 新浜镇市级土地整治项目资金平衡表研究

类型	项目		均价	数量	预算金额（万元）	已发生（万元）	未发生（万元）	备注
资金来源	市级资金	补偿费	青苗补偿		585.47	17 548	7 612	农户搬迁上级补贴54 074.55万元
			农户搬迁补偿		24 574.53			
	区级资金	补偿费	农户搬迁补偿		29 500	20 590	8 910	
	上级补助小计				54 660	38 138	16 522	
	其他资金	一期A1	土地出让金返还	57.64万/亩	36.3亩	2 092.23	2 090.23	
		二期A2		56.82万/亩	68.7亩	3 903.80	3 903.80	
		三期A3		68.14万/亩	46亩	3 134.54	3 134.54	
	其他小计				9 130.57	9 130.57		
	收入合计				63 790.57	47 288.57	16 502	
资金成本	一期76亩工程费		5 211.97元	35 864.31 m²	18 692.37	18 692.37		安置面积
	二期105亩工程费		6 271.18元	73 554.87m²	46 127.58	46 127.58		安置面积
	二期46亩工程费		8 238.47元	51 796 m²	42 672.00	26 260.63	16 411.37	安置面积
	三期202亩工程费		8 686.59元	10 012 m²	8 697.01		8 697.01	安置面积
	回购、补偿等各类其他费用				10 694.11	10 694.11		
	支出合计				126 883.07	101 774.69	25 108.38	
	收支相抵				-63 092.50	-54 486.12	-8 606.38	

14.2.3 农民意愿的变化

在编制泖港镇黄桥村村庄规划时,通过入户访谈、发放问卷等形式,针对集中安置问题的农民意愿进行了分析,结果如图14-3所示。除去已动迁的57户村民以外,有524户居民参与了该次的调查。

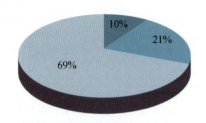

图14-3 | 黄桥村村民意愿调查分析

从结果可以看出,农村居民对于改善居住条件的需求强烈,希望进镇安置是三个选项中所占比例最低的,只有10%;希望能通过村内平移归并的达到69%,占到受访村民的三分之二以上;其余21%的村民希望原居住地居住。由此表明,农村居民对于搬进镇里的安置房未表现出强烈的意愿,他们的居住想法发生了根本上的变化。

类似的结果还出现在常州市区对于农村居民居住意愿调查中,结果显示愿意居住在农村的村民最多,占44.23%,选择镇区的比选择村庄的低5.15个百分点,主要原因是出于对生活习惯和居住环境方面的考虑。

14.2.4 其他共性问题

从普遍性来看,类似松江区这样的农村居民集中安置实行模式,首先,摒弃了乡村特有的风貌,破坏了具有特点的农村建筑形式,尤其像松江浦南主导产业是农业的地区,取而代之的只会是无地区化差异的城市。传统农村数量消失,农村居民的生产生活方式改变,也不利于自然生态环境的保护。其次,"以房换房"模式下的拆迁农民所得住宅套数多,但农村劳动力大部分已迁至松江城区或市区,镇区内的安置房部分无人居住,所置换的住宅多以出租形式供外来流动人口租住,租赁合同普遍不完善,因而可能存在社会安定等问题。

14.3 黄桥村村庄规划中对于农民集中安置的探索

松江区是上海的农业大区,位于松江区泖港镇的黄桥村作为全国生态文化村,上海市级示范村,拥有优越的发展基础,同时不可避免地面临新农村突破转型发展压力。而村内既面临高铁线穿过,叶新公路拓宽,毗邻高速公路等现实问题,也遇到村庄人口老龄化和空心化,产业发展不平衡,农民收入增长缓慢等现实问题。因此,黄桥村对于农民集中安置的探索具有典型性及代表性。

14.3.1 区位

泖港镇位于松江区南部,东侧紧邻叶榭镇,南侧为金山区朱泾镇,西街新浜镇,北邻石湖荡镇,镇域面积 57.62 平方公里。

黄桥村位于泖港镇的北部,村域面积 3.3 平方公里,东靠绕城高速与范家村相邻,南依中心河和湖光村接壤,西邻黄桥港和黄村,北靠黄浦江(图 14-4)。黄桥村距镇区约十分钟车程,距松江城区 7 公里,距上海市人民广场约 65 公里,车程约为一小时。

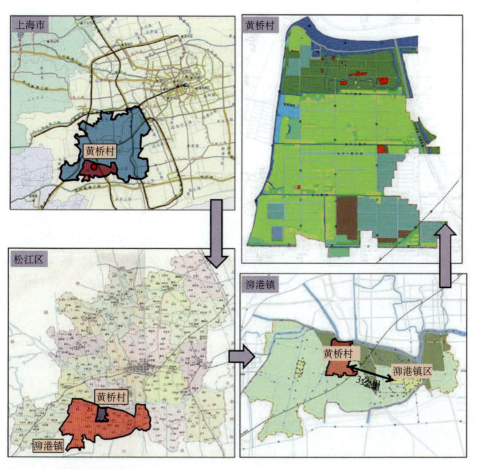

图 14-4 | 黄桥村区位图

14.3.2 人口概况

黄桥村由自然村陈家村、杨家埭、施家楼、杨家浜组成,共 15 个生产队,分为 6 个管理片区,到 2015 年,全村共 581 户,户籍人口 2 075 人,在外居住 839 人,在村内居住为 1 236 人,外来人口 134 人。

根据对全村户籍人口年龄结构分析,19—60 岁人口占到全村人口的 57%,60 岁以上的占到全村人口的 28% 左右。村内以老年人居住为主,绝大部分年轻人外出打工,部分已在镇区或新城内购置住房。因此,村内老龄化趋势十分明显,如表 14-4 所示。

表 14-4 黄桥村人口年龄结构分析

年龄构成	人数	比例(%)
0—6	69	3.3
7—18	250	11.9
19—60	1 162	56.5
60 以上	594	28.3
合计	2 075	100

14.3.3 土地使用现状

黄桥村现状村域面积 330.76 公顷。现状主要用地为农村居民点用地、耕地、林地、养殖水面和工业工地。村内陆庄公路、黄桥中新路、黄桥公路自北向南穿越村庄内部。村域南部有沪杭铁路穿越,东部有 A30 高速穿越。黄桥村土地使用现状如图 14-5 和表 14-5 所示。

农村居民点用地主要沿村庄道路和河网两侧布置,总体呈带状和点状分布,总占地 16.55 公顷。农村居民点相对较为分散,土地使用率较低,用地不集约。村中有相当一部分建筑已老旧,风格不一,使得村庄特色不明显,影响黄桥村整体村庄形象。

村级公共服务设施用地仅一处,处于村域中部,结合村委会设置卫生所,老年活动室和便利超市,占地 0.67 公顷。虽然目前村内公共服务设施基本可以满足村民日常活动,但医疗水平低,设施不完善,农村居民使用率也较低。同时,也缺乏青少年活动室等,公共设施的利用率有待提升。

图 14-5 | 黄桥村土地使用现状图

表 14-5 黄桥村现状用地汇总

用地分类		用地面积（公顷）	占地比例（%）
村庄建设用地（V）	村庄住宅用地（Vr）	16.55	5.00
	工业用地（Vm）	11.61	3.51
	公共设施用地（Vc）	1.70	0.51
	村级公共服务设施用地（Vrc）	0.67	0.20
	市政设施用地（Vu）	0.04	0.01
	道路交通用地（Vs）	13.19	3.99
	合计	43.76	13.23

续表

用地分类			用地面积（公顷）	占地比例（%）
城镇建设用地（H）	市政设施用地（U）		1.68	0.51
	道路广场用地（S）		4.69	1.42
	绿地（G）		5.95	1.80
	合计		12.32	3.72
农用地（N）	耕地（N1）		137.21	41.48
	其中	粮田（N11）	128.75	38.93
		菜田（N12）	8.46	2.56
	林地（N3）		49.64	15.01
	其中	涵养林（N31）	40.00	12.09
		其他林地（N32）	9.64	2.91
	其他农用地（N5）		56.74	17.15
	其中	田间道路用地（N51）	5.01	1.51
		设施农业用地（N53）	38.70	11.70
		养殖水面（N55）	4.68	1.41
		农田水利（N56）	8.05	2.43
		晒谷场等（N67）	0.30	0.09
	合计		243.59	73.65
水域和未利用地（E）	河湖水域（E1）		31.09	9.40
	合计		31.09	9.40
规划范围总用地			330.76	100.00

14.3.4 农村居民参与方式

在规划前期，为了摸清黄桥村村庄发展的主要问题，尤其针对农村居民对于集中安置的问题，通过开展入户、发放问卷、深切访谈等多种方式进行了解，从而最大程度地满足农村居民的生活需求。

集中座谈：对象覆盖村干部、村民代表、部分生产队村民；

入户访谈：参观农户家庭、体验生活、了解实际需求；

发放问卷：下发120份问卷，收回100份。

14.3.5 农村居民点分类引导

根据搬迁意愿调查，农村居民对改善居住条件的意愿强烈，且接近半数的村民希望搬迁至农民新村。因此，针对不同的现实条件，同时尊重农村居民意愿，需合理引导村庄住宅分类发展。

（1）进镇归并

进镇归并所涉及拆迁的居民点主要受工程、三高沿线和其他不可避免的因素的影响。

叶新公路拓宽工程（见图14-6）：叶新公路有现状的12米扩宽至45米，两侧规划有20米的绿化带，因此，受此次扩宽工程的影响，扩宽后北侧红线外围

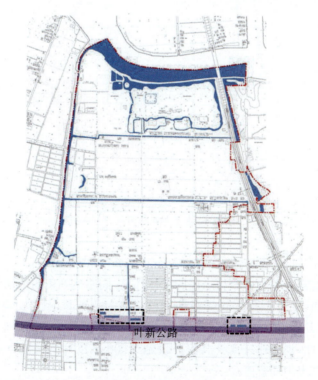

图14-6 | 叶新公路拓宽工程因素动迁影响分布图

20 米范围内的农村居民点将拆除。

高铁（见图 14-7）、高压燃气及高速公路（见图 14-8）影响：主要根据《上海市城市规划管理规定》高铁线两侧 50 米范围内房屋强制拆除，《上海市高速公路管理办法》高速公路用地外缘起算向外 30 米的距离为建筑控制区范围。同时，A30 高速规划红线两侧 50 米范围规划为绿化防护带，防护带内不得有建筑物。

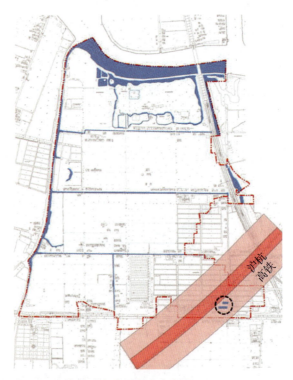

图 14-7 | 高铁因素动迁影响分布图

（2）村内归并

该引导方式主要改善农村居民的居住环境，同时达到集约土地资源的目的。

交通不便（见图 14-9）：由于目前黄桥村老龄化严重，且部分居民点交通欠佳，离公共服务设施较远，而 1 000 米左右的步行距离是绝大部分老年人可以接受的距离，因此，规划建议离公共服务设施 1 000 米以外的居民点进行搬迁，统一归并到村内集中安置区。

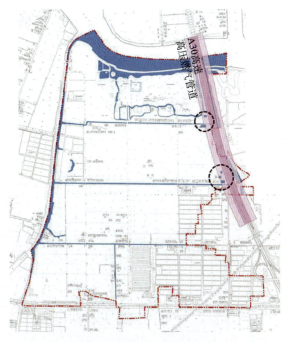

图 14-8 | 高压燃气及高速公路因素动迁影响分布图

图 14-9 | 交通不便因素动迁影响分布图

零散用地(见图14-10):根据《上海市村庄规划编制和管理导则(试行)》规定,村庄独立零散用地不利于集中配置村庄公共服务设施,住宅需尽量集中布置。另外,导则中还指出,农村居民点的规划应注重其依水而居的乡村风貌,而北六勤河、北十二勤河及北十八勤河两侧环境较好,农村居民点用地相对集中,公共服务设施相对齐全,因此,对于距离水岸两侧较远的且零散的居民点进行拆除。

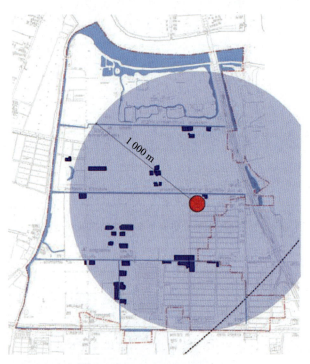

图 14-10 | 零散用地因素动迁影响分布图

(3) 保留及翻新

该引导方式主要针对黄桥村内产业发展的需求,节约用地,合理转型升级。

水岸两侧居民点:村内北六勤河、北十二勤河及北十八勤河两侧保留依水而居的建筑,翻新部分建筑质量较差的建筑。

产业扩展(见图14-11):由于目前村内第三产业已初具规模,村域北部已建有浦江源温泉森林度假村,中西部有在建的集垂钓、采摘、餐饮为一体的黄桥门休闲农庄,村内的旅游经济基本成型并有扩大规模的趋势。另外,大部分村民有意愿参与旅游经济的开发,发展民宿的条件也基本成熟。因此,保留及翻新临近村民住宅,对有意愿发展为民宿的住宅,进行内部修整,涉及居民进镇归并安置。

图 14-11 旅游产业扩展因素动迁影响分布图

(4) 集中建设区（村内归并）选址

集中建设区选址主要考虑三个方面：

① 建设区应靠近公共服务区，且靠近公交站点等必要条件，服务半径及对外交通均应满足需求。

② 尽量满足村民意愿，靠近村委会周边及公共服务设施。

③ 充分考虑村委会意见，建设区希望设置在村委会西侧。

因此，集中建设区规划在北十二勤河两岸，靠近村委会及其他公共服务设施，如图 14-12 所示。

14.3.6　规划居民点引导策略

① 受高铁、叶新公路拓宽、高速公路及高压燃气影响居民点采取拆迁处理，可搬迁至近镇区，涉及拆迁居民点用地 1.21 公顷，约 43 户。

② 产业拓展区的居民点采取进镇归并的方式，由企业收购民宅统一改造用作第三产业，涉及居民点用地 2.37 公顷，73 户。

图 14-12 | 集中建设区选址

③ 针对生活不便、零散用地的居民点采取村内合并的引导方式,涉及拆旧居民点用地 7.28 公顷,约 196 户。

④ 对划定保留改造的区域,主要采取限制发展、保留翻新措施,规划后保留居民点用地 5.68 公顷,约 269 户。

⑤ 村内集中新建区主要安置 196 户,规划用地 3.62 公顷。

居民分类引导图如图 14-13 所示。

14.4　结论与建议

农民集中安置应从农民及农村的实际出发,黄桥村村庄规划中对农民集中安置探索过程舍弃了原有大规模、大范围、整体铺开式的动迁模式,转而以结合现状、未来产业发展及尊重农民意愿为基础,对村内进行合理分类,引导不同的农民集中安置模式。对原村内约 35% 的农村居民进行保留,15% 的农村居民进行村内平移,村内新建户数约为 25%,而进行动迁的居民也仅占总户数的 15%。

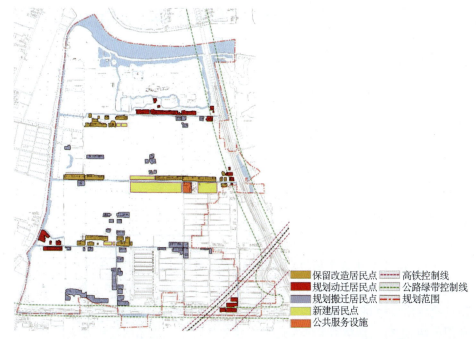

图 14-13 | 居民点分类引导图

黄桥村村庄规划中宅基地节地、统一风貌建设、乡村人居环境等方面都有了大力提升；同时，也将极大地减轻当地政府对建造安置房资金及规模上的压力。

参考文献

［1］罗震东,韦江绿,张京祥,严玲.高度城镇化地区乡村居民的城镇化意愿研究——基于常州市区的调查[J].上海城市规划,2014(3):35-43.

［2］上海市城市设计研究院.上海市松江区新浜郊野单元规划(2013—2020)[R],2013.

［3］张正芬.王德宅基地置换在上海农民居住集中中的运用——以松江区江秋中心村为例[J].上海城市规划,2008(2):39-42.

［4］张正芬,王德.经济发达地区农村居民点拆并和整理模式实践与评价——上海的经验[J].规划师,2009,25(4):14-18.

［5］张正峰,杨红,吴沅菁,郭碧云.上海两类农村居民整治模式比较[J].中国人口 资源与环境,2012,22(12):89-93.

15 乡村振兴视角下的上海远郊农业镇郊野单元规划探索

——以崇明区绿华镇为例*

15.1 引言

2012年,上海市规土局(现规划和自然资源局)发布的《关于开展区(县)土地整治规划(2011—2015年)编制工作的通知》首次提出郊野单元概念,并围绕推进建设用地减量、破解土地资源瓶颈、提高郊野地区土地利用效率、节约集约利用土地、进行土地整治等内容逐步构建起郊野单元规划的基础方法体系。郊野单元规划自实施以来,在推进建设用地减量化、优化土地利用结构布局、推动乡村地区产业转型升级方面发挥了重要作用(规划的变革与变革的规划——上海城市规划与土地利用规划"两规合一"的实践与思考),有力地配合党中央国务院关于推进落实新型城镇化的方针战略,并获得了各级政府部门的认可。2018年,随着国务院同意批复《上海市城市总体规划(2017—2035年)》,上海以全球城市为目标的发展序幕正式拉开。同年,《中共中央国务院关于实施乡村振兴战略的意见》由中共中央、国务院发布。乡村地区作为上海大都市的重要组成部分,在资源紧约束背景下,需充分依托既有郊野单元规划编制平台,探索具有时代特征、中国特色、上海特点的超大城市郊区乡村振兴发展之路(资源紧约束背景下超大城市乡村振兴战略和规划策略的思考——以上海为例)。作为上海市规划与土地管理创新的产物,郊野单元规划编制体系架构具有明显的开放性平台特质,能够在坚持基础性内容编制的前提下,通过延伸补充的方式快速适应乡村地区政策变化及区域发展差异。有鉴于此,文章在简要回顾郊野单元规划基础内容的前提下,从适应演进的角度分析乡村振兴背景下上海远郊区域郊野单

---

* 吕东,男,博士,注册城市规划师,华建集团规划建筑设计院主创规划师。主要从事城乡规划与产业发展相关实践及研究工作。

元规划编制的内在逻辑，并结合崇明区绿华镇郊野单元（村庄）规划的编制进行补充论述，以期对上海郊野单元规划体系的持续完善提供借鉴。

15.2 郊野单元规划的基础性阐述

15.2.1 持续完善的空间规划体系

郊野单元规划是以空间规划为引领，以土地整治为平台，以城乡建设用地增减挂钩为工具，以提高经济效益、用地效益和环境效益为目标，对上海郊野地区开展的网络化国土空间资源管理（基于上海市郊野区域减量、存量、新增建设用地规划的思考——以崇明区中兴镇郊野单元规划为例）。

郊野单元规划从形成至今，其内涵逐步从单一的土地整治实施性规划向复合型空间规划转变。郊野单元规划产生初始就提出建立市级土地整治规划、区县级土地整治规划、郊野单元规划、土地整治项目规划设计的四级规划和管理体系，核心聚焦乡镇级别的土地整治实施引导。在生态文明建设及新型城镇化发展的背景下，随着上海"全球城市"营造目标明确，一方面，郊野单元规划的内容在土地整治规划的基础上持续纳入包含专项规划整合、建设用地增减挂钩规划、综合效益分析等方面内容，方法体系持续完善；另一方面，通过多类型对象的试点，在实践中发现问题和补充完善，最终形成了以《上海市郊野单元（村庄）规划编制技术要求和成果规范》为主体的标准体系。其中，界定郊野单元（村庄）规划包含的内容主要为土地整治规划、镇总规城市开发边界外近期滚动编制的土地利用规划的内容、村庄规划中的土地使用规划的内容、城乡建设用地增减挂钩专项规划、区域内各类用地的专项规划等。

15.2.2 面向实施的开放性规划平台

（1）乡村地区空间引导的实施性规划

郊野单元规划从形成之处既被定位为服务土地综合整治项目的实施性规划类型，并以此为基础持续推进内容完善。笔者认为，郊野规划的实施性着重体现为三个方面：其一，体现为从郊野单元规划的视角分析评估实际落地性项目，以此保障规划的可实施性；其二，体现在对后续规划编制的引导，郊野单元规划是目前上海乡村地区增减挂钩实施方案、村庄规划及土地整治项目的审批依据，其三，在于规划实施过程中的政策配套，郊野单元可看作对乡村地区发展的精细化创新，尤其在土地利用层面需要相应的政策支撑，如土地综合整治区域的资金叠加、减量化空间的补偿机制等均是郊野单元规划在政策配套上的有效尝试(转型发展背景下的郊野单元规划:手段、问题、对策——基于上海已批郊野单元规划实施评估的讨论)。

(2) 基础与延展内容结合的开放平台

郊野单元规划最终的成果形式高度聚焦建设用地的增量、减量、存量引导,此三者的规模在上位规划的总量控制引导下,通过指标与落位相结合的方式呈现,结合以内部土地结构调整、产业更新等为主导的存量利用及以清退荒废建设用地、提高土地储备为核心的减量模式,合理满足乡村地区发展对于土地空间的增量需求。因此,包含增量、减量、存量在内的建设用地规划是郊野单元规划的基础性内容(上海郊野地区规划的创新探索)。

与此同时,作为上海市乡村地区管理的法定规划,郊野单元规划具有明显的公共政策属性,由此决定了郊野单元规划体系需要对政策时效性和区域差异性具有良好的适应机制,以便针对政策变化及规划区域的发展特质进行延展性的内容补充。郊野单元规划在持续完善的过程中始终能够较好的引导上海乡村地区的发展,这一事实正是其作为开放性规划平台的写照。

15.3 乡村振兴背景下上海远郊郊野单元规划编制的演进逻辑

15.3.1 乡村振兴的政策环境适应演进逻辑

党的十九大提出实施乡村振兴战略,要求按照"产业兴旺、生态宜居、乡风文明、治理有效、生活富裕"的总要求,描绘好战略蓝图,强化规划引领,科学有序推进乡村产业、人才、文化、生态和组织振兴。上海在2018年7月的落实乡村振兴战略现场推进会中指出,要把乡村作为超大城市的稀缺资源,作为城市核心功能的重要承载地,作为提升城市能级和核心竞争力的战略空间,并于11月出台了《上海市乡村振兴战略规划(2018—2022年)》,提出打造"美丽家园""绿色田园"和"幸福乐园",实施六大行动计划,落实三大保障机制。作为上海乡村地区发展建设的核心规划依据,如何适应并凸显乡村振兴的政策性要求就成为郊野单元规划内涵持续完善的重要方向之一(见图15-1)。

(1) 乡村振兴战略的统一逻辑

产业兴旺、生活富裕、管理有效、生态宜居、乡风文明,对于乡村振兴战略的整体要求而言,良好的生态本底与舒适的居住环境是乡村振兴可持续发展的基础,而战略核心在于乡村地区的产业体系完善与活力塑造,乡村振兴的最终目的是缩小城乡差距,实现乡村居民的生活富裕,这期间乡村治理的效率及乡村社会文化的约束影响则发挥着重要的支撑作用。

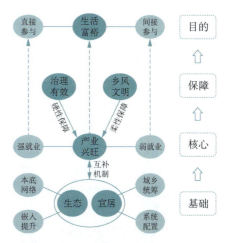

图 15-1 | 乡村振兴演进逻辑

(2) 乡村振兴战略的辩证逻辑

① 生态宜居:其是乡村振兴的环境基础。一方面,生态环境具有典型的外部性特征,这里的"生态"一词包含两个层面的内容,其一要满足乡村居民的生存需求,典型的乡村生态环境体现为嵌入体系型生态空间,既利用有限的生态空间发挥高效的生态效能,其二指在满足既定区域乡村居民需求的基础上,可进一步发挥生态体系的外部性效能,服务于城镇居民的多样化需求,如植入休闲游憩、健康体验等内容的本底网络型生态空间。宜居一词着重聚焦服务配套的完善程度及使用效率额,从经济性的角度出发,其分为城乡统筹配置型与独立系统配置型。

② 产业兴旺:其是乡村振兴的经济基础和核心内容,产业兴旺是对乡村地区产业发展状态的正向表述,而对于区域差异的客观性而言,通过量化的形式难以进行界定,因此笔者认为可从两个层面进行判读,其一,是否有基于现状产业基础的合理产业体系架构预期,其二,是否具有实现产业体系架构的可行路径,简而言之,即是否有可预期的目标及实现路径。

③ 乡风文明:其既应该是蕴含具有明显中国特色的五千年历史传承的乡村农耕文明,又应该是能够体现具有现代工业化、城乡化发展和特征的现代文明,是传统文明和现代文明相互融合与发展的"乡风文明"。

④ 治理有效:其是乡村振兴的社会基础。乡村的"治理有效"是国家治理体系现代化和"善治"的必然要求,它应该既体现治理手段的多元化和刚柔相济,即法治、德治、自治的"三治合一",又应体现治理效果能为广大群众所接受所满意,并且具有可持续性和低成本性(城乡关系与行政选配:乡村振兴战略中村庄发展的双重逻辑)。

⑤ 生活富裕:其是乡村振兴的民生目标。具体而言,就是要消除乡村贫困,持续增加乡村居民收入,同时缩小城乡居民在收入和公共保障方面的差距,实现乡村人口全面小康基础上的"生活富裕"。笔者认为,乡村振兴过程中产业发展

要与生活富裕形成因果关系才是可持续发展的良好状态,因此对于乡村地区居民参与产业发展的程度是判读生活富裕状态的重要标准。

(3) 乡村振兴视角下的郊野单元规划响应

分村引导,形成郊野单元区域乡村振兴发展的合力。乡村振兴战略是对乡村地区发展状态的整体预期,郊野单元多以镇域为规划编制单位,相应地,这一预期所对应的是整个郊野单元区域的乡村发展水平,对于郊野单元内不同行政村而言,需要差异化引导后形成乡村振兴的合力。因此,本文基于乡村振兴的内在逻辑,从乡村振兴战略的五个维度出发,对以乡村振兴为目标导向的不同乡村发展类型进行划分,包含4种类型,如图15-2所示。

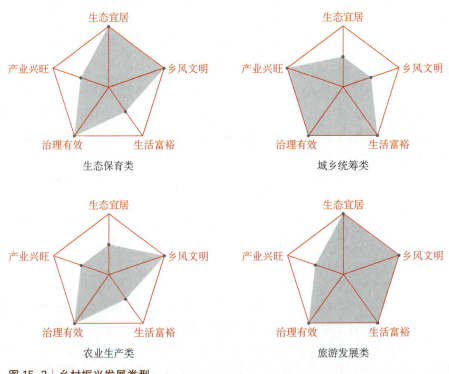

图 15-2 | 乡村振兴发展类型

生态保育类:具有良好的生态基础,涉及大面积的生态功能区,生态保护对产业发展造成一定的限制,乡村文化构成丰富且可参与产业化进程,产业发展导向多聚焦一三产业融合,相应的地方居民生活水平提升受到产业发展限制的影响而缺乏足够动力,需要诸如财政支付转移等制度性路径作为生活富裕的保障。

城乡统筹类:多靠近城镇区域,配套依托镇区较为完善,拥有一定的第二产业及第三产业基础,人口适度集中,同时由于第二产业及第三产业可提供较多工作岗位,因此生活水平有持续提升空间。生态环境相对于乡村地区有一定的差距,但生态系统的构成较为完整,乡村文化多作为管制型支撑内容。

农业生产类:农业生产在空间上占据主导地位,以农业生境为主。由于第一产业承载了大部分就业岗位,因此随着现代农业体系的架构,无论是以规模及加工农业为代表的一二产业融合,还是以农业加旅游的一三产业融合,都由于直接劳动参与度低,而需要通过一定的制度创新机制保障乡村居民生活富裕的目标实现。

旅游发展类:乡村整体具有良好的生态环境和一定的文化产业化基础,因此,乡村居民自发的推动乡村旅游的发展并初具规模,但受限于区位、配套、资金等因素,乡村旅游进一步升级发展遇到瓶颈。

综合以上类型,乡村振兴作为整体发展目标的同时需要考虑分村的发展基础与整体目标的差异,扬长避短的进行乡村发展的系统架构,形成乡村振兴的发展合理,保障郊野单元整体乡村振兴发展目标的实现。与此同时,从乡村振兴的内在逻辑出发,郊野单元规划需要产业架构先行,形成基于现状的可预期的产业发展架构。

15.3.2　远郊农业镇的空间差异适应演进逻辑

上海远郊区域农业镇发展必然面对人口规模和建设用地双减趋势,基于此判断,本文提出远郊农业镇郊野单元规划编制的核心在于人地协同,抓手在于宅基地安置方案的编制。

(1) 双减趋势研判

对于上海市远郊区域而言,产业基础多较为薄弱,以农业为主,存在一定规模的低效乡镇企业,提供了郊区镇大部分的就业和税收,但是随着上海建设用地减量化进程的推进,地方低效企业逐步关停减量,而现代农业体系的发展使农民转变为产业农民,规模农业的机械化生产进一步导致乡村劳动力过剩。与此同时,公共服务及收入水平的差异导致乡村地区劳动人口外流,大乡村地区人口老龄化趋势较高,有鉴于此,未来远郊区域乡村人口必然是持续减少的,相应形成的空置宅基地规模也必然持续升高。

(2) 人地协同预期

基于双减趋势的研判,根据乡村振兴的内在逻辑,其基础是生态宜居,同时要兼顾地方建设用地的减量要求,因此就要对人口规模及构成进行精准判断和预期,并对人口的分布进行合理引导,以此为基础通过与产业体系的匹配保持甚至提升乡村地区的发展活力,实现乡村振兴的整体目标。一言以蔽之,即对人地协同的科学预期,其中人指乡村地区常住人口,而地特指宅基地。但是需要指出的是,减量化并非牺牲远郊城镇乡村发展的权力,而是基于科学的判断和全局优化,以远期预期为目标,结合近期发展诉求稳步推进建设用地集约化使用,其根本目的在于倒逼乡村地区寻求高质量发展路径。

(3) 差异安置抓手

对于大部分的郊区镇而言,随着劳动人口流出及老龄化造成的宅基地空置是土地利用不集约的重要因素,产业发展受限而短期难以寻求突破的情况下,如果任由这一趋势延续,地方政府会形成巨大的财政压力,同时更会导致乡村发展陷入恶性循环。但是也要看到郊区镇乡村居民对于居住环境改善有着两种极端的态度。其一极端期望,多见于人户分离的情况,期望通过安置获取升值价值,其二极端抵触,多满足于现有居住环境,认为集中居住无法保障其利益诉求。本文认为,通过时间换空间,近远期结合推进实施的方法,依托减量化政策获取建设用地及资金支撑,是盘活乡村地区发展的可行路径,因此以差异化安置为抓手,推进乡村地区宅基地减量对于远郊农业镇的发展具有重大现实意义。

15.4 实例分析——以绿华镇为例

15.4.1 绿华镇郊野单元概况

绿华镇位于崇明本岛西端,南部紧邻明珠湖和东风西沙湿地,西向与海门市隔江相望,东侧及北侧分别与三星镇、跃进农场相邻,镇域面积 37.2 平方公里。全镇超过 80% 土地为农用地,现状以柑橘种植为主,并形成包含香酥芋、翠冠梨、火龙果、铁皮枫斗、清水蟹为代表的特色农产品体系。建设用地占镇域面积的 10% 左右,其中约 85% 的建设用地分布于乡村地区。绿华镇大农村、小城镇的格局特征极为明显,是典型的远郊农业镇。

15.4.2 分村引导与产业架构

(1) 分村引导

结合村镇区位、产业、自然、文化等资源条件,以乡村振兴五维度为参照,构建评价体系,明确村庄发展方向及职能,保障各村协同及差异化发展,各村发展潜力如图 15-3 所示,发展类型如图 15-4 所示。

综合型城镇:绿华镇区结合镇村结构优化方向、产业发展方向及人口变化趋

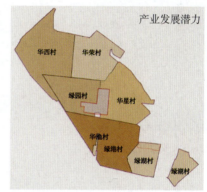

图 15-3 | 绿华镇乡村发展潜力

势,加速城镇配套的完善,依托区位优势提升镇区对周边区域的服务带动效应。

城乡统筹型村落:华星村,承接乡村地区人口积聚,完善服务配套,依托产业振兴项目保障乡村积聚劳动力的就近就业。

休闲旅游型村落:绿港村,依托资源禀赋,围绕特色小镇、乡村公园加速乡村休闲旅游发展。

农业生产型村落:华西村、华荣村、绿园村,依托广阔的农用地资源,发展现代农业、养殖业。

图 15-4 | 乡村发展类型

生态保育型村落:华渔村、绿湖村受水源地保护、生态廊道建设限制,规划为撤并村,人口逐步向城镇区域转移,未来以生态服务职能为主。

（2）产业架构

聚焦农业产业、工业企业、乡村旅游发展现状分析，结合现状发展、潜力评估、政府意愿、市场导向，明确包含华西村、华星村及绿港村在内的产业潜力区域，作为未来产业用地集中布局的区域，同时也作为人口集中引导的方向性空间，并最终形成郊野单元区域产业发展引导分区，如图 15-5 和图 15-6 所示。

图 15-5｜乡村产业结构

图 15-6｜乡村产业布局

15.4.3　人地协同

在分村引导及产业架构的基础上，结合乡村地区人口现状分布及变化趋势预期，通过撤并与保留因素分析，明确郊野单元内宅基地的撤并、保留及安置方案。

（1）撤并因素分析

位于水源保护区、基本农田保护等生态敏感区内的村落，因道路红线、河道蓝线建设占用，分布零散（30 户以下自然村）、除去刚性条件不涉及保护村和保留村、公共设施服务半径未覆盖的村落优先进行撤并。

（2）保留因素分析

结合崇明区 2035 城市总体规划，对于崇明区总规划定的华西村运动休闲特色保护村落及绿港运动休闲特色保留村落、乡村振兴示范村落应优先保留；同时结合产业引导、各村庄发展潜力评价分析，对重点发展村（绿港村、华星村、华西村）、一般发展村（华荣村、绿园村）以及产业潜力片区分布相对集中且规模相对较大、风貌肌理较好、农林生态景观较为协调、设施配套相对完善的自然村落，应优先划分为保留村，如图 15-7 所示。

（3）总体布局方案

依据撤并及保留因素分析，以现状及上位规划明确的人口为计算基数，明确撤并人口及对应宅基地图斑，并计算出需要安置的乡村居民规模，最终提供相应的安置方案。在此过程中，结合远郊镇郊野单元规划编制的内在逻辑特征，规划注重以下三点内容的细化研究。

① 农村保留居住点（Y 点）：统筹考虑自然村落的现状风貌、资源条件、规模等方面，对于区域内分布相对集中、规模相对较大、设施配套相对完善的村落予以保留，保留居住点分为乡村振兴类宅基地和乡村居民日常生活使用类宅基地，其中乡村振兴类宅基地在宅基地自愿退出的基础上，结合乡村振兴的发展需求

生态敏感区范围内撤并宅基地

道路红线及河道蓝线范围内撤并宅基地

布局零散撤并宅基地

其他原因撤并宅基地

图 15-7 | 宅基地撤并和保留

特色村保留基地　　其他保留宅基地

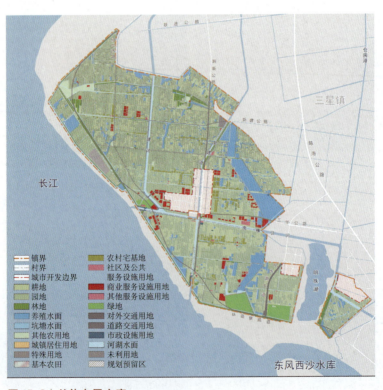

图 15-8 | 总体布局方案

进行有序利用。② 安置用地（E 点）：按照优先进城、进镇集中安置的导向，引导农民优先进绿华城镇集中安置点（E 点）安置。本规划在充分衔接和落实《上海市崇明区总体规划暨土地利用总体规划（2017—2035）》的基础上，对绿华镇城市开发边界内现状建设、发展诉求进行研究，城市开发边界内共设置 4 块安置地块。

③ 安置用地（X 点）：在尊重农民意愿的基础上，引导农民进农村集中归并点（X 点）。郊野单元内共设置 3 块农村集中归并点，其图面表达分为农村集中归并点管控边界及农村集中归并点用地边界。其目的在于对未明确的安置空间可能发生的变动预留调整余地，通过政策配套，在后续实际启动过程中，做到在范围内调整用地形态的要求。同时，规划考略到满足乡村居民的安置诉求的差异化，提供包含平移及上楼两种模式，并在此次规划中就地块的容积率及建筑高度等基础指标进行控制引导。

15.4.4　减量、存量、新增规划及实施引导

在相应乡村振兴政策要求及远郊农业镇发展特质的基础上，规划以郊野单元基础性内容为平台，进一步完善规划的编制，重点聚焦建设用地的增量、减量及存量规划，并在复合增加挂钩平衡的基础上，提出近期实施计划。

（1）公益性用地

郊野单元公益性用地主要包括公共建筑、公共设施、交通运输用地、水利设施用地及特殊用地，若公益性用地荒废闲置，未体现实际服务功能，难以盘活利用，则纳入减量范围，否则公益性用地一般较少考虑减量。

（2）经营性用地

郊野单元经营性用地主要包括工矿仓储用地（"198"企业）、商服用地，经营性用地减量主要为开发边界外的"198"企业，优先考虑布局分散、能耗大、污染大、经济效益差、低效、与乡镇发展方向相左的工矿企业，以及闲置难以盘活利用的商服用地。

（3）建设用地存量利用规划思路

郊野单元建设用地存量利用旨在盘活现有低效闲置建设用地，最大程度利用现有建设用地，实现政府、村集体、村民、企业之间的利益协调与平衡，达到经济效益、环境效益、社会效益最大化。存量建设用地包括位置优越的闲置用地、"无身份"的可利用地（违法已建用地）、顺应未来产业升级的工矿用地。在郊野单元规划中，以规划手段对可盘活的存量建设用地落实用地功能，以达到建设用地的合法、合理及有效利用。

(4) 新增建设用地（不包括存量利用）规划思路

绿华镇郊野单元规划中新增建设用地主要为农民集中居住点、农旅用地、商服用地、公益性用地等，新增建设用地原则上不得占用基本农田，不能位于生态保护红线内（落实重大设施建设的除外）。且新增建设用地避免占用耕地，而确需占用耕地的需满足归还耕地指标。郊野单元新增建设用地需在郊野单元内实现增减挂钩，确保建设用地总量不增加、耕地面积不减少、质量不降低。

(5) 实施计划编制思路

整体按照精细化引导的基本原则，在复合增减平衡的基础上，考虑地方政府的工作推进节奏，近期减量化用地重点聚焦 198 类工业用地及废弃的公共服务设施、公用设施用地，同时结合近期农村居民点减量规划，充实近期减量化规模。在增量方面，依据远郊农业镇的郊野单元规划编制逻辑，优先满足农村居民点近期安置需求，在此基础上，通过政府、企业、居民的三方沟通，对明确意向的经营性用地方案提供规划引导。

15.5　结论与启示

从初期的土地综合整治平台到复合型的空间规划开放平台，上海市郊野单元规划的编制在探索和实践中得到逐步完善，已经成为支撑上海"全球城市"建设的重要规划支撑，在全面推进新型城镇和城乡统筹反战，引导建设用地合理集约化利用，促进生态环境保护与乡村产业转型升级方面发挥着至关重要的控制引导功能。郊野单元规划发展历程表明其基础性内容的合理性及延展性内容补充的开放性平台特质，本文从乡村振兴的视角出发，对特定政策环境下的远郊农业镇乡村单元规划编制的内在逻辑进行剖析，提出产业规划先行、分村发展引导、人地统筹协同的延展性规划补充思路，并结合以增量、减量、存量利用为核心的郊野单元规划编制基础性内容完善郊野单元规划的编制探索路径，以期为上海市郊野单元规划编制的持续优化提供有借鉴意义的思路。

16 大都市区乡村振兴模式与路径研究

——以上海乡村地区发展为例*

16.1 引言

2017年,十九大报告明确提出实施乡村振兴战略,随后中央农村工作会议进行全面具体部署,颁布《乡村振兴战略规划(2018—2022年)》。在此背景下,上海进入乡村振兴的战略机遇期。

作为一座全球城市,上海不仅在人口规模、GDP规模等指标方面全球排名靠前,而且在经济、金融、贸易、航运、科创等功能上均具有全球领先优势。以陆家嘴-外滩为代表的城市核心地区,更是成为世界超高层集聚区之一,成为资本在城市领域的集中体现。但是,上海的乡村确一直默默无闻,常常被人忽略。反观江苏、浙江的有些乡村地区,近几年发展迅速,成为城市人群周末或节假日打卡的网红点或旅游目的地,实现了农民富裕、农村美丽、产业兴旺。在消费升级、土地紧缺、资本活跃、工业4.0等时代发展背景下,上海的乡村地区面临着巨大的发展需求。同时,为了实现上海2035成为一座卓越全球城市的目标,乡村地区同样需要有高质量的发展,以实现与城市地区的匹配,真正实现城乡统筹融合发展。

16.2 上海乡村地区发展历程与特征

改革开放后,伴随着时代背景的变化,上海乡村地区经历了3个主要发展阶段。第一阶段是1978—2003年的农村市场化发展阶段。农村地区发展经历家庭联产承包责任制、乡镇企业、小城镇建设等发展战略。这一阶段农村地区由贫穷落后,逐渐走向富裕。第二阶段是2004—2011年的社会主义新农村发展阶

---

* 李文彬,女,高级工程师,上海同测规划设计勘测有限公司副总经理兼总工程师。主要研究方向:国土空间规划与土地政策、城市更新与乡村振兴。

段。以2004年国家推进社会主义新农村建设为代表，推进城乡统筹，加快推进城镇化进程。第三阶段是2012年至今，即十八大以来的新时期，在生态文明背景下开展的乡村振兴战略。上海持续推进以村庄改造为平台的美丽乡村建设，包括道路路面硬化、生活污水集中处理、村民公共服务设施的建设，以及宅前屋后的环境美化等。村民普遍反映环境更加整洁了、村庄更加美丽了、服务更加完善了。

尽管乡村地区一直是政府关注的重点，但上海乡村地区的发展并不尽如人意，普遍表现为如下几个特征。

农村人口流失严重，整体活力不足。一方面，农村人口流失严重，人户分离现象明显，以松江区叶榭镇为例，人户分离占到50%左右，大量的农村劳动力流失，导致农村产业发展没有持续的动力。另一方面，农村老龄化现象严重，经调查上海郊区各镇60岁以上人口普遍占到30%以上。人口老龄化及人口流失导致乡村地区人气不足，宅基地空置率较高，整体缺乏活力。

建设用地规模较大，土地利用粗放低效。上海市农村地区建设发展一直缺乏管控，经历数十年无序蔓延式发展，建设用地规模普遍较大。以松江区叶榭镇为例，整个农村地区建设用地规模为镇区的四倍，占到全镇域建设用地的80%。建设用地主要为农村宅基地和工业用地，占到建设用地的70%左右，土地利用十分粗放低效。经统计，奉贤区农村宅基地面积户均为493平方米，金山区约为470平方米，整体偏大。工业用地零散布局于各村，多为高污染、高能耗的传统制造企业，占地面积普遍较高，用地低效。

产业发展受限，动力不足。上海市乡村地区产业发展十分受限，经调查，农民收入主要以外出务工为主。第一产业以传统的种植业为主，产值较低，增长乏力。以松江区叶榭镇为例，农业产值虽位于全区第二，但是在整个产业体系中产值仅占到2.4%。休闲农业由于背靠上海2 400万人口红利，发展前景较好，但是建设用地一直没有合法地位，市场活力不足，发展十分受限。且近一两年，由于大棚房整治，大量的休闲农业项目被拆。农村地区工业多为作坊式的传统工业，近些年受减量化影响，整体产值下降十分明显，产值不高且影响力在逐步减小。

配套服务支撑不足，服务体系有待完善。上海乡村地区的农村公共服务设施配置较低，仅能满足基本的生活需求，且配套体系不够完善。农村公共服务配套设施基本配置为"三室两点"即村委会、活动室、医务室、室外健身点及商业网点。整体缺乏像综合活动用房（红白喜事用房）、文化活动室、室内健身室等高能级的公共配套设施，同时由于老龄化现象严重，缺乏为老服务配套设施。农村宅基地由于布局零散，市政管网较难敷设，导致市政配套支撑不足。农村道路断头路较多,体系性有待完善,部分路面质量较差,需进一步整治提升。

风貌缺乏引导,文化流失严重。上海乡村地区整体受太湖流域冲刷形成,水网密布,宅、田、水、路相嵌,江南水乡肌理明显,水乡文化凸显。但是近年来农村风貌缺乏整体引导,文化流失十分严重。且上海近年来由于严格控制宅基地的新建和翻建,现状宅基地普遍建于20世纪80年代及以前,以金山区亭林镇为例,宅基地建于80年代及以前的占整个宅基地的75%以上。由于建设年代久远,建筑风貌普遍较差。同时由于上海乡村几十年来宅基地建设整体缺乏风貌引导,导致建筑风格中西拼贴明显,建筑风貌杂糅。其中20世纪70、80年代建筑基本上为多为传统的江南水乡风格,白墙灰瓦,双坡或四坡屋顶;20世纪90年代墙面以大面积面砖贴面为主,颜色多样,仿欧式多坡琉璃瓦屋顶;2000年以后,墙面以贴面、粉刷为主,颜色以暖色系为主,仿欧式多坡屋顶。河流水系由于农业耕作,经历了截弯取直、支流填埋,自然风貌整体破坏严重。

16.3　上海乡村地区发展模式

面对上海城乡之间的发展差距,上海市政府紧锣密鼓推进乡村振兴工作,在规划引领、顶层设计、行动计划、体制机制等方面逐渐建立和完善。尤其是2018年以来,以上海市实施乡村振兴战略工作会议为标志,市委市政府及各个职能部门推出了一系列政策。涉及财政、土地、产业、农村扶持及农民教育培训等多个方面,是一套政策组合拳。

在规划引领方面,主要包括战略规划、村庄规划、农业布局规划等。战略规划是指由上海市发改委、市农委牵头编制的《上海市乡村振兴战略规划(2018—2022年)》《上海市乡村振兴实施方案(2018—2022年)》。在战略规划引导下,市规资局围绕乡村规划与建设推出《乡村规划导则》,包括村庄布局规划、郊野单元(村庄)规划、村庄设计、村民手册等四个内容。推进全市各镇编制郊野单元规划(即村庄布局规划),主要明确村庄布局;并且在此基础上,针对近期建设的村庄进行村庄设计,明确村庄风貌与建设实施路径。此外,农业布局规划,主要是对农业发展提出明确的引导方向,完成粮食生产功能区、蔬菜生产保护区、特色农产品优势区"三区"划定。

在顶层政策设计方面,针对2013年以来出台的128项涉农政策文件进行系统梳理和甄别,并明确提出配套文件。在财政政策方面,制定并出台《关于本市建立健全涉农资金统筹整合长效机制的实施意见》以及《上海市美丽乡村建设项目和资金管理办法(试行)》,探索"大专项+任务清单"的模式。大专项包括农业综合补贴、都市现代农业发展、农业生态与农产品安全、科技兴农、农村改革与发展、农业综合开发、小型农田水利、农村生活污水处理、河道整治、林业建设、土地整理等内容。任务清单包括约束性任务和指导性任务两种，通过这种方式给予区级政府更多的自主权。以大专项为单位，实现涉农资金和任务清单集中同步下达。在乡村产业方面，出台《关于促进本市乡村民宿发展的指导意见》，进一步激活闲置房屋"沉睡的资源"，为农民增收创造良好条件。在土地政策方面，出台《关于进一步推进本市农民相对集中居住工作的若干意见》以及《上海农村村民住房建设管理办法》，通过加强乡村土地综合整治、推进农民集中居住、建设用地减量化等工作，盘活乡村地区建设用地指标，主要用于乡村产业发展、配套服务设施建设、农民集中居住等推进落实。

在近期实施方面，主要是围绕三块地的改革，包括农村承包土地、农民宅基地、集体建设用地等方面进行推进。在农村承包土地方面，加大农村承包土地流转力度，为大都市现代绿色农业发展奠定良好基础；加快农业产业结构调整步伐，积极促进农业由增产导向向提质增效转变，加快农业向优质化、特色化、品牌化方向发展。在农民宅基地方面，推进农民集中居住，到2020年约5万户农民实现相对集中居住，推进重点为高速公路、高铁、高压线沿线，生态敏感区，环境综合整治区，以及规划农村居民点范围外的分散居住户。在集体建设用地方面，鼓励低效用地的盘活使用，譬如建设乡村公共服务设施、文化展示馆，以及总部办公等产业类或公益性项目。

从上述分析可以看出，上海市围绕规划引领、顶层政策、近期实施等三个方面，密集推出了一系列乡村振兴政策。尤其是围绕"三块地"的改革，农村承包地、农民宅基地、集体建设用地等，落实推进乡村产业发展、农民富裕、农村美丽等发展目标。但从另一方面来看，市场上对上海乡村振兴的模式并没有积极应对，仍处于观望态度。从目前乡村地区的建设项目来看，除了少量休闲旅游项目外，大多仍为政府主导的项目。郊野公园的推进在上海乡村地区成效显著，但主导者多为地方政府或国企平台公司，罕有市场资本的进入。农民集中居住点的建设，目前也主要表现为国企公司的试点型项目。产业类项目，在城市近郊地区比较活跃，但远郊地区则面临无人问津的情况。

尽管上海市政府非常重视乡村振兴，并且推出一系列从顶层设计到落地实施的政策，但是上海乡村地区的振兴还是以政策为主导、以规划为引领的模式。政府在乡村振兴中占有主导地位。在乡村振兴过程中政府通过制定一系列政策来引导乡村地区的发展，同时以"三块地"改革为抓手，落实乡村振兴战略，实现乡村地区的长远有效发展。

16.4　上海乡村地区发展面临主要问题

政府与市场之间的矛盾总是相辅相成，政府过度管控往往意味着弱化市场需求。因此，我们也看到在上海乡村地区发展中仍面临着一些不能回避的问题。

16.4.1　建设用地严格管控与放活市场存在矛盾的问题

由于上海乡村地区用地粗放低效，建设用地规模较大，现状建设用地已突破天花板，倒挂现象严重。这导致政府在制定政策中采取严格控制建设用地模式，一方面对于新增的建设用地实行严格控制；另一方面，积极引导乡村地区的建设用地减量化，引导工业用地减量和农村宅基地撤并。同时政策明令禁止在乡村地区新增工业用地和研发用地。这种建设用地严控导向往往与市场存在一定的矛盾，对于一些社会资本想介入乡村地区发展造成了一定的阻力。比如，某大型房地产企业，在全国乡村地区打造了若干个特色小镇项目，有着十分丰富的特色小镇开发经验。企业拟在临港地区依托良好的生态基底打造特色小镇项目，结果因涉及建设用地指标较多和无法新增研发用地，与政府谈判无果，最终导致项目无疾而终。再比如，一些现状休闲农业项目业主想借助乡村振兴的政策春风，扩大经营，增加建设用地规模，往往十分受限。由于建设用地的严格管控大大影响了民间投资的活跃度，阻碍了乡村地区新兴产业的发展。

另外按照政策乡村地区的工业用地未来绝大部分要减量，工业用地减量化对于乡村地区的发展也十分不利。虽然现状工业企业整体用地粗放，效益不好，但整体来看乡村地区的第二产业在整体产业体系中仍占有一定的地位，未来大量的企业减量势必会对乡村地区的产业发展造成一定的影响。此外，工业减量还存在重经济效益轻社会效益的问题，部分企业可解决较多的乡村就业，但由于经济效益一般要纳入减量。部分企业以农产品加工为主，与当地农业具有较好的互动，但因为经济效益一般也要纳入减量。

16.4.2　宅基地节地导向与农民意愿导向的问题

上海乡村地区振兴的重中之重就是解决农民居住问题，为了改善农民居住条件，进一步的节约集约利用土地，上海乡村地区未来引导农村宅基地集中归并。按照目前政策，宅基地撤并后安置方式分为两种类型，一种是选取区位条件较好的乡村区域划定农村集中归并点安置，此安置方式保留原有的宅基地格局，按照新的建设标准以农民别墅的形式统一安置；另外一种是进镇区上楼安置。

两种安置方式均能大大节约建设用地指标,改善居住条件,进而集中归并点能更好的保留农民原有的生活方式,但是进镇上楼更加节地。目前,上海市各区为了充分节约建设用地指标,在规划设计阶段倾向于缩小宅基面积,如此必然影响到农民利益。尽管最终建设方案需要农民参与,但在规划设计阶段,即方案确定阶段,却并未以农民意愿为导向。

16.4.3　政策不够灵活存在一刀切的问题

由于政策统一制定,势必会缺乏灵活性与机动性,在不同类型的城镇发展上缺乏差异化的引导。比如,奉贤区南桥镇属于都市型城镇,乡村地区背靠南桥新城,政府财政实力雄厚,未来产业发展空间较大。政策应引导宅基地撤并以进镇上楼安置为主,这样大大节约了建设用地指标用于产业发展。结合区位和资源优势大力发展乡村新经济,引导发展都市型农业旅游和庄园式总部办公等产业功能,作为未来乡村振兴的主要路径。再比如,青浦区白鹤镇作为远郊型传统农业镇,政府财政实力一般,未来农民安置应结合实际情况,尽量引导以进集中归并点安置为主。但目前政策制定尚不能差异化的引导不同类型乡村的发展,存在不论近郊或远郊、农业型或产业型乡村,均为一刀切的处理方式。

16.4.4　规划刚性管控与弹性引导的矛盾,如何平衡近远期的问题

按照市政府的总体部署,为更好的实施乡村振兴战略,2019年年底要实现各街镇郊野单元全覆盖。郊野单元作为统筹乡村地区各项活动的综合型规划,是两规合一,多规合一的规划。规划期限与市、区、镇总体规划保持一致,其既是统筹乡村地区发展的战略性规划,也是兼顾近期建设的实施性规划。按照编制要求,郊野单元规划需按照区总规分解总体建设用地指标细化深化落实各条线建设用地的规模和具体布局,针对新增建设用地最终要纳入图则管控。由于这一要求和编制时间的紧迫性,导致很多新增建设用地没有实际的项目支撑或者没想明白就落图则,比如松江区叶榭镇乡村地区为鼓励乡村产业发展,规划布局了近四十公顷的经营性用地,但这些用地实际有项目用地诉求的不足三分之一,后续引进项目如果用地诉求与图则不统一,势必会对图则进行调整。所以郊野单元规划要协调好近远期关系,重点应关注近期实施,近期以图则进行管控,远期以引导为主。

16.5　发展建议

面对上海市乡村振兴中政府主导、市场缺位的问题,本文认为应学习江苏、

浙江等地区的先进经验，在试点地区探索民间资本的介入，适度放开规划的管控力度，面向不同类型的乡村地区指定差异化政策，以及充分征询农民的意见。

① 学习江苏、浙江等先进地区的经验，在试点地区探索民间资本的介入。譬如杭州东梓官村，首先是村民自发发展民宿、乡村休闲产业，形成产业发展的良好基础。随后政府引入设计师打造艺术村落，并成为网红打卡点，吸引更多消费者来到东梓官村旅游或休闲，从而带动村落发展。像万科东罗村，则是借助民企的力量，通过企业、政府、村集体三者形成合资公司，打造乡村振兴的平台，实现村庄改造、产业导入、农业发展。

② 建议适度放开规划的管控力度。在上海2035中明确了开发边界外建设用地的减量化，但是这个过程只是体现在图面或数字中，实际情况中则千差万别，存在多种情况。譬如，在某镇乡村地区的一处企业，即肯德基在上海的肉食加工基地，企业效益好、地均产值高，但是由于10年前企业落地时不存在现在的规划导向，因此建设在乡村地区。但在目前严格管控下，要求必须减量化。而这样做是否有利于企业的发展、是否有利于乡村经济、是否是政府的管控目的。

③ 建议面向不同类型的乡村地区制定差异化政策。上海乡村地区尽管人口规模小、经济比例低，但同样存在内部发展的差异。近郊地区由于紧邻城市开发地区，土地价值高，经济发展活跃，村民大多已经实现非农产业化。农民迫切希望通过宅基地置换、撤并上楼，实现资产升值。但远郊地区仍为农业地区，譬如，青浦西部地区、松江南部地区、奉贤大部分地区、金山大部分地区。农民大多以企业就业或务农为主，房产市场不活跃。他们更希望保留原有的农村生活方式，而非撤并上楼。

④ 建议充分征询农民意愿。目前在这一轮乡村振兴工作中，政府投入了大量资金，实现了农民生活的改善、乡村建设面貌的提升，以及农村产业的发展。但是农民的利益仍未能充分的体现。譬如，在土地指标节约的导向下，农民住房条件尽管在建设质量上实现了提升，但是建筑面积却缩水较大。建议在村庄设计阶段就充分征询老百姓的意见，不仅让设计师做方案，而且要老百姓亲身参与规划方案的制定中。

参考文献

[1] 吴沅箐.新型城镇化背景下郊野单元规划的探索与思考——以上海松江区新浜镇为例[J].上海国土资源，2016，18(4)：23.

[2] 朱建江.城乡一体化要求下的上海美丽乡村建设研究[J].科学发展，2017，46(1)：50.

17 新时代上海村庄规划的探索和实践*

17.1 引言

2019年5月23日,中共中央、国务院《关于建立国土空间规划体系并监督实施的若干意见》("以化村庄布局,编制'多规合一'的实用性村庄规划。"5月29日,自然资源部办公厅印发《关下简称《意见》)正式出台。《意见》明确指出:村庄规划,作为详细规划,是国土空间规划体系的重要组成部分,也是开展国土空间开发保护活动、实施国土空间用途管制、核发乡村建设项目规划许可、进行各项建设等的法定依据。5月28日,自然资源部印发《关于全面开展国土空间规划工作的通知》,提出"结合县和乡镇级国土空间规划编制,通盘考虑农村土地利用、产业发展、居民点布局、人居环境整治、生态保护和历史文化传承等,落实乡村振兴战略",优于《加强村庄规划促进乡村振兴的通知》,从严守底线、优化布局和充分参与等几方面进一步细化了村庄规划的工作重点。上述文件出台标志着我国村庄规划全面进入了"以生态文明为引领、以乡村振兴为目标、以空间规划为载体"的新阶段。

17.2 上海郊区乡村存在的主要问题

2017年,上海的城镇化水平已接近90%,达到了发达国家国际大都市的城镇化水平。但相对中心城区,上海郊区乡村成为了不平衡不充分发展的短板,据统计,上海乡村地区总用地面积约4 047 km^2,共有103个涉农乡镇,1 585个行政村,3.3万个自然村,农业户籍人口共约136万人,宅基地共约75.5万个。

---

* 郑晓军,女,高级规划师,注册城乡规划师,上海经纬建筑规划设计研究院股份有限公司城乡规划设计总院总工程师。

17.2.1　产业支撑和集聚不够，产能能级不高

上海郊区村镇产业大多以生产和组装型制造业为主，生产性服务业和消费性服务业严重短缺。据调研资料显示，一是村镇工业产能落后，污染治理成本高。"三个集中"战略实施以来，郊区村镇工业集中度有所提高，但产业布局小而散，土地产出水平低，产业集聚度、关联度与能级均有待提升。二是农业产业化程度低，污染治理难度大。农业经济效益较低，农业生产总值占全市GDP比重偏低，但污染治理难度大，成本高。

17.2.2　农民居住相对分散，农村建设用地效益低、功能弱

上海市乡村环境由于水网密布的特点，村宅沿路、沿渠呈线性分布。农村建设用地总量规模大，人均建设用地面积大，土地使用效率低下。根据《上海市城市总体规划（2017—2035）》报告，全市农村集体建设用地现状总量为823平方公里，农村地区人均建设用地面积564平方米，是城市居民用地标准的5倍多。农村宅基地占住宅用地总量的45%，同期全市农业户籍人口仅占全市户籍人口的10%，农村宅基地规模与农业户籍人口规模不相匹配。全市3.3万个自然村中，10户以下自然村占比44%，30户以下自然村占比超过70%，布局比较分散。

17.2.3　综合服务设施配置滞后，难以吸引人才

综合服务功能尚不能支撑人口的需求，加上村镇人气不足，导致服务业难以入驻，造成长期服务设施配置滞后，更不利于市区人口向郊区迁移。由于长期的"重城区，轻郊区"发展理念，导致上海城乡之间在教育、医疗、社会保障等方面差异明显，农村居民拥有的公共服务设施较为缺乏，城乡公共服务设施不均衡，尤其是优质设施配套不足。

17.2.4　人口"倒挂"明显，老龄化问题突出

上海乡村地区目前本地人口老龄化问题比较严重，部分地区老年人比例超过50%。抽样调查统计乡村的劳动人口平均年龄已达57.1岁，其中36—54岁农业人口占45%；55岁及以上的农业人口占42.8%；35岁以下的农业人口仅占12.2%，农业后备人才储备明显不足。此外，从人口结构来看，全市村庄外来人口比例为65%，远郊村外来人口占比普遍在30%左右，近郊村外来人口占比普遍在70%以上，使乡村出现了明显的"人口倒挂"问题。

17.2.5　城乡二元经济结构,"剪刀差"约束乡村发展

根据上海市国民经济和社会统计公报显示,至 2018 年年底,上海城镇常住居民人均可支配收入为 68 034 元。然而根据课题组调研问卷结果分析,上海乡村常住居民人均可支配收入仅有 30 375 元,不足城镇居民的二分之一,由此可见,上海市城乡收入差距依然较大。

17.3　新时代上海乡村规划的总体要求

17.3.1　上海乡村的总体功能定位

对标全球知名城市乡村,借鉴国内乡村建设先进经验,结合上海乡村自身特点,上海乡村总体功能定位为乡村是卓越全球城市的生态功能、人文功能和创新功能的重要承载区;是村民生产、生活、创业空间;是广大市民享受田园生活、亲近自然的体验空间;是承接全球城市新兴业态,承载创新制造的新空间;是打造具有全球影响力的科技创新中心的新动力;也是弘扬江南文化、农耕文化的新载体。

17.3.2　乡村规划指导思想

2018 年,上海市规划和国土资源管理局出台了《上海市乡村规划导则》《上海市郊野乡村风貌规划设计和建设导则》等乡村规划和建设导则,是上海郊区乡村规划的指导性文件。新时期乡村规划编制,应重点聚焦乡村功能定位、人口策略、空间格局、产业导向、生态治理、人文风貌等关键问题,坚持底线约束、近远结合,谋划落实重点任务,建设富有时代特征、彰显上海特色、令人心生向往、乡愁所系、传统文化价值认同引领的江南田园。

17.4　嘉定区徐行镇伏虎村村庄规划实践

17.4.1　现状特征

伏虎村位于上海市嘉定区徐行镇北部,区域交通便利,村域东临澄浏公路,西临嘉行公路,内有宝钱公路东西横贯全村,村域面积为 3.29 平方公里,全村 696 户,20 个村民小组。农业发展仍处于传统经营模式阶段,产业发展能级不高,村域内有 198 工业用地规模 17.18 公顷,土地利用效益较低。现状自然环境

基底较好,但村庄建设用地规模较大且分布相对分散,公共设施和市政设施配套薄弱、村容村貌缺乏特色等。

17.4.2 规划思路

规划发展目标紧扣中央农村工作会议确定的"产业兴旺、生态宜居、乡风文明、治理有效、生活富裕"的乡村振兴战略总要求,按照"徐行镇2035"总体规划"上海西部远郊科技服务型的综合城镇"的发展目标和"一核三区"空间格局规划,伏虎村基于现代农业综合体发展定位、"产业发展如何推进""村居空间如何优化""公共服务如何提升"和"乡村风貌如何保护"等四个核心议题,规划制订了业态兴村、生态美村、形态优村、文态活村、土地整治和行动计划等六项规划策略。

17.4.3 规划方法

为实现伏虎村的发展目标,解决其核心问题,需要将村庄规划的编制与实施整体化考虑,从而转变规划方法,主要在以下两个方面(见图17-1)。

图17-1 | 建立多层次、上下联动的沟通机制

一是由自上而下转为上下联动的村庄规划。乡村社区和在地经营企业的参与以及将投资乡村建设的企业是其重要的组成部分。规划编制过程中需要与区局领导、镇领导、村委和村民建立多层次的沟通机制,协调处理好难点问题;同时,还需要了解在地经营企业和将投资乡村企业的发展诉求,协调统筹,平衡经济效益、生态环境和社会公平的矛盾冲突,引导企业参与到村庄规划工作中来,为村庄发展的核心动力提供上下联动沟通平台。从而达到"规划、建设、运营一体化"的目的。

二是由规范管制转为落地实施的村庄规划。按照村庄建设用地"撤、并、保"方案的布局,明确其规模及边界,并对接好各类土地资源管理政策或提出政策建议;同时,细化村域内的规划发展用地,明确可操作的业态功能和项目及用地规模,每个行政村形成一张土地使用管控图则,从而提供一个真正可落地实施的村庄规划。

17.4.4 规划策略

(1) 业态兴村——乡村产业多元引导

乡村产业兴旺的根本是构建现代农业的产业体系、生产体系和经营体系,并促进农村三次产业的融合发展。乡村振兴战略支持和鼓励农民就业、创业,拓宽增收渠道,必须要活化乡村的第一就业空间,发展乡村的新产业、新业态,通过推动农村三次产业的融合发展,让农民共享产业升级的增值收益。

伏虎村引入社会资本,以现代农业为核心,融合现代科技、乡村旅游、田园康养产业,形成"农业+"为主体,"1+3"产业体系,构建现代农业博览园、特色村落示范村、水乡艺术田园和香料文化体验园四个产业板块。引导"198"减量工业再利用,提出农业与旅游、文化、康养等产业深度融合的发展思路和策略,提供多样化的创新创业空间,培育新兴业态。

(2) 生态美村——村居空间适度集中

按照"保障农民利益、促进建设用地减量化、优化乡村用地布局"的总体要求,积极推进农民集中居住,从根本上改善农民居住条件,提升公共服务水平,促进土地高质量利用。优先推进高压线、高速公路红线内影响的农户撤并上楼于镇区,30户以下自然村的空间布局,因地制宜实施农村集中归并。

规划形成"2X+13Y"居民点布局。其中"2X"指2处农村集中归并安置点;"13Y"指13处远期保留的农村居住点。新增集中归并点2处,面积7.84公顷,共232户;规划保留393户,保留宅基地23.58公顷;撤并上楼(于镇区)共71户。规划至2035年,村庄住宅用地33.43公顷,相较现状宅基地,节地率约为

23%(见图17-2和图17-3)。

图 17-2 伏虎村村域土地使用规划图

(3) 形态美村——公共设施均衡共享

在优化现有村庄布局的基础上,保障基础设施和公共服务水平。一是按照2018年《上海市乡村规划导则》乡村基本设施(必配)要求配置,规划新建村级综合服务中心,包括村委会、卫生室、智能乡村工作站、多功能活动室、室外健身点和便民商店等。二是结合上海市乡村振兴示范村要求,新增高能级公共设施,包括新增综合服务用房、日间照料中心、为农综合服务站和游客中心等。三是落实郊野单元规划中S22高速公路用地,并对村主路在现有基础上全部进行拓宽至6—7米,村支路达到3—4米,规划两处公共停车场(见图17-4)。

(4) 文态活村——注重保护乡村风貌

嘉定区属于上海4个文化圈中的淞北平江文化圈,伏虎村也是典型的江南田园景色,水系清冽,生态良好,乡村呈现典型的江南民居风格。基于村庄现状风貌的研究和分析,规划提炼伏虎村水、居、田、文四大特色要素,重点突出伏虎

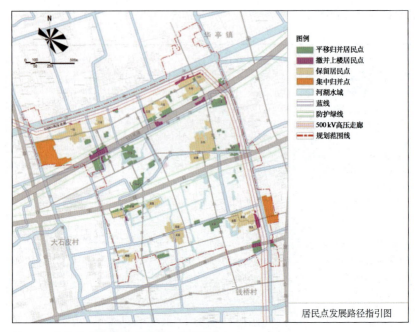

图 17-3 | 伏虎村居民点发展路径指引图

图 17-4 | 伏虎村公共服务设施规划图

文化、草编文化和江南文化,理水筑居、建园显文,打造"水墨福虎"乡村风貌。

按照《上海市郊野乡村风貌规划设计和建设导则》,规划重点从四个方面进行村庄的风貌引导:一是加强水系设计引导,延续河道走向、构筑生态驳岸、加强水质净化,营造"河畅、水清、岸绿、景美"的江南水乡韵味;二是通过公共空间整治,连通成网、绿意盎然,设施整洁、铺装乡土,形成内涵丰富、尺度宜人、环境整洁的公共空间,提升村民获得感、满足感、幸福感;三是通过建筑改造设计引导,突出"轻、秀、雅"的江南水墨建筑风韵;四是通过标识系统设计,重点包括村入口、农博会主入口、游客中心以及交通标识等设计引导,进一步提升乡村整体风貌特色(见图17-5和图17-6)。

图 17-5 | 乡村风貌引导示意图

(5) 土地整治——土地资源优化配置

按照山水田林湖草系统治理的理念,进行伏虎村全域整治和规划,对田水路林村进行全要素综合梳理整治,建成农田集中连片、建设用地集中集聚、空间形态集约高效的江南田园格局。乡村土地整治分为农用地整治和乡村非农建设用地整治,其中农用地整治是建设性耕地保护的根本手段,而乡村非农建设用地整治则是改变农村建设用地粗放利用和完善新农村建设的重要路径。

为补足伏虎村发展短板,规划通过"土地整治+"的发展模式,切实改善乡村

图 17-6 | 标识系统设计示意图

地区生产、生活和生态环境。一是引导"198"减量工业再利用,补足基本的公共服务设施;同时,引进社会资本,设置现代农业博览园、乡村民宿、乡村文创等农村新业态,加强一二三产产业融合,激活乡村内生动力。二是有序推进宅基地收缩减量,首先满足村域的规划意向和各类项目安排;其次将"三高两区"和30户以下自然村纳入撤并。通过土地整治方案,村庄建设用地从现状的60.36公顷减少到规划的41.92公顷,规划宅基地比现状减少了9.35公顷,节地率约23%。通过优化调整乡村土地利用结构,以达到协调人地关系、改善和保护乡村生态环境、促进乡村土地资源可持续利用与社会经济可持续发展的目的。

(6) 行动计划——加强规划的可操作性

制订近期行动计划,明确规划实施的路径和策略。推进村庄土地综合整治,锁定近期减量的工业用地、宅基地和其他建设用地具体地块,形成行动计划及项目库。根据乡村振兴建设发展目标,确定近期重点建设项目和区域,提出产业发展、农民集中居住、基础设施和公共服务设施的具体项目、资金筹措和实施时序。

初步估算,伏虎村近期项目资金成本包括政府新建集中居民点、基础设施、公共服务设施、河道水系整治、现有企业迁出补偿以及其他费用,总费用约2.3亿元;资金来源主要包括政府建设用地出让金返还和新增耕地补偿金返还,总费用约2.3亿元,项目基本能够达到资金平衡。

17.5 结语

在国家乡村振兴战略与上海市实施"美丽家园、绿色田园、幸福乐园"的大背景下,上海市各区积极推进郊野单元(村庄)规划编制工作。新时代村庄规划对比以往更多体现了规划的综合性,更加强调了村民的主体地位和规划的可实施性,更多关注了空间的管控与实施引导,在空间管控上,强调底线管控,体现管理的弹性。因此,需要加强各级各部门的统筹协同,整合各方资源,同时加强政策的融合统一和创新管理机制体制。

参考文献

[1] 彭震伟.小城镇发展与实施乡村振兴战略[J].城乡规划,2018(1):11-16.

[2] 王士兰,陈静.新时代上海美丽乡村规划建设的思考[J].上海城市规划,2018(1):52-57.

[3] 张立.我国乡村振兴面临的现实矛盾和乡村发展的未来趋势[J].城乡规划,2018(1):17-23.

[4] 中国房地产业协会人居环境委员会,上海经纬建筑规划设计研究院股份有限公司.美丽乡村的人居环境评估体系研究——以上海市为例[R].2019.

[5] 周晓娟.资源紧约束背景下超大城市乡村振兴战略和规划策略的思考——以上海为例[J].上海城市规划,2018(6):22-29.

18 生态文明理念下的上海大都市区国土空间整治与生态修复初探*

18.1 背景情况

为进一步深入实施乡村振兴战略，根据党中央、国务院和自然资源部、农业农村部相关文件精神和工作部署，上海市委、市政府切实将规划引领作为实施乡村振兴战略的优先议题，加快推进高质量乡村规划编制。国内外不少专家学者也围绕各类乡村规划展开了理论研究和实践：一方面是土地资源利用角度，国外主要是包括德国结合"农村土地整治"工作开展的农村居民点用地整理，美国20世纪80年代通过划定保护区规范并约束农村居民点用地的持续扩张等案例；国内主要有吴次芳、罗士军、师学义等学者关于农村居民点整理潜力路径和测算的研究等。另一方面则是城乡规划布局角度，20世纪80年代初开始，不少学者（龚达麟、卢家睿等）就农村民点规划布局中的集中和分散问题展开研究，当前结合GIS等计算机技术的发展，不少学者（刘晓清、李爽等）转向寻求更加理性的农村居民点布局和村庄规划原则。这些都对上海开展村庄布局规划奠定了较为成熟的"规土合一"的理论基础和经验借鉴。

18.2 上海乡村规划工作基础

上海历届市委、市政府高度重视城乡一体化发展，始终坚持乡村规划和城市规划的统筹协调、同步推进，在规划编制和管理上不断探索新理念和新方法。自2001年《上海市城市总体规划（1999—2020）》批复以来，上海乡村规划工作大致可分为以下三个阶段：

---

* 顾守柏，男，毕业于武汉测绘科技大学城市规划专业，高级工程师，注册城市规划师，就职于上海市规划和自然资源局乡村规划处。主要研究方向：上海市乡村规划编制和管理、集体土地利用政策研究、大都市土地整治理论与实践。

18.2.1 第一阶段（2008年以前）

《上海市城市总体规划（1999—2020）》获得批复后，上海市在层层落实、分步实施城市总体规划的过程中，明确了全市1966城镇体系，乡村地区以中心村为载体，推进郊区农民集中居住。2006年，完成全市约600个中心村布局规划的全覆盖。但由于在实施层面上缺少土地管理和资金投入等机制保障，该阶段规划实施率普遍较低。

18.2.2 第二阶段（2008—2012年）

2008年，上海市规划和土地管理职能合并，成立市规划和国土资源管理局。之后的几年内，重点推进"两规合一"体系构建，完成区（县）、镇（乡）两级城乡总体规划梳理完善和土地利用总体规划编制工作；同时根据住房城乡建设部全国村庄规划试点要求，积极探索创新村庄规划编制方法，完成了一批村庄规划编制工作。上海市奉贤区四团镇拾村村村庄规划还获得了2013年度全国优秀城乡规划设计奖（村镇规划类）一等奖。

18.2.3 第三阶段（2013年至今）

2013年启动新一轮城市总体规划编制工作，明确上海未来面向"2035"追求卓越的全球城市目标愿景，构建"网络化、多中心、组团式、集约型"的城乡空间格局，同时，结合低效建设用地减量和土地整治工作推进，上海市创新设立郊野单元规划，作为乡村地区的相关工作的规划依据。

上述阶段都对近期进一步优化完善本市乡村规划奠定了较为成熟的"规土合一"理论和工作基础。

18.3 新时期上海乡村面临主要问题分析

2014年，上海市委二号课题《推进本市城乡发展一体化》，通过详细调研，对新时期上海城乡发展和乡村的现状、问题、瓶颈等作出详细的论述和判断。

18.3.1 农民生产和居住分散现象突出、土地利用效率较低

上海作为超大型城市，人口高度集中、土地等资源供需矛盾突出、环境容量十分有限。本市现状宅基地共约75.5万户，约3.3万个自然村，布局较为零散，乡村地区老龄化、空心化趋势明显，土地集约化利用程度较低，基础设施和公共

服务配套困难,效率低下。据统计,全市乡村地区(城市开发边界外)现状农户总数共计约68万户,农村居民点用地规模约336.6平方公里,户均综合建设用地占地面积约495平方米,远高于城镇居住用地标准(见图18-1)。

图 18-1 | "上海市2035"开发边界外的土地使用现状图

18.3.2 乡村规划基础较为薄弱

"1966"城镇规划体系中60个新市镇规划未覆盖到所有镇,600个中心村规划基本未实施,规划指导作用不足;一段时期以来,上海市镇域层面缺少涵盖城乡、统筹兼顾的综合性、实施性规划,缺乏统筹各类规划的空间规划载体和协同编制机制,乡村地区基础信息基础薄弱、历史遗留问题复杂;郊野单元规划开展编制工作后,上述现象得到改善,但受限于规划定位问题,尤其是近期中央明确国土空间规划体系后,乡村规划体系亟待进一步厘清。

18.3.3　乡村配套支持政策缺乏顶层设计

乡村规划实施需要各条线政策的支持，2004年起，本市落实中央要求出台一系列支农惠农政策，但碎片化、聚焦整合不够情况较多，有些政策导向性和精准性不足，间接影响了乡村规划的实施，随着市政府统筹推进乡村振兴战略工作，部分问题已得到解决，但政策顶层设计和统筹仍有待进一步加强。

18.3.4　土地资源紧约束下乡村地区的空间资源亟待挖潜

上海乡村地区普遍存在土地节约集约利用水平较低的问题，2014年2月，上海市政府印发《关于进一步提高本市土地节约集约利用水平若干意见》（沪府发〔2014〕14号），制定了"总量锁定、增量递减、存量优化、流量增效、质量提高"的土地利用基本策略，确立了全市建设用地总规模天花板，从而引领上海规划迈向"全域统筹、整体实施"的新阶段，拉开了低效建设用地减量化的序幕。乡村地区的存量工业用地、闲置宅基地等存量房地资源需要分类统筹和布局优化，"山水林田湖"等空间资源价值和利用方式也应得到进一步审视和重估。

18.4　对策路径构建

18.4.1　构建规划体系

2017年12月，国务院批复了"上海2035"城市总体规划，为深入贯彻党的十九大精神，全面实施乡村振兴战略和"上海2035"，上海结合地区实际情况在乡村地区构建了"村庄布局规划—郊野单元村庄规划—村庄规划设计"的规划体系，对农民集中居住、乡村产业发展、基础设施配套、耕地保护和自然资源管控、近期行动计划等内容，在空间布局和政策路径上作出统筹安排。

村庄布局规划分区、镇两级明确保留（保护）村、撤并村的边界范围，在城市开发边界内和乡村地区分别落实农民集中安置点的布局和规模；郊野单元村庄规划是以多个村庄为单元编制的村庄规划，是各类专项规划划的整合统一，为国土空间开发保护活动、实施国土空间用途管制、核发乡村建设项目规划许可提供法定依据；村庄设计是在上位规划指导下，对村落风貌、乡村建筑、自然景观、公共空间等村庄国土空间开展的详细设计。

18.4.2 加快完成村庄布局规划全覆盖

村庄布局规划在坚持农民相对集中居住的前提下,明确全市各乡镇城市开发边界外的保留(保护)村、撤并村的边界范围,优先撤并市、区"2035"总规中明确的生态环境敏感区、环境综合整治区中的自然村,规划分三种类型"城镇集中安置区(开发边界内)+农村集中归并点(开发边界外)+农村保留居住点(开发边界外)"保障农民居住空间,优化全市整体乡村空间布局。截至2019年6月,上海市已全面完成村庄布局规划编制工作,实现各区、镇村庄布局规划全覆盖,为实施乡村振兴战略和村庄规划编制打下坚实的基础,浦东新区现状和规划如图18-2和图18-3。

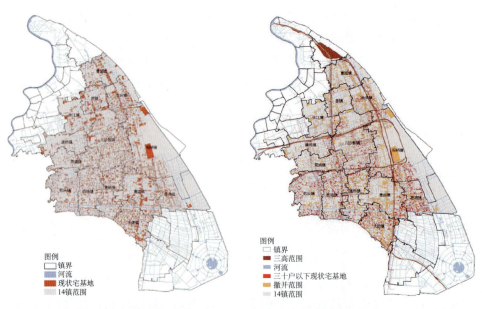

图 18-2 | 浦东新区现状宅基地分布情况   图 18-3 | 经梳理后浦东新区明确的撤并宅基地分布情况

18.4.3 创新编制郊野单元村庄规划

2013年,上海以镇级土地整治规划为基础,创新设立了郊野单元规划。郊野单元作为集中建设区外的郊野地区实施规划和土地管理的基本地域单位,是郊野地区统筹各专项规划的基本网格,原则上以镇域为1个标准单元,对于镇域范围较大,整治内容、类型较为复杂的可划分为2~3个单元。郊野单元规划的主要内容包括三个部分：一是农用地以及未利用地整治的总体安排，包括对田、水、路、林等农用地以及未利用地的综合整理、高标准基本农田建设等内容；二是建设用地整治的总体安排，重点确定集中建设区外现状低效建设用地的分类处置时序和策略，并明确附带建设用地整治规模条件的新增建设用地，也即有条件建设区的结构、规模和布局；三是郊野单元规划作为一个开放性的规划平台，统筹整合农村建设所涉及的各类专业规划，承载规划实施的政策设计、行动安排、资金整合、路径选择等内容，具备实用性、行动性、策略性的特点。传统的村庄规划主要是对村庄建设边界内的各类用地进行统一安排和空间设计，主要内容是农村居民点建设。按照国家自然资源管理改革的总体部署和建立统一的国土空间规划体系的总体思路，结合上海地区特点和自然资源管理实际，在乡村地区建立全地类、全要素的国土空间详细规划，覆盖国土空间保护、开发和修复各项内容，为此在深入评估和研究的基础上，将原郊野单元规划和村庄规划内容进行系统整合，构建了郊野单元村庄规划的技术标准和成果体系。

上海郊野单元村庄规划作为镇级全域、全地类的实施性规划，按照"镇编-区批-市备案"的审批路径，以镇域范围内多个行政村为编制单元，有效推动了镇域范围内多规整合、政策融合、资金叠合和项目集合，实现了乡村地区网格化、精细化管理，成为有效传导上位空间规划目标和统筹安排乡村自然资源保护和开发的实施载体，目前，上海正在按需有序推进规划编制工作，松江区黄桥乡村单元规划如图 18-4。

18.4.4　通过村庄设计强化郊野地区风貌管控

为了加强乡村传统文化传承，塑造具有江南特色、上海特征的乡村风貌，结合乡村规划编制，上海启动了乡村传统建筑元素和文化特色的"地毯式"普查和提炼工作，形成乡村传统建筑的认知框架，提炼出"四个文化圈层"内乡村传统建筑的五个层面十二大风貌特征。在乡村传统建筑元素提炼的基础上，组织团队制定并印发《上海市郊野乡村风貌规划设计和建设导则》，聚焦"田水路林村"五类风貌要素，分生态重塑、文脉传承和活力激发三个方面，指导郊野单元村庄规划编制、村庄设计和乡村建设。通过多种途径，募集汇聚规划、建筑、土地管理、景观艺术以及运营策划等各个方面专业人才编制《乡村设计师手册》，建立乡村规划师制度，为乡村规划建设提供全流程智力支撑，浦东新区和松江区部分村设计方案如图 18-5。

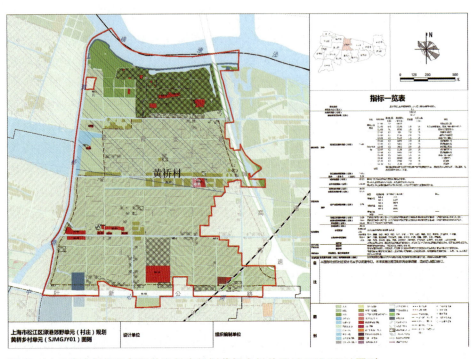

图 18-4 | 上海市松江区郊野单元村庄规划黄桥乡村单元（SJMGJY01）图则

图 18-5 | 浦东新区和松江区部分村设计方案(过程效果图)

18.4.5　做好规划实施配套政策设计

市政府统筹加强乡村规划土地管理配套政策的顶层设计,先后印发《关于推进本市乡村振兴做好规划土地管理工作的实施意见》(沪府办规〔2018〕30号)、《关于切实改善本市农民生活居住条件和乡村风貌进一步推进农民相对集中居住的若干意见》,并修订颁布《上海市农村村民住房建设管理办法》(市政府〔2019〕第16号令),细化明确农民相对集中居住、村民建房等配套土地管理政策和路径。

18.5　启示

实施乡村振兴战略,做好规划和土地资源的管理和服务工作必不可少。上海作为超大型城市,在推进乡村规划编制和实施规划过程中注重了几方面的内容:一是以多村庄为单元统筹各类国土空间资源,落实上位规划管控要求,保证了总体规划战略在乡村地区详细规划层面的传导落地,同时在空间上落实保障了全市乡村振兴战略规划的发展目标;二是结合上海实际自然地理特征和城市极化效应的影响,在以"促进农民相对集中居住、改善农民居住生活质量、塑造良好的生态基底"为主要原则的基础上,分区确定规划重点内容和技术路径;三是切实做到"规土合一",统筹推进规划编制和规划实施配套土地政策的研究与制定,推进城乡的自然资源管理工作的精细化。这些经验可以对全国其他超大城市或大城市的村庄布局规划或乡村建设发展起到启示和借鉴作用。乡村地区情况复杂,历史遗留问题多,多元空间叠加,多重领域叠合,刚性管控与弹性选择交织,诸多瓶颈和难点也并非通过规划的编制而一蹴而就地彻底解决,本文前述的问题分析和解决策略也难免挂一漏万,下一步,还需要政府、市场、集体经济组织、市民、农民等各方积极参与,通过智慧下乡、资本下乡、情怀下乡,持续助力乡村的发展,共建江南田园,才能真正探索并走出具有上海特色的乡村振兴之路。

参考文献

[1] 顾守柏,谷晓坤,刘静等.上海大都市土地整治.上海交通大学出版社,2019.
[2] 何灵聪.城乡统筹视角下的我国镇村体系规划进展与展望[J].规划师,2012(6):5-10.
[3] 李王鸣,江勇.结构快速变动下村庄规划编制研究——以浙江省村庄规划编制实践为例[J].城市规划,2012(3):90-96.

［4］上海 2035 总体规划［R］.2017.

［5］上海市规划和国土资源管理局,上海市城市规划设计研究院.上海郊野单元规划探索和实践［M］.同济大学出版社,2015.

［6］上海市规划和自然资源局.上海江南水乡传统建筑元素普查和提炼研究［R］.2018.

［7］上海市规划和自然资源局.上海市郊野乡村风貌规划和设计建设导则(一)［R］.2018.

［8］文锐.农村宅基地空间布局调整模式探索及分配政策重构——基于宁波市镇海区村庄布局规划的剖析［D］.浙江大学博士学位论文,2010.

［9］吴燕.全球城市目标下上海村庄规划编制的思考［J］.城乡规划,2018(1):84-92.

［10］赵之枫,范霄鹏,张建.城乡一体化进程中村庄体系规划研究［J］.规划师,2011(21):211-215.

［11］周晓娟.城乡统筹背景下上海市村庄体系规划研究的思考［J］.上海城市规划,2016(2):118-123.

土地利用

TUDI LIYONG

19 上海市黄浦江滨江地区土地利用与公共活动大数据分析*

19.1 引言

黄浦江沿岸地区规划范围为吴淞口至闵浦二桥之间的黄浦江两岸流域,长约61公里,进深约2～5公里,总面积约201平方公里(注:本文研究范围在规划范围的基础上外扩1公里,故后文用地统计面积比上述规划面积略大),包括浦东新区、宝山区、杨浦区、虹口区、黄浦区、徐汇区、闵行区、奉贤区8个行政区的滨江区域。黄浦江沿岸地区是上海城市的"主动脉",对本市建设成为"卓越的全球城市"的战略意义极为重大。2017年12月31日,黄浦江滨江45公里岸线的公共空间正式全线贯通。根据市委市政府"先贯通、后提升"的战略部署,黄浦江滨江地区已进入提升阶段。开展提升工作,首先要了解滨江地区的用地现状、公共活动基本情况,本文基于用地现状资料和手机信令大数据对此进行了综合分析。

19.2 分析目标

黄浦江沿岸地区面积广大、用地类型多样、开发建设活动极为复杂,为客观了解黄浦江沿岸地区人群活动与使用规律,应采用大数据作为技术手段,分析活动的人群特征与活动规律,进而了解滨江地区的土地利用情况。本文主要分析目标有以下3个。

① 滨江沿岸地区用地类型现状。基于2018年年底的现状用地勘查数据(上海建坤信息技术有限责任公司提供),分析现状用地类型、规模与空间分布情况。

---

* 杨博,男,硕士研究生,高级工程师,国家注册城乡规划师,上海市园林科学规划研究院规划研究所规划技术主管。主要研究方向:城乡生态空间规划。

② 滨江沿岸地区公共活动空间分布。基于联通手机信令大数据(智慧足迹数据科技有限公司提供),分析滨江地区公共活动的类型、人群空间分布、人群来源地等情况。

③ 滨江沿岸地区用地类型与公共活动特征分析。基于前两个目标的数据分析的初步成果,进行数据图层叠加,分析不同类型用地的公共活动特征。

19.3 滨江地区现状用地情况

19.3.1 用地标准

根据研究需要,用地分类标准采用《城市用地分类与规划建设用地标准GB50137—2011》,据此进行各级用地类型的划分;结合分析需求,细分研究所需用地(见表19-1),结合滨江地区实际用地情况,分三个步骤选出(用地类型为"＊"标注的用地),通过调查编辑形成用地类型GIS矢量图层(见图19-1)。

表19-1　用地类型选择表(注:本文表格皆为作者自绘)

Ⅰ.按城乡中类分类		Ⅱ.按城乡小类分类		Ⅲ.按城市大类分类	
H1	城乡居民点建设用地			A	＊公共管理与公共服务用地
H2	＊区域交通设施用地			B	＊商业服务业设施用地
H3	＊区域公用设施用地			G	＊绿地
H4	特殊用地	H11	城市建设用地	M	＊工业用地
H5	采矿用地			R	＊居住用地
H9	其他建设用地			S	＊交通设施用地
E1	＊水域			U	＊公用设施用地
E2	＊农林用地			W	＊物流仓储用地
E3	＊其他非建设用地	H14	＊村庄建设用地	村庄建设用地不作细分	

注:根据滨江地区现状用地情况,挑选出符合研究需求的用地类型,以"＊"标注。

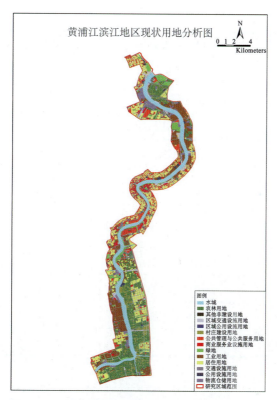

图 19-1 | 黄浦江滨江地区现状用地分析图

注：本文图片皆为作者自绘

19.3.2 现状用地统计

根据滨江地区现状用地情况，挑选出符合研究需求的用地类型如下，用地规模与占比详见表 19-2 和图 19-2。

表 19-2 研究遴选的用地分类统计表

序号	用地代码	用地类型	面积（公顷）	比例
1	E1	水域	3 959	15%
2	E2	农林用地	3 889	14%
3	E3	其他非建设用地	5	0.02%
4	H2	区域交通设施用地	782	3%

续表

序号	用地代码	用地类型	面积(公顷)	比例
5	H3	区域公用设施用地	33	0.12%
6	H14	村庄建设用地	1 055	4%
7	A	公共管理与公共服务用地	1 225	5%
8	B	商业服务业设施用地	1 219	5%
9	G	绿地	1 594	6%
10	M	工业用地	3 282	12%
11	R	居住用地	4 112	15%
12	S	交通设施用地	4 791	18%
13	U	公用设施用地	222	1%
14	W	物流仓储用地	869	3%
		合计	27 039	100%

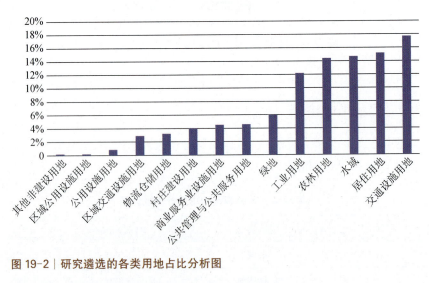

图 19-2 | 研究遴选的各类用地占比分析图

根据用地功能,对上述用地进行归类,将用地分为 8 类,详见表 19-3 和图 19-3。

表 19-3　按功能归类的用地分类统计表

公用设施	公用设施用地	0.8%
	区域公用设施用地	0.1%
	小计	0.9%
绿地	绿地	5.9%
商业设施	商业服务业设施用地	4.5%
	公共管理与公共服务用地	4.5%
	小计	9.0%
非建设类	水域	14.6%
	其他非建设用地	0.02%
	小计	14.7%
居住类	居住用地	15.2%
工业仓储	工业用地	12.1%
	物流仓储用地	3.2%
	小计	15.4%
村庄农用类	农林用地	14.4%
	小计	18.3%
交通类	区域交通设施用地	2.9%
	交通设施用地	17.7%
	小计	20.6%

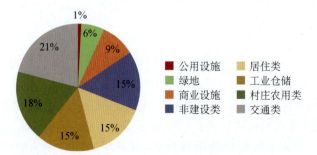

图 19-3 | 按功能归类的基本用地类型占比分析图

滨江地区的按功能归类的基本用地类型占比较为平均，交通类、工业仓储、居住类、村庄农用、非建设类用地的占比较多且比例十分接近，为14%～21%，五项合计约占滨江地区总体用地的84%。商业设施(9%)、绿地(5.9%)、公用设施(0.9%)三类用地的占比较少，三项合计约为滨江地区总体用地的16%，滨江地区作为上海最发达的地区，支柱产业应以第三产业为龙头，但在用地方面，尚未形成与之相适应的用地分配比例。

现状能够提供公共户外活动空间的绿地(5.9%)占比最少，滨江地区开展公共活动的空间十分有限，潜在地限制了滨江公共活力的进一步提升，也会影响滨江地区第三产业的提质升级。有潜力提供公共户外活动的用地类型还包括村庄农用类用地中的农林用地(14.4%)，结合绿地(5.9%)，合计能够为滨江地区带来约20%的户外公共活动空间。作为对比参照，与本市工业项目绿地率20%、商业项目和居住项目的绿地率35%相比，滨江地区户外公共活动空间的用地比例仍旧偏低。可以预见，工业仓储(15.4%)的进一步梳理和腾退，应是未来能够提升滨江地区公共活力的最具潜力空间。

19.4　手机信令大数据分析

本文基于2018年5月7日至5月20日连续两周的上海市联通手机信令数据。手机信令数据连续采样时间跨度长、人群特征数据多，一般能够反映最小空间范围250米矩形网格内的人群活动规律，满足本文对滨江沿岸地区公共活动分析的最小空间尺度需求。数据通过质量验证分析，每天有效基站占比达95%以上，数据完整可靠。本文对滨江地区公共活动的基本类型、活动热点地区的空间分布、市域关联度空间梯度等情况进行了分析，采用250×250m网格进行分析，研究范围为《黄浦江两岸地区公共空间建设三年行动计划(2018—2020年)》公布的单元控规范围外扩1公里的地区。

19.4.1　活动热点地区分析

通过居住、工作、游憩人口的筛分，对研究范围内的居住、游憩人群分布情况进行了分析(见图19-4、图19-5)。图19-4、图19-5分别为5月7日(周一)、5月12日(周六)的居住、游憩人群分布图，两周内其余各日分析结果与这两日的情况总体一致，故采用这两日进行活动分布分析。图例中，居住、游憩人数为当日单个网格中联通手机用户的出现次数，联通手机用户约占全部手机用户的30%，具有抽样调查的统计学意义。

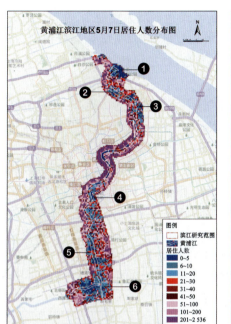

图 19-4 | 黄浦江滨江地区 5 月 7 日(周一)、5 月 12 日(周六)居住人口分布图

图 19-5 | 黄浦江滨江地区 5 月 7 日(周一)、5 月 12 日(周六)游憩人口分布图

图 19-4 和图 19-5 中蓝色区域人数最少,紫色区域人数最多,红色区域人数居中。图例采用三个色相、九种颜色表示人数数量分级,从低到高分别为蓝色、红色、紫色,每个色相再由浅到深细分三种颜色,通过色相、明度的差异,表示人数数量分级。

分析结果显示,滨江沿岸地区居住、游憩活动总体极为活跃,尤其是滨江中段,45公里已贯通段,形成了明显的热点地区。居住人数分布最少的地区由南至北,分别为:①浦东新区滨江森林公园区域;②杨浦区军工路上海集装箱码头;③浦东新区高行工业园区;④浦东新区前滩、后滩公园区域;⑤闵行区吴泾镇工业园区域,以及⑥"黄浦江第一湾"区域(浦东、闵行、奉贤)分布有大量农林用地的区域。游憩人数分布最少的地区由南至北,分别为:①浦东新区滨江森林公园区域;③浦东新区高行工业园区;⑤闵行区吴泾镇工业园区域;⑥"黄浦江第一湾"区域。居住、游憩人数分布最多、最广的区域,集中在中段45公里已贯通段,其余各段也有少量集中热点地区,如宝山区吴淞街道、浦东新区三林地区、闵行区紫竹高新区等。

19.4.2 市域关联度分析

居住、游憩人数的热点地区分析以活动人数为分析依据,不含活动人群的来源地信息,因此还不能反映滨江某区段对全市的服务范围,即滨江某区段是服务所在区、周边区还是全市各区。通过游憩人群的来源地,可以了解滨江某区段和全市各区的关联度,某区段的游憩人群来源地越多,说明该区段的服务范围越广,间接可知该区段与本市各区的关联程度越高,本文据此进行了滨江地区市域关联度分析(见图19-6和图19-7)。

图中蓝色区域表示游客来源地最少,红色区域表示游客来源地最多。图例分级为1~16,如某网格区域的游客来自1个区,用蓝色表示,

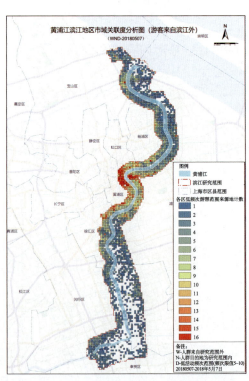

图 19-6 | 滨江地区市域关联度分析图(游客来自滨江外)

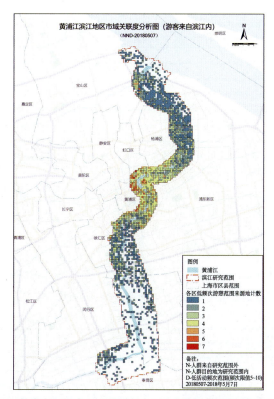

图 19-7 | 滨江地区市域关联度分析图(游客来自滨江内)

如果游客来自16个区,用红色表示。分析结果显示,滨江沿岸地区的市域关联度呈现出明显的空间梯度,中段45公里贯通段的市域关联度最强,其余区段的市域关联度较弱,说明45公里贯通段的服务范围最广,其余区段大多仅对自身所在区或临近区进行服务,市域关联度较弱。滨江地区规划定位为本市核心功能承载空间,目前虽然公共活动十分活跃,但还有很多区域需进一步提升服务能级、扩大服务辐射范围。

19.5 用地类型与公共活动分布分析

为进一步探求用地类型与公共活动热点分布之间的内在联系,本文将活动热点地区分析成果与滨江现状用地情况进行了叠加分析。首先将活动热点地区的热力梯度简化为三级,即每网格手机用户分别为0~20人、21~50人、50人以上;然后求三个梯度范围内的用地类型及面积规模,统计结果见图19-8、图19-9

（以5月7日居住、游憩活动为例）。

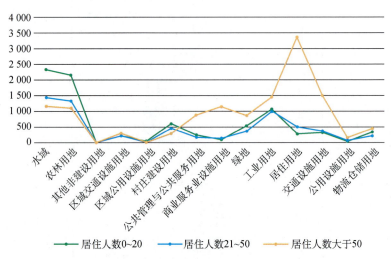

图19-8 | 滨江地区居住热点地区汇总用地类型分析图

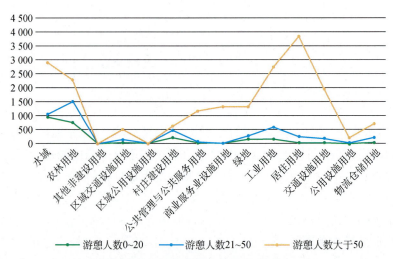

图19-9 | 滨江地区游憩热点地区汇总用地类型分析图

由图19-8和图19-9可见，热点地区的用地类型与其他地区有明显差别，最突出的差别在于八类用地，分别是居住用地、工业用地、交通设施用地、公共管理与公共服务设施用地、商业服务设施用地、绿地、水域和农林用地。其中，前六种用地的规模与居住、游憩活动呈正比；后两种用地与居住活动呈反比，与游憩活动呈正比。

19.6 小结和展望

通过现状用地与大数据分析,可以从侧面了解到黄浦江滨江地区开发利用现状的基本情况。一是滨江地区用地分类总体较为平均,单从用地类型和面积规模来看,难以判定主导功能,这与滨江地区仍处于转型发展阶段有关;二是滨江地区公共活动极为活跃且活动分布极为广泛,形成了连接成片的热点地区,45公里贯通段是最核心的热点地区,其他区域也分布有规模相对较小的热点地区,说明滨江整体发展势头极好;三是滨江地区的市域关联度呈现明显的空间梯度分布,45公里贯通段市域关联度较高,其他区域普遍较低,与活动热点地区分析形成了鲜明的对比,说明不同区段的发展水平和服务能级差异较大,还有很多区域需进一步提升服务能级、扩大服务辐射范围;四是用地类型对公共活动热点地区的影响极为明显,通过用地类型与不同热力梯度的活动区域进行叠加分析,可以明显看出热点地区用地的主导类型,其中八类用地与活动热点地区的联系最为紧密,是影响公共活动发生的主要因素之一。

通过上述分析,本文期待能够起到抛砖引玉的作用,为滨江地区未来规划提供一定的研究辅助信息。在土地整理和用地规划方面,建议未来规划根据不同区段的规划定位,合理选择与主导功能相适应的用地类型,应在了解现状公共活动空间分布格局的基础上,有序引导公共活动的空间布局和发展方向,促进滨江地区协同发展、提升系统能级。用地是社会经济发展的基本生产要素,用地类型组合需适应公共活动的发展规律,才能获得最理想的实际效果,未来研究应加强先进技术手段的综合应用,进一步提升黄浦江滨江地区的科学发展与可持续发展!

参考文献

[1] 刘祎绯.城市历史景观锚固与层积:认知和保护历史城市[M].科学出版社,2017:39-40.
[2] 上海市规划和国土资源管理局.黄浦江、苏州河沿岸地区建设规划(公众版)[EB/OL].
[3] 上海市人民政府.上海市城市总体规划(2017—2035)文本[EB/OL]. http://www.shanghai.gov.cn/newshanghai/xxgkfj/2035002.pdf.
[4] 杨博,郑思俊,李晓策.城市滨水空间运动景观的系统构建——以美国纽约和上海市黄浦江滨水空间规划建设为例[J].园林,2018(8):7-11.
[5] 张乃清.申浦湾角:吴泾镇历史文化图志[M].上海市闵行区非物质文化遗产保护中心,2017.
[6] 邹钧文.黄浦江滨江公共空间贯通策略研究——以黄浦区为例[J].城市建筑,2015(11):55-56.

20 上海农地流转市场化发展的思考*

20.1 引言

党的十九大报告首次提出"乡村振兴"战略,其中产业兴旺不仅是乡村振兴的核心,也是我国经济建设的核心。而农村土地流转作为产业兴旺的关键,不仅可以实现农业现代化的规模化经营,提高农业全要素生产率和农业竞争力,还可以转移农村剩余劳动力,赋予经营者活力。但是与我国城市土地市场相比,农地较为碎片化,土地产权也不够明晰,土地市场发展缓慢,相应制度体系有待完善。为此,国家实行了一系列农地制度改革及相关政策来推进农村农地市场的建设和发展,以促进农地和农村劳动力的有效配置。从 2014 年 11 月,中共中央办公厅、国务院办公厅联合印发《关于引导农村土地经营权有序流转发展农业适度规模经营的意见》,到 2016 年 8 月中共中央审议通过了《关于完善农村土地所有权—承包权经营权分置办法的意见》,无不体现国家对农村土地市场的高度重视与探索。当前学者对农地流转市场的研究可概括为三类:一是农户农地流转的意愿及其影响因素的研究,如主要探究了农业税费改革、土地确权及农地流出主体的兼业化等个人特征和劳动力转移对农地流转的影响;二是农户农地流转对其福利效应及生产效率影响的研究,如详细研究了农地流转对农业生产效率、粮食产量及农户收入的影响;三是基于制度变迁,着重研究我国今后农地流转制度改革的方向及农地流转市场发展的出路。诸研究多以促进土地流转和农民增收为中心,推动农村土地流转市场化发展。

农地流转是农户在农村土地市场追求自身利益最大化的一种市场交易行为,市场调节的土地流转机制实质是把经营权作为商品,根据土地价格的信号自由进入土地市场,这就能让土地在效益原则驱动下,及时转移到最合适的使

---

* 马佳,博士,研究员,上海市农业科学院信息所农经室主任,上海市土地学会常务理事。主要研究方向:土地经济、都市农业经济理论与政策。

用者手中,用于最佳效益的项目使土地流向与市场需求相适应,以实现社会资源和生产要素的优化配置。然而土地流转问题不仅仅是土地流入和转出问题,还涉及转出农户的非农就业和社会保障问题,转入农户规模经营的资金需求和盈利问题,以及土地供需双方的交易成本问题。因此,在推进农村土地市场化的发展过程中,必然会面对政府与市场的边界问题。而上海市作为我国改革开放的排头兵,无论是城镇化率还是土地流转率都位居国内前列,十分接近发达国家的水平,因此对其农地流转市场现状及瓶颈的剖析,不仅有利于厘清农地流转中政府与市场的职责定位,更是对引领建设和统筹国内农地流转市场具有重要意义。基于此,本文通过对上海土地流转市场现状的分析,深入剖析上海地区农村土地流转市场化发展所遇到的关键性问题,并提出相关建议。

20.2 上海农地流转市场的现状

20.2.1 上海农地流转规模及流转率

近年来,在市区政府的大力支持下,郊区农村承包土地流转规模稳步上升。农地流转面积占家庭承包地总面积从 2012 年年底的 64.3% 上升至 2017 年年底的 85.2%。2012—2017 年上海市承包地流转面积如图 20-1 所示,其中确权面积为确权确地面积与确权确利面积之和,等于家庭承包地面积。

图 20-1 | 2012—2017 年上海市承包地流转面积(单位:公顷)

从区级层面来看,从 2012—2017 年,各区承包耕地流转面积占比情况如表 20-1 所示。

表 20-1　2012—2017 年上海市涉农区承包地流转面积占比

	2012 年	2013 年	2014 年	2015 年	2016 年	2017 年
闵行区	3.44%	3.37%	3.09%	3.13%	2.92%	2.27%
嘉定区	12.67%	11.87%	10.76%	10.54%	8.37%	7.62%
宝山区	2.62%	2.59%	1.76%	1.76%	1.68%	1.42%
浦东新区	9.00%	9.42%	12.88%	13.73%	13.06%	12.60%
奉贤区	11.99%	7.59%	9.19%	8.67%	11.94%	12.12%
松江区	8.44%	8.63%	6.43%	6.22%	5.94%	7.50%
金山区	18.33%	19.53%	18.66%	17.99%	16.57%	17.03%
青浦区	13.82%	11.29%	10.83%	10.81%	9.92%	9.82%
崇明区	19.69%	25.70%	26.41%	27.13%	29.61%	29.61%

从土地流转率角度来看，2017 年流转率为 85.2%，远超全国平均 35% 的流转率。从区位角度看，近郊区流转率较高，中远郊区流转率较低。截至 2017 年，流转率超过 95% 的有嘉定区、宝山区、松江区，而浦东新区、奉贤区、青浦区及崇明区等中远郊区其土地流转率相对较低，分别为 79.2%、81%、87.5% 和 75.9%，但也远超同期国内土地平均流转率。这是因为近郊区的城市化程度较中远郊区高，其二三产业有更多的就业机会，农户继续从事农业生产的机会成本较高，因此农户进行转产转业及土地流转的意愿较强。

20.2.2　农地流转形式及流入主体

从农地流转后的经营情况来看，流转主体不断丰富。截至 2017 年年底，流入方经营主体分别为农户占 22.7%，专业合作社占 25.7%，企业占 12.3%，流入其他主体的占 39.2%，其中其他主体包括家庭农场、合作农场等其他组织形式的经营主体。其他经营主体的占比从 2012 年的 24.5% 增长到 2017 年的 39.2%，实现了年均 2.94% 的增长率，流入企业的规模虽然相对较小，但也是逐年递增；相反，流入农户的面积在近几年有下降的趋势，从 2012 年的占比 26.0% 降到 2017 年的占比 22.7%，流入专业合作社的面积相对较稳定。流入不同经营主体面积的变化，在一定程度上是上海农业政策变化的体现。上海市农业的发展目标为深度融合农业一二三产业，发展现代化的都市农业，因此其优先发展对象为家庭农场、合作社及龙头企业等新型农业经营主体，家庭农场及企业等经营主体的流入面积不断扩大，形成了农户、家庭农场、合作社及龙头企业等多个经营主体的经营模式。具体情况如图20-2所示。

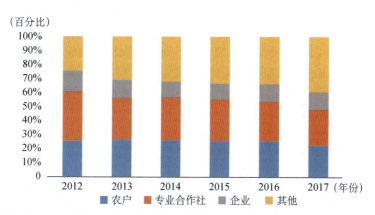

图20-2 | 2012—2017年上海市承包耕地流入主体

相较于流入主体的多元化,上海市承包地的流转方式则略显单一,其承包耕地的流转主要以出租为主,其占比越来越高,截至2016年年底,耕地出租的面积占总流转面积的75.5%。其他流转方式诸如转包、转让、股份合作等其他方式占比较小,且逐年减少。其中,2016年首次出现了承包耕地的互换,虽然占比不大,但体现了农村土地流转市场的进步与日益完善,具体情况如图20-3所示。

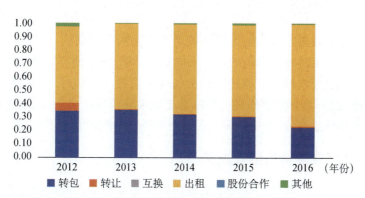

图20-3 | 2012—2016年上海市承包耕地流转形式汇总

20.2.3 流转合同签订情况

除了土地流转面积之外,还应关注土地流转的规范性,而土地流转合同的签订不仅有利于规范农村土地流转行为,保障发包方及承包方的利益,更有利于对农地流转信息的登记及管理。从签订耕地流转合同份数看，2012—2017 年，流转合同份数年均下降 6.66%，但签订流转合同的耕地流转面积却是逐年递增。2012—2017 年，年均每份流转合同面积增长率达 4.98%，极大地促进了上海市农村土地流转的规模化及经营的规模化。而随着农村土地流转公开交易市场的建设，土地流转平台交易量也越来越大，其中，2017 年网签耕地流转合同数占比同年合同总数的 25.4%，占比同年流转合同总面积的 52.2%，农村土地流转公开交易市场初显成效。

20.2.4　仲裁机构队伍建设情况

据调研了解，上海市 9 个涉农区均全部成立了区级农村土地承包仲裁委员会，每年仲裁委员会人员数在 120 人左右，其中农民委员人数在 20 人左右，占总委员人数的 1/6 左右，且每年均有相当部分的专职人员数、聘任人员及仲裁委员会日常工作机构人，上海农村土地承包经营纠纷调解仲裁体系已形成。截至 2017 年年底，仲裁委员会数达 24 个，区级仲裁委员会数 9 个，仲裁委员会人员数 128 人，其中农民委员人数 20 人，仲裁委员会日常工作机构人数 56 人，其中专职人员 9 人。

20.3　农地流转市场的关键性问题

虽然上海市农村土地流转市场的发展水平位居全国前列，但这主要是在政府的一系列土地流转补贴政策的主导下推动的结果，在土地流转市场发展初期，政府主导对于引导农村产权流转交易市场健康发展，保障农民和农村集体经济组织的财产权益，具有重要作用。但随着土地流转市场的发展，政府这种"家长式"管理，弊端日益凸显，严重阻碍了农村要素资源的配置和利用效率。

20.3.1　土地要素价格信号模糊

无论是农业供给侧结构性改革的提出抑或是乡村振兴战略的实施，都离不开现代农业规模化经营。上海市的高流转率与高的流转补贴政策息息相关，表 20-2 为对上海市涉农区土地流转主要相关政策的梳理。

在市政府的大力扶持及政策导向下，各区均因地制宜地发展出内容形式各异的土地流转补贴政策，或将土地流转补贴与农户退休养老金挂钩，或者土地流转补贴以土地流出农户为主，或者土地流转补贴以土地流入主体为主，各区间补贴标准及内容形式迥然不同，极大地促进了各区承包耕地的流转，使得流转率不断提高。在农村土地流转市场发展初期，这种差异化的区级土地流转补贴政策对农村土地流转市场的形成和发展至关重要，但同时也造成了土地流转市场中土地要素真实价格的扭曲。市场调节的土地流转机制实质是把经营权作为商品，靠价格配置土地要素，这就能让土地在效益原则的驱动下，及时转移到最合适的使用者手中和最佳效益的项目之下，使土地流向与市场需求相适应，以实现社会资源和生产要素的优化配置。但各区间差异性的土地流转补贴政策使得土地流转价格存在明显的地区差异性，扰乱了土地要素的真实市场价格，使得农地不能作为要素，根据土地流转价格的信号在土地流转市场自由地跨区流转，即使能够跨区流转也不能同市同价。

表 20-2 上海市涉农区土地流转主要相关政策

涉农区	年份	文件名称	主要补贴	补贴对象
青浦区	2013	《关于2013年度农村土地承包经营权委托流转奖励补贴标准和最低指导价的通知》	对符合要求的委托流转，区政府给予200元/亩的奖励补贴。委托流转最低指导价1 000元/亩（含区政府补贴资金）	土地流出方
嘉定区	2016	《上海市嘉定区人民政府关于2016年继续提高承包地流转后退休农民养老生活补贴的通知》	2016年承包地流转后退休农民的养老生活补贴每人每月增加50元，为每人每月347.5元	土地流出方
松江区	2018	《松江区家庭农场考核奖励实施意见》	以奖代补，对符合标准的全区家庭农场，每亩200元	土地流入方
宝山区	2014	《关于进一步稳定和完善本区农业规模经营的补充意见》	土地流转价格不低于1 300元/亩，规模种植粮食、蔬菜的单位每亩补贴1 100元/亩，规模种植林地、果树的每亩补贴900/亩，水产规模化养殖每亩补贴900/亩，蔬菜规模经营的单位和组织，本地农民工每人工资补贴1 000元/月	土地流入方 土地流出方
闵行区	2016	《闵行区人民政府关于印发推进闵行区生态农业发展若干政策意见的通知》	土地流转价格不低于1 800元/亩，政府补贴1 000元/亩，经营主体出资不低于800元/亩	土地流出方 土地流入方

续表

涉农区	年份	文件名称	主要补贴	补贴对象
崇明区	2018	《上海市崇明区人民政府办公室关于转发区农委制定的本区加强农村土地流转管理办法的通知》	土地流转价格以不低于政府指导价(600斤稻谷收购最低保护价)为标准,30亩以上的连片经营,每亩每年补贴500元,不超过两年	土地流出方 土地流入方
奉贤区	2016	《奉贤区引导农村土地经营权有序流转发展农业适度规模经营的实施意见》的通知	委托村集体流转的每亩每年补贴200元,对水稻生产面积及粮食规模化经营主体,根据考评,予以每年每亩300~500元奖励,家庭农场奖励不超过10万元,粮食合作社超过200亩部分考核奖励减半,村级集体经济组织无面积限制	土地流入方 土地流出方
浦东新区	2017	关于印发《浦东新区关于进一步加强农村土地承包经营权流转管理的工作意见(试行)》的通知	流转合同信息录入"上海市农村土地承包经营信息管理系统"的,给予承包农户1 000元/亩/年的补贴	土地流入方
金山区	2016	《2016年金山区农业补贴政策一览》	进入"上海市农村土地承包经营信息管理系统"的土地承包经营权流转补贴每亩提高到100元	土地流出方

20.3.2 对流转土地用途的行政干预

随着城市人口不断导入呈刚性增长态势且耕地面积不断减少,为了降低粮食对外依存度,保障上海粮食安全,上海每年要完成粮食生产任务,这对流转土地的用途有着极强的政策导向,2018年其目标为重点建设5.33万公顷粮食生产功能区,功能区内高标准农田占比达到90%以上。2012年,流转用于种植粮食作物的面积达3.67万公顷,占总流转面积的45.6%,截至2017年年底,流转用于种植粮食作物的面积达4.95万公顷,占总流转面积的50%(见图20-4)。每年土地流转用于种植粮食作物的面积规模及占比越来越大,是否保障了上海市粮食的自给率呢?以2017年为例,全年上海市粮食产量89.2万吨,同期需求量为600万吨以上,自给率不足15%,同期全年全市农作物播种面积28.09万公顷,粮食播种面积11.87万公顷,即便将农作物播种面积全部换成粮食播种面积,其换算结果的自给率也仅35%左右,供需缺口依然巨大。而且上海市土地流转租金普遍1 000元/亩·年以上,按亩产600千克,每千克3元算(而2018年稻谷最低收购价中最高价为粳稻1.3元/斤),一亩1 800元,除去租金、人员工资及农资等费用,利润较少。而且粮食生产周期长,复种指数低,是典型的土地密集型产品,其收入弹性和价格弹性都很低,城市居民收入的快速提高对粮食消费及价格的带动非常有限。

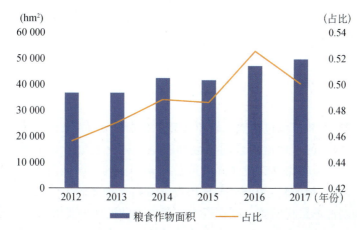

图20-4 | 2012—2017年上海市流转用于种植粮食作物面积及占比

即便在上海这么高的流转补贴及种粮补贴政策的引导下,每年的粮食种植面积及粮食产量也是逐年降低,说明通过土地流转市场流转来的土地,种粮并不是其自身利益最大化的自发行为。政府一方面通过土地流转补贴政策抬高土地流转租金,一方面又鼓励农民种植利润较低的粮食作物,这两者本身不仅自相矛盾,更是难以达到促进农民增收的目的。而且此类太高土地流转租金的政策若不能持续供给,就会严重地影响流转主体流转的积极性和收益,经营主体为谋求利益的最大化而进行多次流转,进而导致农地撂荒甚至非粮化的风险,最终造成流转市场的混乱。

20.3.3 本地土地流转市场的进入壁垒

虽然农村土地流转公开交易市场坚持依法、自愿、有偿,以农民为主体,政府扶持引导,坚持公开、透明、规范,农村土地流转信息要通过交易平台发布,流转价格可在相关机构指导下公平竞争,鼓励通过投标定价、竞拍定价等多种形式获得农村土地经营权,但是土地流转过程中"排斥"外地人的现象屡见不鲜。新型农业经营主体如家庭农场、合作社及龙头企业等不仅是市政府重点培育发展对象,也是土地流入的主要主体,面对其他竞争者,他们不仅能更快地拿到优质地块,且能享受到更多的补贴和贷款贴息等优惠政策,而且蔬菜规模经营的单位和组织,本地农民工每人工资补贴1 000元/月,但仅上海本地人才有资格申办家庭农场和合作社,外地来沪从事农业生产经营的人并没有相应补贴。这种户籍歧视制度,严重抑制了农业人才的流动,即便外地人拿到地,在面临如此高的土地流转费用时,生产成本骤升,也要么选择退出,要么过度使用土地,而忽视地块的修复与保养问题,等到了流转期限,这些农地质量已遭受相当程度的损坏,难以用于粮食生产。

20.4　两点建议

　　从以上对上海市承包耕地流转市场现状的分析可见,无论从承包耕地流转率角度还是签订的耕地流转合同份数抑或是农村土地公开交易平台建设等角度,上海市土地流转市场建设毫无疑问位居全国前列。但是由上海市政府主导和推动的农村土地流转,并没有发挥市场在农村土地流转公开交易中的主导作用,以实现资源的最优配置。现在资本和劳动力已经获得要素的身份,能够在市场上比较平等,比较自由地追求自身价值的最大化,以促进整体经济的效率和产值。但是在土地流转市场上,户籍歧视限制了农业劳动力要素的自由流动,各区间迥异的补贴政策扭曲了土地市场价格,从而极大地抑制了土地要素的跨区流动。而且,现代农业的规模化生产经营,规模化是基础,生产经营是关键,政府应该明晰土地流转的目的是规模化经营以促进农民增收,不能片面地追求土地流转规模,应有清晰的土地流转市场发展规划。总之,土地流转问题并不是简单的土地流入和转出问题,它既包含土地流出主体市民化及再就业问题和土地流入主体适度规模的现代化经营问题,更是我国实现农业现代化和乡村振兴的基础所在。因此各地方应根据土地流转市场发展阶段的不同,及时调整政策供给,厘清政府与市场的职能界限,让土地在效益原则的驱动下,及时转移到最合适的使用者手中和最佳效益的项目之下,使土地流向与市场需求相适应,以实现社会资源和生产要素的优化配置。最后,针对上海市农地流转市场存在土地要素价格信号模糊、对流转土地用途的行政干预及本地土地流转市场户籍歧视等问题,提出以下建议。

20.4.1　加快建设市级农村土地流转公开交易市场

　　虽然上海市九个涉农区都拥有着较高的土地流转率,但是其农地流转补贴政策供给存在着明显的地区差异性，这种以地理位置分割，带有明显行政色彩的区级补贴政策严重扭曲了土地要素的真实市场价格，限制了农业劳动力的自由流动，而且各区间割裂的土地流转交易市场无法提供全市性的、统一性的并且真实的价格信号，导致土地要素配置的扭曲，并引致其他要素的错误配置。目前各区耕地基本情况及经济水平不尽相同，建立统一流转标准和市场还为时尚早，但可先建立全市流转信息共享平台，以推进全市流转信息的互通共享，还可建立土地流转的信用档案以监控和规范土地流转双方的行为，促进农地流转市场化发展。待时机成熟，可依托上海农业要素交易所的网络交易平台和涉农区乡镇农村土地流转管理服务中心，在全市基本建成规范有序、信息快捷、网络健全、公平合理的农村土地流转公开交易市场，以促进土地要素和劳动力要素的自由流动。

20.4.2　探索建立种粮指标流转市场

上海市的粮食生产任务旨在落实国家粮食安全战略，这种企图通过增加粮食种植面积以消除上海市粮食巨大的供需缺口实属伪命题，即便将农作物播种面积全部换成粮食播种面积，其换算结果的自给率也仅35%左右，粮食产量有限且供需缺口依然巨大。应该以市场为导向，在放开流转土地种粮用途管制的同时，积极探索种粮指标的跨省流转，同样一亩地种粮的补贴相对于上海的种粮成本而言可能不高，但对于外省而言却是一笔很大的补贴。因此，应该探索并建立全国范围内的种粮指标流转市场，自给率供过于求或者粮食产量高的地方可在市场上出售其种粮面积，而自给率不足或粮食产量不高的地方可根据本省市内的种粮补贴向市场上购买种粮面积，并依据本省市补贴标准对指标流出省市的农民进行补贴，被购买的种粮产量也当被核算进购买省市的当年粮食产量。这既解决了流入主体的经营增收难题，也在宏观上保障了我国的粮食安全问题。

参考文献

[1] 陈飞,翟伟娟.农户行为视角下农地流转诱因及其福利效应研究[J].经济研究,2015,50(10):163-177.

[2] 陈锡文.新形势下推进农村改革发展的重大意义[J].学习月刊,2008(23):9-12.

[3] 胡新艳.促进我国农地流转的整体性政策框架研究——基于市场形成的逻辑[J].调研世界,2007(9):13-16.

[4] 黄枫,孙世龙.让市场配置农地资源:劳动力转移与农地使用权市场发育[J].管理世界,2015(7):71-81.

[5] 纪永茂.依靠市场调节实现耕地使用权有效流转[J].中国农村经济,1994(11):19-23.

[6] 廖洪乐.农户兼业及其对农地承包经营权流转的影响[J].管理世界,2012(5):62-70,87,187-188.

[7] 林文声,秦明,苏毅清,王志刚.新一轮农地确权何以影响农地流转?——来自中国健康与养老追踪调查的证据[J].中国农村经济,2017(7):29-43.

[8] 罗必良.科斯定理:反思与拓展——兼论中国农地流转制度改革与选择[J].经济研究,2017,52(11):178-193.

[9] 马佳,马莹,王建明.基于农民意愿的国家现代农业示范区农地流转对策——以上海浦东新区为例[J].地域研究与开发,2015,34(6):160-165.

[10] 牛星,吴冠岑.供给侧结构性改革:农地流转市场发展的困境与出路——结合上海调研的思考[J].经济体制改革,2017(3):75-81.

[11] 牛星,吴岳婷,吴冠岑.农地规模化流转对粮食产量的影响——基于上海郊区的实证分析[J].国土资源科技管理,2018,35(2):116-126.

[12] 戚焦耳,郭贯成,陈永生.农地流转对农业生产效率的影响研究——基于DEA-Tobit模型的分析[J].资源科学,2015,37(9):1816-1824.

[13] 宋志红.三权分置下农地流转权利体系重构研究[J].中国法学,2018(4):282-302.

[14] 苏岚岚,何学松,孔荣.金融知识对农民农地流转行为的影响——基于农地确权颁证调节效应的分析[J/OL].中国农村经济,2018(8):17-31.

[15] 文龙娇,李录堂.农地流转公积金制度设想初探——基于农户农地流转意愿视角[J].中国农村观察,2015(4):2-15,95.

[16] 吴莺莺,李力行,姚洋.农业税费改革对土地流转的影响——基于状态转换模型的理论和实证分析[J].中国农村经济,2014(7):48-60.

[17] 徐志刚,谭鑫,郑旭媛,陆五一.农地流转市场发育对粮食生产的影响与约束条件[J].中国农村经济,2017(9):26-43.

[18] 许庆,田士超,徐志刚,邵挺.农地制度、土地细碎化与农民收入不平等[J].经济研究,2008(2):83-92,105.

[19] 游和远,吴次芳,鲍海君.农地流转、非农就业与农地转出户福利——来自黔浙鲁农户的证据[J].农业经济问题,2013,34(3):16-25,110.

[20] 翟黎明,夏显力,吴爱娣.政府不同介入场景下农地流转对农户生计资本的影响——基于PSM-DID的计量分析[J].中国农村经济,2017(2):2-15.

[21] 张建,诸培新,王敏.政府干预农地流转:农户收入及资源配置效率[J].中国人口·资源与环境,2016,26(6):75-83.

[22] 张兰,冯淑怡,曲福田.农地流转区域差异及其成因分析——以江苏省为例[J].中国土地科学,2014,28(5):73-80.

[23] 钟文晶,罗必良.禀赋效应、产权强度与农地流转抑制——基于广东省的实证分析[J].农业经济问题,2013,34(3):6-16,110.

21 乡村振兴战略下的农村"三块地"主要问题博弈及对策[*]

21.1 引言

实施乡村振兴是党十九大作出的战略决策,也是新时代"三农"工作的总抓手。土地作为乡村最重要的生产要素,也是助力乡村振兴的载体和重要资源。改革开放40多年来,随着农村劳动力不断向城镇转移,长久以来积累的土地问题作为中国城镇化的核心问题点,成为改革的重中之重。在新时代背景下,要解决长期以来形成的土地粗放使用、耕地被占用、征地矛盾频发等土地博弈问题,需要在深化农村土地改革的过程中处理好农民与土地的关系这条主线,而破解的关键着力点则在于深刻剖析土地博弈后的问题根源,推进农村"三块地"改革,实现土地资源的配置与利用效益的最大化。

21.2 我国农村"三块地"改革历程研究

土地资源是农村最大的财富之母、农业之本、农民之根。农村土地改革与农民生产生活、乡村产业发展、乡村治理等,是推进乡村振兴的关键环节,关系到农村的稳定与繁荣,同时也影响着主要城镇化进程和农业现代化进程。我国农村土地制度改革可以说经历了冰与火的考验。自中华人民共和国成立到党的十八大以来,经历了农民土地私有制——农村土地集体所有制——家庭联产承包责任制——党的十八后进入"三权"分置(图21-1)等四个发展阶段。2014—2015年,中共中央、国务院先后印发了《关于引导农村土地经营权有序流转发展农业适度规模经营的意见》(2014年11月)和《关于农村土地征收、集体经营性建设用地入市、宅基地制度改革试点工作的意见》(2015年1月)两个重大文件,标志着农村集体土地"三权分置"的开始和我国农村"三块地"改革进入试点阶段。从

---

[*] 桑春,男,管理学硕士,上海同砚建筑规划设计有限公司董事长。主要研究方向:建筑与城乡规划。

2014年开始,中央明确提出用5年左右时间基本完成土地承包经营权确权登记颁证工作。2015年3月,在全国33个地方启动农村"三块地"改革试点。2016年,中共中央办公厅、国务院办公厅印发《关于完善农村土地所有权承包权经营权分置办法的意见》,对"三权分置"做出系统全面的政策规定。

纵观我国农村土地制度改革70多年的发展历程,不难发现,农村土地改革过程实际上也是农村土地问题博弈的过程。从我国政策和实践视角来看,困扰已久的承包地确权问题已在31个省份展开,17个省份已提交基本完成报告,其余省份进入确权收尾阶段,确权面积13.9亿亩。33个改革试点的成功经验被纳入2019年8月通过的《土地管理法》修正案中。从法律层面来看,对农村"三块地"改革做出了多项创新性的规定。从国内学者视角来看,众多学者也一直在关注农村土地改革和农村土地问题,特别是重点关注"三块地"改革问题。

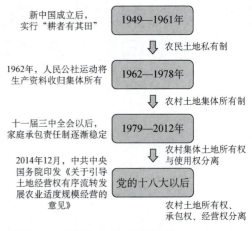

图 21-1 | 农村土地制度改革历程

何为"三块地"?实际上指的是农村土地、集体经营性建设用地以及宅基地(图 21-2)。所谓"三块地"改革指的是土地征收、集体经营性建设用地入市和宅基地制度改革试点。"三块地"改革是我国深化农村土地制度改革的三个重要方面之一,是农村社会经济活动的重要载体,是解决"三农问题"的关键,是我国乡

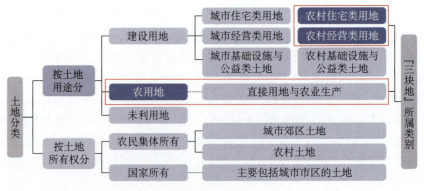

图 21-2 | 我国土地分类及三块地所属类别图

村振兴的重要战略抓手,也是完善农村土地、产业与人和谐发展局面的重要因素。但如何准确领会我国农村土地改革的根本原因、破解改革实践中面临的困难、探索农村土地改革的主要对策路径,就成为了重要的研究课题。因此,通过对农村土地改革历程的系统化梳理,分析农村"三块地"博弈的过程及问题根源,找出解决问题的发展对策,可以为推动乡村振兴提供可借鉴的发展路径与建议。

21.3 农村"三块地"面临的主要问题博弈

博弈论在现实中涉及的方面很多,将博弈论与实际问题结合,是以哲学思维方式推动人类思维模式向前发展的重要方法,通过将博弈论运用到实践中,可以影响人类发展的多个方面。农村土地问题历来与我国过去城镇的快速发展存在博弈,涉及多方利益主体。从博弈论观点看,在城镇化和工业化快速发展的过程中,引发的是城镇建设用地与农用地的"攻守"矛盾的博弈、大量农村闲置用地与土地集约利用的矛盾博弈、集体经营性建设用地入市和农村土地征收制度博弈等问题。这三大主要的土地问题实际上也是各方利益主体"博弈均衡"实现的过程。用博弈论的观点来分析农村"三块地"问题或现象,是研究的基础和基本立场之一。

21.3.1 城镇建设用地与农用地的"攻守"的博弈

土地是城镇建设的基本要求,城镇化建设必然要有一定的土地做支撑,在我国城镇化进程中大规模的土地征收与开发建设占用了大量耕地,而"保护耕地"是我国的一项基本国策,这就形成了城镇建设用地与农用地之间的"攻守"博弈。据2015年5月国家发改委就解读《关于加快推进生态文明建设的意见》的发布会上提出:城市扩张占用的大量土地一半以上是耕地。根据相关专家预计,2020年要达到60%的城镇化率、70%的工业化率,则需要增加1.5亿亩(1 000万公顷)建设用地,而这些用地从哪里来?值得深思。当前我国人均耕地面积早已不及世界平均水平的一半。再加上我国耕地后备资源严重不足,优质耕地减少,耕地质量总体不高,甚至会威胁到我国的粮食安全。

究其根源,还在于农地权属界定相对滞后以及统筹管控的问题。为防止城镇开发对农用地的侵占,划定城市开发边界首次在中央城镇化工作会议上被提出来。2019年确立的国土空间规划体系明确要划定"三区三线",进行资源统筹开发,从整体层面进行管控,也是对农用地与建设用地开发的一种保障。面对新一轮国土空间规划体系,特别是涉及城镇增长边界和农业空间的划定,也将是一个博弈的过程。

21.3.2 农村大量闲置用地与土地集约发展的矛盾

城镇化的初衷是为了提高土地利用效率，实现用地集约发展。但是城镇化在加速城乡要素流动的同时，造成了大量农民成为"两栖人口"，人走地没走，导致我国农村出现空庄、空园、耕地撂荒、宅基地闲置等系列问题，与我国提倡的土地集约发展之间存在着矛盾。根据《中国农村发展报告（2017）》：新世纪第一个10年，农村人口减少1.33亿人，农村居民用地反而增加了3 045万亩。每年因农村人口转移，新增农村闲置住房5.94亿平方米，折合市场价值约4 000亿元。当前我国农村建设用地面积为191 158平方公里，是城镇建设用地面积的2.09倍，其中村宅基地面积估计为2亿亩左右。农村人均居住用地指标一度上升为229平方米，远超150平方米的国家标准上限，土地闲置、浪费比较明显。以武汉为例，据2018年武汉市农委调查显示，全市1 902个行政村中，长期空闲农房约11.6万套，占农房总数的15.8%。有意愿出租闲置农房的农户占调查总数比例的78.2%。

如何盘活农村大量的闲置用地，特别是农村宅基地，成为一个亟需研究解决的重要问题。追溯问题产生的根源，主要在于农民的利益诉求与政策的差异性与多元化，以及管理部门的缺位和错位。当前，关于宅基地制度改革试点，国内不少省份积累了丰富的经验，包括新修正的《土地管理法》提出在一户一宅的基础上增加户有所居的规定，也是对宅基地利用的一种创新方式。但是如何发挥政府"自上而下"和村民"自下而上"相结合的运作模式，发挥村民的主体作用，仍是改革的核心内容，也是改革的难点。

21.3.3 集体经营性建设用地入市与农地征收制度的博弈

长久以来，我国城镇建设不断扩张，土地征收面积随之扩大，"离土不离乡"的农民群体日益增多，人地关系博弈越来越复杂。为缓解这种矛盾、盘活存量资产，农村"三块地"改革提出农村集体经营性建设用地有条件可以入市，这在适用的范围和收益利益分配等方面与土地征收制度就存在了冲突博弈。首先，适用范围的冲突。"经营性"是"入市"范围的界定标准，"公共利益"是土地征收适用的前提，但实践中由于"经营性""公共利益"本身的复杂性和模糊性，使得建设用地性质存在重叠，那么重叠的公共利益部分是由政府征收还是集体土地入市，就存在着利益冲突。其次，收益分配的冲突。以海南省文昌市第一批农村集体经营性建设用地入市试点的地区为例，"入市"实际获得收益约67万元/亩，土地征收获得收益约26万元/亩,"入市"收益约为征地补偿收益的2倍。此外,按照《土地管理法》第47条规定的土地补偿费和安置补助费的总和不得超过土地被征收前三年平均年产值的三十倍计算,农村耕地年租金为500~1 000元/亩,3万元相当于一次性缴纳30年的土地租金。失地农民仅凭3万元的收入,要解决住房、就业、社保等问题,显然入不敷出。从上述数据可以看出,我国农村土地征收主要问题在于征收补偿标准过低的问题。

"入市"与土地征收制度存在的冲突,其深层次原因与当前我国土地二元产权制度以及法律法规不健全的现状相关,也是当前农村土地改革中的重点。2019年,新修正的《土地管理法》对农村土地征收标准、公共利益、征地程序进行了完善,对集体经营性建设用地入市从法律层面进行了更清晰的界定,但还有待相关实施细则的出台。

21.4 解决农村"三块地"问题的主要对策

21.4.1 做好农村土地资源的整体顶层设计

在新时代要保障农村土地资源,解决农村"三块地"问题,必须树立系统性思维,做好农村土地整体顶层设计,从源头上进行顶层设计与管控。一是应做好国土空间规划体系下的农村土地整体统筹规划。根据国家与自然资源部发布的政策文件《关于建立国土空间规划体系并监督实施的若干意见》《自然资源部办公厅关于加强村庄规划促进乡村振兴的通知》《开展国土空间规划近期锁定七项工作》要求,系统整合国土资源、农业、林业、环境、交通、水利等相关部门资源,及时编制"多规合一"的实用性村庄规划;统筹掌握全域土地资源的基本底数、底图,统筹生态保护修复、耕地和永久基本农田保护、历史文化传承与保护、基础设施和基本公共服务设施布局、农村住房布局和村庄安全和防灾减灾等方面内容,以"自下而上"与"自上而下"相结合的方式融入整体国土空间规划体系中,在明确的"三区三线"范围内进行开发建设,落实管控要求,防止城镇建设开发侵占农村土地的发生。二是同步开展农村全域土地综合整治。建立农村三产用地分类管理办法,盘活全域宅基地、集体经营性建设用地以及其他闲置地,对美丽乡村和产业融合发展用地进行集约精准保障,提供土地资源利用率。同时制定相应的政策保障措施,实行统一规划、统一立项、统一施工、分别验收。

21.4.2 完善农村土地市场政策性服务平台

在我国，农村土地除了生产功能之外，还具有社会保障功能。因此，无论是"三块地"改革还是"一块地"流转，都应该以"不损害农民的根本利益"为底线。当前确权颁证多数省份已经完成，但仍需构建土地市场化的政策性服务平台。充分发挥市、乡、村三级土地市场政策服务平台的作用，坚持农地改革的三条底线政策思维，建立农村土地使用和流转、集体经营性建设用地入市等权益主体参与的土地政策机制，通过"自上而下"与"自下而上"相结合的运作模式，强调农村集体和农民参与的重要性。结合市场情况，制定合理的农村土地估价指标体系和建立健全土地交易信息收集、处理与公开发布制度，及时公布土地成交量、成交价等相关信息，便于相关利益群体掌握信息。最大限度保障农民主体的知情权、参与权，减少矛盾冲突点，保障农民主体的权益。

21.4.3 完善土地征收补偿机制

结合地方实际情况，尽快出台农地征收补偿制度的实施细则，妥善处理土地流转过程中的利益分配问题。一是通过合理确定公共利益，缩小征地范围。以建立兼顾国家、集体、个人的土地增值收益分配机制为关键，保障农民对自己土地的支配权利，建立公平的社会公共服务和社会保障的配套机制。二是建立合理公平的土地价格补偿机制。农民作为财产权利人，应该赋予相应的谈判地位。制定合理的补偿标准，对于不同的补偿客体，应采取差异化的补偿方式。三是地方出台相关征地实施的规范性文件。地方政府应在贯彻执行国家和省内相关文件规定的基础上，结合地方实际情况制定地方征地实施细则文件，明确征地原则、规范征地程序、统一征收补偿标准等方面内容，明确体现农民的知情权和参与权。配套明确的征地权益方、利益补偿的分配等认定，以避免征地权益的纠纷。

21.4.4 建立农村土地管理的监测与预警机制

在新时代背景下，需要加强农村土地管理与监督实施。在思维上需要转变督察模式，提升督察效能；在方法上要借助大数据服务平台，对土地资源进行空间信息平台整合和梳理，构建可灵活配置管理、动态更新、动态监测的数据化管理平台。可以实时掌握督察区域土地利用情况与管理情况，通过一张图和一个平台对土地资源的空间特征进行可视化管理、有效的督察工作，对可疑图斑进行监管预警，以减少对生态空间与基本农田的侵占和蚕食，保护农民权益，从而提升土地的信息化和综合管理水平。同时在执行上要强化土地问责制度。除加强事后问责、加大处罚力度之外,可采取加强事前防范和事中监督、对违法现象及时制止等措施。

21.5 结论

综上所述,农村土地改革制度是一种循序渐进和不断探索的过程。在我国城镇化进程不断提高的过程中,我国农村土地出现了一系列亟待解决的新问题,这就需要系统化梳理我国农村土地制度改革发展的脉络,剖析农村"三块地"问题博弈背后深层次的根源,对症下药,提出主要的解决对策。通过研究发现,我国农村土地改革的重点是通过实施三权分置解决谁的地、谁种地、如何种好地的问题,通过实施"三块地"改革促进农用地有效流转,提高农村闲置土地利用率,推动集体经营性建设用地入市,并落实农民的基本权益。因此,在土地市场经济条件下,不仅仅是要改革现有的运作模式,还需要辅以规划引导和土地用途管制等方面的创新作为保障。同时,还需要加强大数据服务平台对土地管理的监管和预警作用,从而使农村土地市场进入良性运作阶段,也可以保障农民在获得农村集体经济收益之余,进一步提高农村整体经济发展水平和城镇化程度。本文虽然基于农村土地问题提出了一些解决的对策,但仅仅局限于比较宽泛的视角进行分析,而对具体细节问题分析和可落实性的对策研究还存在不足,有待进一步结合具体项目实践探讨分析。

参考文献

[1] 曹丹丹.集体经营性建设用地入市制度研究——以与土地征收联动改革为视角[D].安徽大学硕士论文,2019:13-22.

[2] 陈汉.乡村振兴战略下的土地制度改革与管理思考[J/OL].中国国土资源经济,2018.

[3] 陈增帅,袁威.农地征收与城镇建设用地的矛盾及对策[J].国家行政学院学报,2016:112-116.

[4] 高强.紧盯农地确权历史遗留问题推进确权成果多元化应用[N].农民日报,2019-05-18.

[5] 韩长赋.中国农村土地制度改革的历史变迁与创新实践[J].农村·农业·农民,2019(1):5-13.

[6] 李书耘.基于广州视角的集体土地征收补偿机制研究[J].探求,2019(3):101-110.

[7] 刘奚君.新时代深化农村土地制度改革的基本要求、具体问题及方向论析[J].岭南学刊,

2019(4):87-93.

[8] 倪铭娅,王颖春,徐文擎.土地城镇化难持续,人口城镇化待提速[N].中国证券报,2012-12-06.

[9] 魏后凯,闫坤,谭秋成.中国农村发展报告(2017)[M].北京,中国社会科学出版社,2017.

[10] 武汉农业农村.新华社聚焦武汉!市民下乡租用闲置农房过万套[EB/OL].2018.

22 大都市近郊存量工业用地再利用探索

——以浦东新区康桥镇为例*

22.1 引言

改革开放以来,我国快速城市化进程推动城市迅速发展和扩张,同时也因城市化质量不高引发诸如人口、资源、生态等一系列矛盾和问题。在资源环境紧约束背景下,粗放型的增量增长逐渐向内涵式的存量发展转型。2015年以来,上海实施"总量锁定、增量递减、存量优化、流量增效、质量提高"的"五量调控"的基本策略,充分挖掘存量用地资源。2016年,上海制定《关于本市盘活存量工业用地的实施办法》,以提高存量工业用地的利用质量和综合效益,促进创新驱动发展、经济转型升级,推进产城融合发展和城市有机更新,支持具有全球影响力的科技创新中心建设。

康桥镇位于上海市主城区边缘,地处浦东新区几何中心,毗邻中心城区及其拓展区,东邻迪士尼国际旅游度假区,部分区域(沪奉高速以东)位于张江科学城规划范围内,区位条件及发展资源优越(图22-1)。然而,作为产业先行区的康桥镇,人地关系尤为紧张,规划2035年建设用地总面积控制在31.66平方公里,现状建设用地已接近"天花板"。在增量锁定的背景下,未来亟需强化对存量用地的梳理、挖掘和再利用,以拓展更多发展空间。

康桥镇现状有康桥工业区西组团、康桥工业区东组团、康桥东路组团、现代服务业产业组团等六大产业组团,整体产业集聚度较高,基本都处于城市开发边界内。其中,康桥工业区东区东至申江路以东400米处,西至罗山路,南至周邓公路,北临外环高速,是以高新技术产业生产、研发为主导功能的市级产业区。然而,位于康桥工业区东区东部,北至川周公路、南至周邓公路,自申江路以东

---

* 罗翔,男,复旦大学社会发展与公共政策学院博士,高级工程师,就职于上海市浦东新区规划设计研究院。主要研究方向:城市发展战略研究和国土空间规划。

400米区域(图22-2,以下简称申江路以东),面积约1.4平方公里,原本位于城市开发边界内,在张江科学城规划和浦东新区新一轮总体规划中被调整出开发边界,甚至成为减量化潜在目标,对该区域发展带来不利影响。但实际上,该区域年均仍有20多亿经济产出,就业人数2 000余人,对镇域经济仍有较大贡献,需要展开细致分析,充分挖掘潜力,利用现状存量。本文即重点针对申江路以东区域存量工业用地展开分析,探索存量再利用的方式和路径。

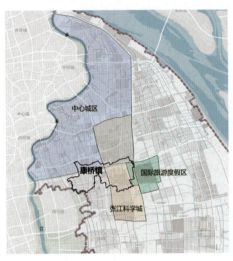

图 22-1 | 康桥镇区位示意

图 22-2 | 申江路以东400米范围

22.2 现状与问题分析

22.2.1 贡献镇域经济并带动就业

经梳理,申江路以东现状主要有有色金属类企业A、专用设备制造类企业B、非金属矿物制造类企业C以及创业园1家(内含40余家企业,以制造业为主),此外,另有软件和信息技术服务业企业D和E,镇级行政办公单位2家,实景如图22-3所示,以下就制造业企业重点展开分析(表22-1)。

图 22-3 | 申江路以东部分企业实景

表 22-1　申江路以东区域主要企业信息

	企业 A	企业 B	企业 C	创业园
占地面积（公顷）	16.22	8.67	3.61	14.52
建筑面积（平方米）	50 998	43 330	36 057	125 689
从业人员（人）	316	227	191	1 683
工业产值（万元）	75 846.4	43 785	6 486	99 499
土地产出率（亿元/平方公里）	44.6	53.55	17.88	67.23

从产出来看，创业园内企业以汽车制造、专用设备制造业、纺织服装、电器制造、批发零售等行业为主，土地产出率较高，达到 67.23 亿元/平方公里。企业 A 和企业 B 土地产出率分别为 44.60 亿元/平方公里和 53.55 亿元/平方公里，相比较而言，机械类企业 B 整体产出和土地产出率均较低。

从就业来看，主要企业从业人员较多，就业带动效应明显。其中，创业园带动就业最大，总从业人数达 1 683 人。企业 A 和企业 B 就业人数分别为 316 和 227，企业 C 则就业较低，为 191 人。

目前，上述企业正在镇政府引导下开展产业转型，提升产业能级。例如，企业 A 占地 243 亩，现为薄型铝箔生产，产品主要出口，北部未利用地准备二期开发做智能产业园区。企业 D 占地 106 亩，原 HTC 中国手机工厂已经停产，现与昌硕科技合作，盘活存量资产，作为智能手机研发基地及最新产线。企业 E 占地 68 亩，原为电子技术研发厂房，现与 SGS 等国际知名企业合作，建设生物研发及相关检验检测基地，为张江科学城范围内的生物研发和汽车零部件企业提供检验检测服务。

22.2.2　用地效率高于《低效工业用地标准》

2019 年，上海市发布低效工业用地标准指南，其中定义低效工业用地有四类,且以土地综合产出效率评价的低效用地标准为:一是以当前测算年度 1 月 1 日为基准日,基准日超过土地出让合同约定达产日三年以上,其中,最近三年(不含当前测算年)统计年度内的土地税收产出率、以主营业务收入计算的土地产出率两项指标的三年均值均低于《上海产业用地指南(2019 版)》中相应调整值的工业项目用地。二是各区资源利用效率评价为 D 的工业项目用地。

针对申江路以东主要制造业所属行业,用地指南中土地产出率相关标准如表 22-2 所示,其中,均值指该行业近三年规划上企业土地产出率平均值;控制值和推荐值主要针对产业引入,控制值是产业引入的最低标准,达到推荐值优先引入;低于调整值的可归为低效工业用地。带 * 号行业属于本市产业结构调整负面清单确定的结构调整重点行业,不予新增供地,现有企业则按照产业结构调整计划安排,有序调整。

表 22-2 上海产业用地指南(2019 版)部分行业土地产出率标准

企业	土地产出率(亿元/平方公里)	所属行业	土地产出率标准(亿元/平方公里)			
			均值	控制值	推荐值	调整值
企业 A	44.6	有色金属压延加工	123	110	165	26
企业 B	53.55	采矿、冶金、建筑专用设备制造	101	75	90	15
企业 C	17.88	石墨及其他非金属矿物制品制造 *	—	—	—	—

对比标准发现,企业 A 和企业 B 土地产出率分别为 44.60 亿元/平方公里和 53.55 亿元/平方公里,低于全市同行业规上企业平均值(分别为 123 亿元/平方公里和 101 亿元/平方根),但远高于调整值(分别为 26 亿元/平方公里和 15 亿元/平方公里),按标准不属于低效工业用地。企业 C 按标准属于结构调整行业,需按照产业结构调整计划安排,有序调整。创业园内企业行业众多,虽然各行业调整值标准不一,但园区整体效率达 67.23 亿元/平方公里,高于大多数行业调整值,整体不属于低效用地。

22.2.3 产出效率与高等级园区有较大差距

从图 22-4 对比看出,申江路以东土地产出率和镇级园区水平相当,企业 A、企业 B 和创业园地均产出(分别为 44.60 亿元/平方公里、53.55 亿元/平方公里、67.23 亿元/平方公里)均高于浦东镇级园区平均值(36.31 亿元/平方公里),

但低于康桥镇域内的镇级园区——康桥东路产业带（71.30亿元/平方公里），企业C地均产出（17.88亿元/平方公里）则低于镇级园区平均值。和全市开发区平均值（69.79亿元/平方公里）相对比，仅创业园地均产出与其相当，其余企业差距较大。对比金桥经济技术开发区和张江高科技园区等高等级园区地均产出（分别为172.46亿元/平方公里和179.53亿元/平方公里），申江路以东差距更大。

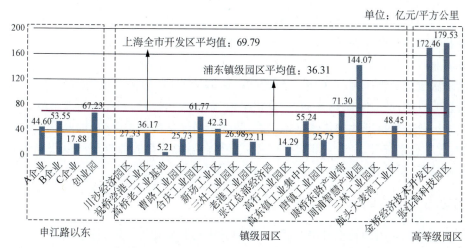

图 22-4 | 申江路以东和各类园区地均产出比较

22.3 存量工业用地再利用思路

22.3.1 整体规划，零星转型

针对总量锁定、存量优化等土地策略，上海市曾出台一系列相关政策，代表性政策有《关于本市盘活存量工业用地的实施办法》，办法提出盘活存量工业用地的三种方式，即区域收储、区域整体转型开发、零星转型。其中，区域收储主要针对各区县政府确定的重要特定区域（如黄浦江两岸、城市公共活动中心、历史文化风貌保护区等），以采取土地收储后公开出让的方式；区域整体转型主要针对集中成片、相对完整的区域；零星转型适用于未划入整体转型区域，且满足规划用途为非住宅类的经营性用地，未纳入旧城改造范围内，权利主体单一且周边无规划开发建设用地，具备独立开发条件，拟转型发展的项目，经区县政府相关部门评估，具有明确的产业和功能，并满足投入、产出、节能、环保、本地就业等相

关准入标准等条件的零星工业用地。从各种转型方式条件来看，申江路以东可在区域整体规划下，采取零星转型模式。

22.3.2 公私合作，利益分享

存量土地转型升级与再利用涉及利益关系重新调整，离不开原土地权利人和政府的共同参与，两者利益出发点存在一定偏差，原土地权利人更关注自身经济收益，而政府更关注地区整体形象和效益。政府和企业参与力度不同，改造效果和收益也会存在差异。以广东顺德村级工业园改造为例，顺德有380余个村级工业园，占据70%的已投产工业用地面积，贡献27%工业产值和4.3%税收，面临着改造升级压力。2018年开始的村级园区改造，形成了政府直接征收、政府挂账收储、政府生态修复、政府统租统管、企业长租自管、企业自行改造等不同模式。政府直接征收即传统征地模式，集体所得收益即征地补偿；而政府挂账收储、政府统租统管、企业长租自管等模式集体收益除货币收益外还可以获取集体物业返还，实现长期收益。

22.3.3 产城融合，功能提升

存量工业用地转型升级过程中，除提升原有制造业外，还可注入研发、办公、商业等功能，营造优良的营商环境，吸引更优秀的企业入住。同时尝试土地复合利用，适度提升开发强度，通过"腾笼换鸟"，为新产业的注入带来更多空间。如闵行区颛桥镇存量地块成片转型过程中，其中元江产业片区在本身良好区位优势基础上，新建符合跨国公司需求的各类厂房，并配备餐厅、咖啡厅、便利店、人才公寓、公共会议室等功能设施，形成完善的生活配套，借此吸引了涉及智能制造、生物医药、新材料等高端领域的诸多跨国公司入驻，打造成"元江科技城"。

22.4 存量工业用地再利用策略

22.4.1 完善产业空间布局

以区域整体转型和功能完善为目标，针对申江路以东的既有发展和条件，构建以先进制造业片区、商办研发片区、生产性服务片区和生态片区相融合的产业空间布局。

先进制造业片区为川周公路、申江南路和创业园北部河流围合区域，面积约0.53平方公里，现状主要有有色金属类企业A和专用设备制造类企业B，企业

A正针对未利用地做二期开发，发展智能产业园。未来，在现有制造基础上，提升技术和管理水平，打造专用设备制造等先进制造基地，进一步提升产出规模及效率。

商办研发片区以创业园为主体，南至秀沿路，面积约0.23平方公里。该片区现状企业较多，部分企业产出效率一般，且属于低端制造业（如纺织服装等），厂房以低层（两层）为主，整体形象有待提升。未来，可通过政策引导部分低效产出退出，以"腾笼换鸟"带来新的产业空间，通过厂房升级与改造，在已有制造、行政办公、酒店、餐饮等功能上，注入商业、研发等功能，使之成为功能复合、充满活力的地区核心。

生产性服务业片区位于秀沿路和周邓公路之间河塘围合区域，面积约0.29平方公里，现状主要是软件和信息技术服务业企业。未来，继续引导企业深耕技术研发与创新，同时加强与外部企业合作，打造智能手机、生物研发和检验检测基地，实现与张江科学城相应行业的联动与整合。

生态片区分布于生产性服务业南北两侧，面积约0.35平方公里，现状主要为农用地和农村居民点用地，未来村庄不予保留，整体以生态保育功能为主，与各产业片区相互交融，提升区域整体形象，如图22-5。

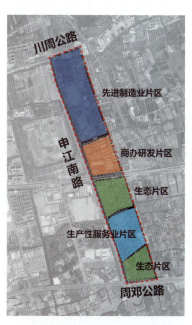

图22-5 | 申江路以东产业空间布局设想

22.4.2 提升产业价值链

整体来看，申江路以东企业主要以制造业为主，现有企业能级有效，产出效率一般，需要通过提升企业所处价值链来提升产业附加值，从而实现地区产业升级。一般而言，价值链升级可以沿着工序升级-产品升级-功能升级-链条升级的层次实现全球价值链的提升，也可以通过研发掌握核心技术和市场开发能力实现以我为主的全球价值链网络。

以企业B为例，该企业是某全球化跨国工程机械企业集团在中国设立的制造工厂，属于工程机械行业，目前主要以制造和组装为主。从工程机械行业产业价值链来看，前期为机型研发与设计、关键零部件制造，后期为产品营销、服务支持等产业附加值较高（图 22-6），而企业 B 所处的整机装备处于价值链低端，产业附加值较低，整体竞争力有待提升。企业集团对设立在中国的制造工厂规划为辐射亚洲、东南亚、中东、远东、中亚地区的大中心，而仅以现有组装为主的制造加工难以实现。未来可增加对固定资产、人力资源的投入，壮大规模，同时加大在发动机、液压件、传动件等核心技术等方面的投入，提升研发实力，促使产业向上下游延伸，提升自身价值链，以价值链提升带动整体产业升级。

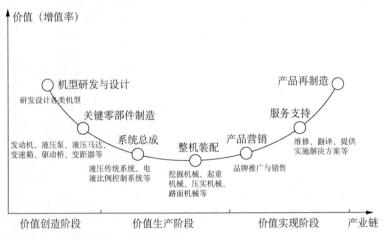

图 22-6 | 工程机械行业产业价值链

22.4.3 加强政策分类引导与服务

可设置企业服务中心，定期与企业沟通，了解企业发展面临的现实问题与转型升级的意愿和诉求等，全面掌握企业产出、能耗等信息，将企业发展方向分为保留提升、淘汰调整等类别，有针对性出台相应引导或优惠政策，促进区域产业升级。针对高能耗、低产出淘汰类企业，可通过"引逼结合"的方式适时淘汰。在"引"的方面，可以为这类企业寻找新的安置地块，有效引导腾退；在"逼"的方面，结合环境执法、安全和消防执法检查等，对产能低下、污染严重、存在安全隐患的企业采取关停并转等措施，对部分调整类产业采取差异化电价等，提高用地成本。针对保留提升类企业，政府支持其开展技术改造、工艺升级，提升用地效率。通过"腾笼换鸟"后，还可通过适当提升容积率等方式产生新的产业承载空间，引入新的产业业态。为此，可由政府出资，吸引有关金融机构和社会资本，联合设立产业发展引导基金，用于引导研发类企业入驻，扶持先进制造和现代服务业发展。

参考文献

[1] 陈戈,李丹.上海近郊老工业区转型发展的策略探讨——以康桥东路两侧产业带为例[J].城市规划学刊,2013(2):70-74.

[2] 黄慧明,周敏,吴妮娜.佛山市顺德区低效工业用地空间绩效评估研究[J].规划师,2017,33(9):92-97.

[3] 罗翔,沈洁,赖志勇.镇级园区转型升级的方向、路径和策略——以上海市浦东新区为例[J].科学发展,2019(3):30-36.

[4] 赵民,王理.城市存量工业用地转型的理论分析与制度变革研究——以上海为例[J].城市规划学刊,2018(5):29-36.

[5] 邹兵.增量规划向存量规划转型:理论解析与实践应对[J].城市规划学刊,2015(5):12-19.

23 城镇工业用地低效用地再开发的策略研究*

23.1 引言

党的十九大报告明确提出"坚持节约优先、保护优先、自然恢复为主的方针,形成节约资源和保护环境的空间格局、产业结构、生产方式、生活方式。"为贯彻党的十九大精神,城镇低效用地再开发是推进经济供给侧结构性改革和促进经济高质量发展的重要手段。国土空间规划的重点从以往的"增量发展"逐步转变为"存量盘活",工业用地的低效利用就是重要内容之一。

当前,城镇低效用地再开发工作已由试点阶段转入全面推进阶段,但在工作中也暴露出一些问题,如一些地方工作力度不大、规划引导不足、资金保障有待加强等,需要各地继续攻坚克难,扎实有序地推进城镇低效用地再开发再上新台阶。

以供给侧结构性改革为主线,推动经济发展质量变革、效率变革、动力变革,要提高供给体系质量,优化存量资源配置。上海市、浙江省在存量土地尤其是低效工业用地改变用途、优化结构提高利用效率等方面做了许多创新和探索,取得了一些成效,但仍存在较多问题和较大阻力,亟需上下合力,打通"最后一公里"。

对此,本次研究基于对上海市、浙江省部分区域的调研情况,系统分析、发现问题,从加强对工业用地转型的支持力度、加强土地管理制度的适应性和加强增值利益分配机制三个方面进行分析,并结合上海市、浙江省的先期成功探索经验,进而提出加强工业用地转型发展的策略创新策略建议。

城镇低效用地再开发是提高土地利用效率、优化存量资源配置和国土空间布局的重要举措,是转变土地利用方式、促进经济转型升级的必由之路,也是土地供给侧结构性改革的重要内容。近年来,自然资源部连续出台了深入推进城镇低效用地再开发的指导意见、产业用地政策实施工作指引和支持新产业新业

---

* 王林,女,城市规划专业博士,上海交通大学设计学院教授、博士生导师,注册规划师。主要研究方向:城市更新、风貌保护、多规融合研究。

态发展的用地政策,有力推动了土地供给侧结构性改革,促进了用地结构优化和节约集约利用。但一些地方推动工业用地再开发特别是改变用途优化结构的工作力度还不够、进度较慢,政策落实中存在一定困难。

我们选取上海市和浙江省作为研究案例,对存量土地尤其是低效工业用地改变用途、优化结构提高利用效率有关情况展开详尽研究,这项工作涉及有关市、区(县)、乡镇政府和发改、经信、国土、住建、规划等若干部门,以及部分改变用途需求大或有此类行为的开发园区、用地单位;基于沪浙工业用地改变用途优化结构有关情况的调研报告,研究发现虽然地方在工业用地再开发方面做了许多创新和探索,取得了一些成效,但仍存在较多问题和较大阻力,亟需上下合力,打通"最后一公里"。

23.2　加强对工业用地转型的支持力度

23.2.1　现状问题

我国许多城市在经历长期快速发展之后,逐步进入后工业化的转型发展时期,工业用地转型是必然的和迫切的,如何盘活手中土地资源、集约开发是必然趋势。但相对于使用新增建设用地,存量工业用地由于历史权属复杂、用途调整限制条件较多,且涉及的利益主体诉求多元等原因,一些地方政府对推进工业用地改变用途的积极性并不高,存在畏难情绪。比如,收购收回工业用地时必须按原工业用途评估地价;自主改变工业用地用途、容积率的,须按规定补交高额差价;闲置土地有规定必须无偿收回,但实际又很难收回等。这些规定在实际操作中,很难完全做到,而纪检监察和审计部门一般会严格依照上位法来进行监督检查,导致地方在探索创新时面临较大的行政风险,并对此有较大顾虑;对工业用地转型的支持力度不够,导致工业用地改革动力不足,总体进度较慢。

23.2.2　探索实践

上海市在存量工业用地的盘活利用上更加注重发挥政府引导作用和整体的转型升级。上海市以创新、协调、绿色、开放、共享、发展新理念为指引,通过"总量锁定、增量递减、存量优化、流量增效、质量提高"(简称"五量调控"),走出了一条新时期破解资源环境紧约束难题、以土地利用方式转变倒逼城市发展方式转型、以土地供给侧结构性改革引领城市更新和未来发展的新路子。

上海市规划和自然资源部门会同经信委共同编制了全市工业和生产性服

业专项规划，对全市工业用地的发展导向、功能定位和整体规模进行了论证，出台了《关于本市盘活存量工业用地的实施办法》，要求各区统筹制定转型规划。各区根据先易后难的原则，首先推动国企占地较多的地块整体转型，采取不同用途补地价方式出让，由涉及的大中型国企牵头进行整体开发建设，保证了工业用地改变用途的有序平稳推进。如普陀区由上海华谊集团牵头，将其染化八厂7.87公顷工业用地转为桃浦科技智慧城，建设了研发总部及商办住配套项目、中央公园绿地等；宝山区由上港集团牵头，将其"上港十四区"50公顷工业用地改为基础设施、商办住用地等。

23.2.3　创新建议

要坚持"以用为先"的指导思想，创新体制机制，给地方更多盘活存量的空间和活力。一是要探索建立权责一致的土地利用管理模式，坚持"以用为先"的原则，把权力放下去，把监管抓上来，给地方盘活存量建设用地更多的自主权和空间；二是充分发挥市场机制的决定性作用，让地方政府、土地使用权人分享更多的盘活土地的利益，进一步充分发挥政府和企业的两个积极性，着重支持政府引导下的企业自主转型，有序推进土地利用结构优化。

23.3　加强国土资源管理制度的适应性

23.3.1　现状问题

一是城市规划调整实施难度大、程序复杂、周期长，制约工业用地改变用途的进度。地方反映上位规划尚未明确，很难制定专项规划，草率地编制专项规划，可能会面临不断调整规划的情况。二是土地现状分类不能及时更新，与层出不穷的新产业、新业态和复合型产业不适应，地方在办理用地手续时找不到依据，难以操作。三是工业用地评估价和市场价差异较大，随着电商等新业态的兴起及土地的复合利用，城市范围内尤其是中心城区的工业用地与商业用地的市场价趋于接近，而现行地价评估体系难以反映这个趋势，造成工业用地改变为商办用途、提高容积率，需补缴的出让金过多。

23.3.2　探索实践

杭州市出台了全面推进城镇低效用地再开发工作的实施细则，成立了土地节约集约利用工作领导小组，负责牵头全市存量土地盘活工作，对城镇低效用地再开发的实施程序及手续办理的流程进行了详细规定，对于需要改变用途的，由企业向所在镇街申请，经相关部门审核，报区领导小组会议审议同意后实施，成熟一个，推进一个。领导小组成员单位根据实际工作需要，不定期召开联席会议，协调解决工作推进中的重大问题。

23.3.3 创新建议

首先，适当调整出让管理制度。一是按照"降成本"的原则，建立出让金征收和持有环节税收挂钩机制，允许企业分期缴纳土地出让金，分期缴纳时间可以适当放宽，并和税收挂钩。二是对创新性产业用地出让中，对配套商业、居住、绿地等比例不作要求，根据城市规划确定。

其次，完善土地利用现状分类。建议结合第三次全国土地调查工作，联合发改委、住建部统一制定和及时更新土地利用现状分类标准。

最后，完善土地评估体系，对存量土地实行不动产评估。在实行不动产统一登记后的存量建设用地，建议综合土地评估和房地产评估，建立新的不动产评估体系。此外，针对收购收回工业用地时必须按原工业用途评估地价等规定有必要进行调整完善。

23.4 加强土地增值利益分配机制

23.4.1 现状问题

增值利益分配难以形成共识，市场化机制尚未起决定性作用。现行政策对工业用地因城市规划调整形成的增值收益，大多归于所有权人即政府，而对原使用权人来说考虑较少。在收购储备时，规定要按工业用地进行评估，与使用权人对土地增值收益的期望值相差太大，难以达成协议；对于使用权人自主改变用途的，必须按不同用途补差价，成本很高，有的甚至还高于通过市场获得一块新地的价格，使用权人积极性难以被调动。

23.4.2 探索实践

对经规划批准临时改变用途的征收土地年收益金。杭州市政府2012年出台了《杭州市区土地年收益征收管理办法》，规定国有土地上房屋临时改变用途从事商业等经营性活动的需按规定缴纳土地年收益，并明确了土地年收益征收标准。

23.4.3 创新建议

建立合理的增值收益分配制度,制定土地年收益征收管理办法,一方面,历史上改变工业土地用途进行经营性活动的,需缴纳土地年收益金。历史性上已改变工业土地用途的用地,由于其转型的成本较低,且利益极大,造成市场紊乱,必须对此类工业用地采取措施,制定土地年收益征收管理办法,明确土地年收益征收标准,可在不追溯的历史前提下,开始缴纳土地年收益金。

另一方面,对新的改变用途从事经营性活动的工业用地转型加大规划引导的力度,采取"一区一策"模式,以及明确土地年收益征收标准,缴纳土地年收益金。区域的土地增值效应来源于土地所有人国家的规划定位、市政配套、公建完善、人口导入等要素,应根据政府对地块的投入,来决定增值收益分配比例。因此,标准的制定应该在土地基础制度下,针对区域范围建立操作细则,综合考虑用地现状与规划布局,结合土地面积所占比例分配,采取"一区一策"模式,统筹实施,才能体现区域内各个企业之间的公平性。

同时,要尊重土地使用权人合理获得土地增值收益的权利。重视发挥市场作用,给到原使用权人更多利益空间,包括允许原使用权人以土地作价入股,改变用途重新出让的,扣除出让成本后,增值部分由原使用权人和政府按一定比例分成,通过创新利益机制鼓励原使用权人更愿意积极与政府共享土地出让增值收益。

最后,基于以上亟待突破的三个重点难题,我们建议,围绕现行低效工业用地再开发存在的瓶颈,从"下放管理权限、优化管理规定、让度增值收益"三个方面提出打通瓶颈的路径。与此同时,加强监管,加强制度的系统性建立,疏堵结合,以疏为主,建立倒逼机制,健全激励机制,有效推进工业用地的转型。

参考文献

[1] 方力.城市工业用地更新机制及策略研究[D].南京工业大学,2016.
[2] 关于沪浙工业用地改变用途优化结构有关情况的调研报告[R].国家土地督察上海局.2018.
[3] 可怡萱.低效工业用地评价与转型策略研究[D].东南大学,2018.
[4] 施晓婷.苏州市吴中区工业用地转型发展规划策略研究[D].苏州科技学院,2015.
[5] 王京海.产权博弈与重构:城市工业园区转型机制研究[D].南京大学,2017.
[6] 赵新宇.上海松江区G单元工业用地转型问题剖析与规划策略研究[D].清华大学,2016.

24 基于推拉理论的工业用地减量化影响因素研究*

24.1 引言

提升工业用地效率是实现经济高质量发展的必然要求。十九大报告提出，国民经济发展战略应由高速度增长向高质量发展转变。改革开放40年来，中国经济迅猛发展，人民生活水平显著提高，但发展不平衡不充分的问题日益显现。过去一段时间里，经济的快速增长是以牺牲大量的生产要素为代价，长期的工业化阶段是以粗放的工业用地利用方式为支撑。随着新时代的到来，工业用地节约集约利用水平亟需提高。在2011年全国341个国家级开发区中，工业用地综合容积率为0.83（郑凌志，2013），仅达到最低工业用地容积率标准（不得低于0.8）。近年来，中国工业增加值在国内生产总值中的占比保持在30%以上，但工业用地地均资本对产出率的弹性系数仅为0.346，地均劳动对产出的弹性系数为0.142，容积率和投资强度达不到建设控制标准（张琳等，2014；王成新等，2014），因此提升工业用地效率将成为经济持续健康发展的助推器，是新时代背景下转变经济发展方式、提高经济发展质量的必然要求。

工业用地减量化是缓解用地矛盾，提高工业用地效率的重要手段。工业用地减量化是经济社会发展到一定阶段的产物，在上海等经济发达地区，工业用地总量接近天花板，用地需求与供给之间的矛盾日益突出。为缓解工业用地约束趋紧局面，促进土地节约集约利用，提高工业用地利用效率（王克强，马克星，刘红梅，2019；刘红梅等，2015；马克星，王克强，李珺，2019），上海市率先在全域范围内推行了工业用地减量化，以存量土地优化来增加用地供给弹性。存量工业用地优化调整的资源配置方式，可有效解决上海市工业用地实际需求量大、增量过快且用地效率较低的问题（王克强等，2016；唐茂钢，王克强，2018）。工业用地

---

* 王克强，男，博士，上海财经大学教授、博士生导师。主要研究方向：区域经济、土地经济、城市经济与管理。

减量化强调绝对量减少,但需要通过增量减量化来实现,因此即使一种绝对量的减量化,也是一种增量减量化,即在控制工业用地总量的情况下,实现年度工业用地增量递减,且通过以减定增的政策措施促进新增工业企业向开发区内部集中,实现"总量锁定、增量递减、存量优化、流量增效、质量提高"的土地利用总目标。但推进工业用地减量化的作用力有哪些?目前学术界尚未进行全面、翔实的分析,本文从推力、拉力、摩擦力等方面入手,深入、系统的分析影响工业用地减量化的因素,以期为进一步推进工业用地减量化进程提供参考。

24.2 文献综述

在工业用地利用方面,国内外学者主要对工业用地增量化过程中的相关问题进行了研究。在工业用地增量化过程中,区域发展水平(Yang,2017)、土地级差地租、城市产业结构调整和工业布局调整等是影响工业区工业用地更新的重要因素(李冬生等,2005)。在这一过程中,尤其是在城市再规划时必须要考虑制度因素,制度变迁导致了乡村功能分异,促进工业用地等非居住用地快速增长(陈诚等,2015),只有将一部分产权让渡给利益相关方,划拨工业用地的利用才会更有效率(冯立等,2013),而且新技术变革改变了企业原有的区位选择模式,使新兴产业和部分企业趋于"聚集",土地利用更加集约和高效(罗超,2015;Xie et al.,2018)。

在工业用地增量化过程中,部分学者对工业用地利用效率进行了探讨。影响工业用地利用效率的因素是多维度的,包括工业行业规模(郭贯成等,2014)、经济与产业发展水平和产业层次(陈伟等,2014;谢花林等,2015)、土地市场化水平(Zhang,1999;Ding,2003)、资源配置方式(郭贯成等,2014;Liu et al.,2018)等,而且工业用地价格调控将促进工业用地集聚(Gao et al.,2014),提高土地投资强度和土地产出率,促进土地制度改革(Du et al.,2016),进而提高用地利用效率。

部分学者对工业用地减量化的相关问题进行了研究。王克强等(2016)系统总结了建设用地减量化的运作机制,包括基础运作机制、驱动机制、指标转移机制等。刘红梅等(2017)认为技术进步、资本积累、产业结构调整等是影响减量化的重要因素。此外,企业效率和政策支持(刘红梅等,2015)、税收(吴沅箐等,2015)、环境污染治理(董祚继,2015)、政府的结构优化目标(吴未,2018)等也对推动工业用地减量化有重要作用,尤其对于工业用地减量化而言,企业污染治理是一个重要的决定因素(石忆邵等,2016),推动了该类企业的退出和区位转移

(Wu et al., 2017)。刘红梅、马克星、王克强(2018)对工业用地减量化的实施效果进行了评价。从经济效益的角度来看，土地利用效益不佳、企业规模经济效应不显著也加快了这部分企业的市场退出(张璞玉，2017)。

分析发现，目前国内外学者主要研究了影响工业用地利用效率、工业用地更新及节约集约利用等方面的因素，虽然有学者对工业用地减量化进行了研究，但侧重点在减量化运作机制、指标交易机制等方面，且在分析减量化影响因素时，只是从减量企业的角度探讨了影响低效工业企业减量或区位转移的推力因素，而没有对工业用地绝对量或增量变化问题进行研究。本文在前人研究的基础上，深入分析了工业用地减量化的影响因素，既考虑了推力因素，也充分考虑了新增企业布局时的拉力因素；为了保证分析的科学性和全面性，本文引入了工业用地减量化政策，分析政策因素在推动工业用地减量化方面的作用。从而在不断深入研究的基础上，更好的对工业用地减量化行为进行分析。

24.3 理论分析

工业用地减量化的动力在于减量化的预期收益差异。对于上海市而言，现实的减量化目标的是实现建设用地总量控制和存量优化，而造成未来预期收益水平差异的主要原因是工业用地减量化过程中的减量指标流动、新增用地出让、造血机制建设、产业集聚等因素的影响。工业用地减量面积的一般表达式为：

$$IR = f(d),\ f'(d) > 0 \tag{24-1}$$

其中，IR 为工业用地减量面积，d 为减量化的预期收益差异，$f'(d) > 0$ 说明工业用地减量面积是关于减量化预期收益差异的增函数。从利益最大化视角考虑，工业用地减量化过程中各利益主体的行为受预期收益的影响，但预期收益又因减量化的拉力、推力和摩擦力不同而产生差异。

在经济发展初级阶段，工业用地面临较小的减量化压力。在传统经济发展阶段和工业化初级阶段，建设用地总量与天花板之间仍有一定距离，增长空间比较大，此时工业用地减量化的需求相对较低，在政府的干预下，只有少量低效企业逐步退出市场，被高生产率企业所替代。在此情况下，经济发展对工业用地减量化的推动作用比较平稳，影响比较小，导致减量面积有限，减量区域分布零散。因此工业用地减量化可以看作是经济发展水平的函数：

$$IR = v \cdot PGDP \tag{24-2}$$

其中，$PGDP$ 为人均国内生产总值，v 为经济发展对工业用地减量化的作用程度。地区经济发展水平各有差异，在经济发展到高级阶段之前，工业用地减量化的推力和拉力因素均比较少，此时拉力和推力的联合作用力一般小于减量化的阻力或摩擦力，减量化动力不足，导致各区域无法推行减量化工作或者只能在部分发达地区进行试点。

在经济发展的高级阶段，工业用地减量化迫在眉睫。伴随经济的不断发展和工业化的全面推进，产业规模日益扩大，部分区域建设用地总量逐渐接近甚至突破天花板，控制建设用地尤其是工业用地总量迫在眉睫。随着时间的推移，一些高消耗、高污染、低产出的低效工业企业无法适应现代经济的需要；而工业用地减量化不仅为这些企业提供了良好的退出机制，也促进了产业结构和用地结构的调整和优化，使资源利用更加高效。此时，经济发展促进了生产技术水平提高和单位产值要素投入量减少，将对工业用地减量化进程起到加速促进作用，作用形式为：

$$IR = v_0 \cdot PGDP + \frac{1}{2}a \cdot PGDP^2 = v_0 \cdot PGDP + \frac{1}{2} \cdot \frac{F}{m} \cdot PGDP^2 \quad (24-3)$$

其中，a 为加速度，即经济发展到高级阶段以后影响工业用地减量化的因素的作用效果。在工业用地减量化过程中，本文将 F 看作影响工业用地减量化的综合作用力，m 为减量面积。F 作为减量化过程中的综合作用力，主要由两部分组成：推力和拉力。两者之间的作用关系为 $F = F_t + F_l$，F_t 为推力，F_l 为拉力。

但考虑到减量化政策既有推力作用，也有拉力作用，还可能存在摩擦力，基于此本文对推拉理论进行扩展，将工业用地减量化政策纳入其中，得到修正的推拉理论。此时 F 为：

$$F = F_t + F_l + F_f \quad (24-4)$$

其中，F_f 为减量化政策的作用力。

首先，分析影响工业用地减量化的推力因素。第一，企业污染程度。减量的工业企业属于高污染型企业，污染物排放强度比较高，污水纳管、废气和固体废弃物治理情况不理想，对当地的生态环境和居民生活质量产生了严重的负面影响，成为政府环境污染治理和减量的首要对象。第二，企业产值。减量企业大都为产业结构的末端，能耗偏高，产值比较低，产出效率低下，单位面积土地所产生的工业产值远低于全市平均水平，对经济增长的贡献度越来越小。第三，农业技术水平。随着农业技术水平的日益进步,农村劳动生产率显著提高,单位面积土地上的劳动力投入量不断下降,释放出更多的农村劳动力进入要素供给市场,增强了兼业农民(村镇企业的就业人员多为周边村民)的流动性,降低了低效企业减量对失业的影响,有利于推进工业用地减量化。第四,耕地保护。截至2017年,上海市工业用地面积在建设用地总面积中所占比重为24%,远高于世界平均水平,为优化土地利用结构,守住建设用地、生态环境、人口规模和城市运行安全四条底线,加强耕地保护力度,大量的工业用地需向其他建设用地或农用地转变,进而优化土地利用结构。第五,经济发展水平。在经济发展水平比较高的地区,具有高消耗、高污染、低产出等特征的低效工业企业无法适应经济发展的需要,地区产业结构和空间结构亟需调整,推动了工业用地减量化。由此可见,推力因素主要组成结构为:

$$F_t = F_{污染} + F_{低效} + F_{农业技术水平} + F_{土地用途} + F_{经济发展} + F_{其他} \quad (24-5)$$

其中,$F_{污染}$表示企业污染程度对工业用地减量化的推动力,公式(24-5)中其他变量的含义以此类推。

其次,分析影响工业用地减量化的拉力因素。第一,土地出让。土地出让尤其是新增地块的出让是拉动工业用地减量化的重要因素,主要原因有两个:一是新增工业用地指标一般会落在集建区,土地出让价格相对较高,地方政府可以获得更多的土地出让收益;二是新建企业投资规模大,经营收益高,使政府税收收入得到可靠保障。第二,就业状况。工业用地减量化将促进人口流动,使减量区域的失业人口向其他区域的第二和第三产业转移,因此其他区域二三产业的就业状况也是吸引劳动力流动,缓解工业用地减量化造成的失业问题,拉动工业用地减量化进程的重要因素。第三,产业结构调整。经济的发展伴随着产业结构的不断调整,产业结构的合理化和高度化要求企业由低附加值向高附加值演进,提高技术水平和集约化程度,迫使低效企业产生梯度转移或退出市场,逐步被高附加值、高技术化、高集约化企业取代,促进工业企业减量。因此,拉力因素的组成结构为:

$$F_l = F_{土地出让} + F_{税收} + F_{就业状况} + F_{产业结构调整} + F_{其他} \quad (24-6)$$

最后,分析影响工业用地减量化的另一个重要因素——减量化政策。目前出台的减量化政策包括市、区、镇三级政策。第一,市级政府部门政策。市级政府出台了推进"198"区域工业用地减量化的指导意见及系列配套措施,包括绩效考核政策、减量化补贴政策(20万元/亩)等,旨在深入推进减量化工作,但市级专项补贴资金数量较少,影响了减量化的积极性。第二,区级政府部门政策。区级政府是减量化补贴资金的供给主体,减量工作一般是按照先易后难的原则进行的,随着减量成本的不断上升以及成本回收周期长的限制(土地出让周期相对较长影响了资金回笼速度),区级政府面临的资金压力在短时期内逐渐增大。第三,镇级政府部门政策。在工业用地减量化过程中,镇级政府将减量指标优先用于本区域发展,但由于减量区域多为远郊区,很难获得更多的规划空间指标,导致减量指标在本地区无法得到全部落实,影响了镇级政府减量化的积极性。

村集体和减量企业的行为也影响了减量化政策实施。对于村集体而言,减量化对村集体的出租收入、就业、分红等社会福利产生了负面影响,建设造血机制是为了弥补企业减量对村民和村集体造成的经济损失,在工业用地减量化过程中村集体获得一定数量的结余资金来支持本村经济发展和农民增收,但受资金适用范围和指导政策缺乏等因素限制,大部分减量区域没有建立相应的造血机制,影响了村集体减量化的积极性。对于减量企业而言,在减量化过程中,减量企业就补贴资金问题与镇级政府谈判协商,努力实现自身利益最大化。但对于那些设备成本等生产成本较高的企业来说,减量化的损失比较大,导致减量意愿比较小。由此可见,减量化过程中,相关配套政策尤其是补贴政策的完善程度是影响减量化进程的重要因素。政策作用力的组成结构为:

$$F_f = F_{市级部门} + F_{区级部门} + F_{镇级部门} + F_{村委会} + F_{企业} + F_{其他} \quad (24-7)$$

由公式(24-7)可知,减量化政策的作用力是市、区、镇等政府部门以及村集体、减量企业等诸多部门共同作用的结果。

综上,工业用地减量化进程受拉力、推力和减量化政策的综合作用。这种综合作用机制如图24-1所示。

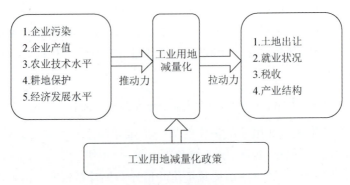

图 24-1 | 工业用地减量化的综合作用机制

24.4 研究设计

24.4.1 变量选择

本部分将对影响工业用地减量化的因素进行深入剖析。本文的被解释变量为工业用地减量化(IR)。鉴于数据的可获取性和变量的可替代性,首先,以每年净增建设用地面积作为被解释变量,分析各因素的作用效果。工业用地减量化力度越高,则每年净增建设用地面积的增长态势就越不明显,甚至保持不变或呈现下降趋势。其次,以工业用地减量验收面积作为被解释变量,分析减量化政策对工业用地减量化的影响。本文的解释变量是影响工业用地减量化的各个因素,包括推力因素、拉力因素和政策因素。根据前文的理论分析并结合相关参考文献,我们在表 24-1 中对变量的选择及衡量指标做出具体说明。

表 24-1 变量的选取及定义

因素类型	变量	衡量指标	单位
被解释变量	净增建设用地规模(IR_1)	每年净增建设用地面积	公顷
	工业用地减量规模(IR_2)	工业用地减量面积	公顷
推力因素	企业污染(EP)	工业废水废气和固体废弃物排量	万吨/公顷
	企业产值(EL)	开发区外单位面积工业用地产值	亿元/万亩
	农业技术水平(AT)	单位面积耕地上的农业从业人员	人/公顷
	耕地保护(LT)	耕地面积在土地总面积中的占比	%
	经济发展水平(ED)	人均地区生产总值	亿元/万人
拉力因素	土地出让(LR)	工业用地出让面积	平方公里
	就业状况(EC)	城镇新增就业岗位数量	个
	税收状况(TC)	单位面积工业用地税收	亿元/亩
	产业结构(IS)	第三产业增加值占比	%
减量化政策	政策因素(D)	以是否推行减量化政策来衡量: 是 = 1;否 = 0	—

24.4.2 数据来源

本文利用 2010—2016 年上海市 9 个郊区县的相关数据,对工业用地减量化过程中的影响因素进行分析，其中，工业废水和废气排放量数据、新增就业岗位数量、工业增加值和第一、二、三产业增加值数据来源于郊区各区县《统计年鉴》；农业用地面积、建设用地面积和未利用土地面积等来源于上海市年度土地变更调查数据和遥感数据；开发区内单位土地税收、开发区内工业用地出让面积数据来源于《上海市开发区统计手册》；农业从业人员数量、耕地面积、农业总产值等数据来源于《上海郊区统计年鉴》和《上海农村统计年鉴》。

24.4.3 模型构建

在土地利用过程中，影响工业用地减量化的因素是多方面，为了分析各因素对工业用地减量化的影响效果，本文将参照 C-D 生产函数形式，建立相关计量模型。C-D 生产函数的基本形式为：

$$Y_{ij} = A_{ij} \cdot K_{ij}^{\alpha} \cdot L_{ij}^{\beta} \cdot u_{ij} \tag{24-8}$$

其中，Y 为产出，K 为资本要素，L 为劳动要素，α 为资本的产出弹性，β 为劳动的产出弹性，i 为时间维度，j 为地区维度，u 为随机干扰因素。对生产函数两边取对数可得：

$$\ln Y_{ij} = \ln A_{ij} + \alpha \ln K_{ij} + \beta \ln L_{ij} + \ln u_{ij} \tag{24-9}$$

以生产函数的对数形式为基础，建立工业用地减量化与各影响因素的函数关系式，并根据变量特性作适当变换。建立如下模型：

$$\begin{aligned}\ln IR_{ij} = & \gamma_0 + \gamma_1 \ln EP_{ij} + \gamma_2 EL_{ij} + \gamma_3 AT_{ij} + \gamma_4 D_{ij} \\ & + \gamma_5 LT_{ij} + \gamma_6 LR_{ij} + \gamma_7 \ln EC_{ij} + \gamma_8 TC_{ij} \\ & + \gamma_9 IS_{ij} + \gamma_{10} \ln ED_{ij} + \varepsilon_{it}\end{aligned} \tag{24-10}$$

其中，$\gamma_t (t=1,2,\cdots,9)$ 为模型回归系数，γ_0 为截距项，ε_{it} 为模型的随机误差。

在扩充化推拉理论下，本文将进一步研究摩擦力因素对工业用地减量化的影响。2013 年，上海市规土局在《关于印发〈郊野单元规划编制审批和管理若干意见（试行）〉的通知》中提出，对集建区外现状零星农村建设用地、低效工业用地等进行复垦减量。从 2014 年开始在全域范围内推行建设用地减量化，此后陆续制定了一系列配套政策。因此，本文把减量化政策作为断点回归模型的分组变量，将该政策的实施时间（2014 年）作为模型的断点，即

$$D = \begin{cases} 1, & \text{year} \geqslant 2014 \\ 0, & \text{year} < 2014 \end{cases} \tag{24-11}$$

其中，D 是工业用地减量化政策哑变量，据此将 2014 年及以后的样本作为处理组，2014 年以前的样本作为控制组，以此来考察减量化政策对工业用地减量化的影响。建立如下回归模型：

$$\ln IR_{ij} = \lambda_i + \tau D_{ij} + \lambda_t \sum_{t=1}^{8} other_{ij} + \vartheta_{ij} \quad (24\text{-}12)$$

其中，λ_i 为时间固定效应，ϑ_{ij} 为误差项，D_{ij} 为第 i 年 j 地区的工业用地减量化政策哑变量，τ 是工业用地减量化政策实施的平均实验效应，$other_{ij}$ 表示影响工业用地减量化的其他协变量，λ_t 为协变量的作用效果。

24.4.4 描述性统计分析

在实证分析各因素对工业用地减量化的影响效果之前，本文首先对各个变量做描述性统计分析，观察其均值、标准差、最大值和最小值，进而对序列波动情况作出直观判断。统计结果（表 24-2）表明，大部分变量序列的标准差比较小，序列相对平稳。税收状况（TC）的序列波动性比较大，其最大值为 27.9 亿元/亩，最小值为 0.79 亿元/亩。从企业产值来看，高效益地区是低效益地区的 9 倍左右。由此可见，各区域工业用地利用效率差异巨大。

表 24-2 变量描述性统计结果

变量	均值	标准差	最大值	最小值
净增建设用地面积（IR_1）	0.635 9	0.690 8	3.420 0	−0.100 0
工业用地减量面积（$\ln IR_2$）	1.767 4	0.368 6	2.395 5	1.052 9
企业污染（$\ln EP$）	2.741 5	0.545 4	3.827 2	1.929 4
企业产值（EL）	12.486 7	5.606 3	22.266 9	2.474 5
农业技术水平（AT）	1.925 1	1.350 5	6.147 6	0.448 8
土地出让（$\ln LR$）	0.277 5	0.478 9	1.670 1	−0.602 1
经济发展水平（$\ln ED$）	4.784 6	0.151 9	5.196 8	4.441 4
税收状况（TC）	4.722 2	5.869 6	27.900 0	0.790 0
就业状况（$\ln EC$）	4.481 4	0.298 9	5.187 5	3.959 9
产业结构（IS）	0.449 1	0.106 9	0.739 5	0.310 1
耕地保护（LT）	0.254 1	0.103 1	0.434 6	0.112 6
政策因素（D）	0.428 6	0.498 8	1.000 0	0.000 0

24.5 实证结果分析

24.5.1 基准回归

为了实证研究工业用地减量化的影响因素,分析推力、拉力和政策因素对工业用地减量化的影响效果,本文以2010—2016年上海市9个郊区县为例进行基准回归,从而进一步验证变量之间的作用关系。回归结果见表24-3。

表24-3 模型基准回归结果

变量	回归系数	标准差	P 值
企业污染($\ln EP$)	-0.5813	0.2165	0.010***
企业产值(EL)	0.0364	0.0295	0.223
农业技术水平(AT)	0.1814	0.0826	0.033**
耕地保护(LT)	-2.9775	1.0909	0.009***
经济发展水平($\ln ED$)	-4.5483	2.0290	0.029**
土地出让($\ln LR$)	-0.2443	0.1419	0.091*
税收状况(TC)	0.0052	0.0344	0.081*
就业状况($\ln EC$)	-2.1566	0.5114	0.000***
产业结构(IS)	3.3101	1.5013	0.032**
政策因素(D)	-0.1849	0.1073	0.072*
cons	11.2673	8.0825	0.169
R^2	0.6445		
F	19.4300		

注:***、**、*分别表示1%、5%、10%的显著性水平。

首先,分析推力因素对工业用地减量化的作用效果。①企业污染(EP)加剧对推进工业用地减量化存在显著的积极作用,其有助于降低净增建设用地规模。工业废水、废气和固体废弃物排放量每增加1个单位,工业用地面积将下降0.5813个单位。由此可见,企业污染是推动工业用地减量的一个重要因素。企业污染会严重影响周围居民的生活环境和身体健康,降低生态环境质量,给社会和生态带来较大的负面影响。因此,企业污染越严重,越有可能成为区域内的减量对象。②企业产值(EL)对工业用地规模存在正向影响。工业企业亩均产值每下降1个单位，净增建设用地面积将下降0.0364个单位，企业低效成为推动工业用地减量化的重要因素。原因在于该类企业生产效率和产品附加值低，税收贡献度比较小，大部分属于高投入、高污染、高消耗、低产出企业，对社会的负面影响比较大，是政府部门首选的减量对象。③农业技术水平(AT)提高使得净增建设用地面积不断扩大，即农业技术水平提高阻碍了工业用地减量化。这与前文的理论分析相悖。原因可能在于农业技术水平提高，释放出更多的农村劳动力，但劳动力可能存在就近转移效应，因此村镇企业将吸纳更多的周边村民，政府为解决就业问题也将引导更多村民到村镇企业就业或吸引企业进入以创造更多的就业机会，这增强了村民对村镇企业的路径依赖，增加了村镇企业减量的阻力。④耕地保护(LT)有助于控制净增建设用地规模，对工业用地减量化有积极作用。主要原因在于为严守生态环境底线、耕地保护红线等发展底线，政府部门逐步推动建设用地向耕地等农业用地转变，调整土地用途，加强耕地保护，优化土地利用结构。在这一过程中，低效工业用地将成为率先减量对象，逐渐退出市场，从而降低了工业用地规模，推动了工业用地减量化。⑤经济发展水平(ED)提高可以显著促进工业用地减量化。经济较发达地区对低效工业企业的减量意愿更强，迫切希望通过减量化来迫使低效企业退出市场，借助减量指标吸引高质量的企业进入，从而增加土地出让收益和税收收入。

其次，分析拉力因素对工业用地减量化的作用效果。①开发区内土地出让(LR)规模越大，越有助于推进工业用地减量化。开发区内的土地出让收益和新增企业预期税收收入要明显高于集建区外的减量企业，因此开发区内土地出让规模越大，地方政府进行减量化的动力就越强，进而可以显著降低净增建设用地规模。②开发区内单位面积工业用地税收(TC)增加对工业用地减量化有显著的抑制作用。开发区内单位面积工业用地税收增加导致区域内的工业用地面积上升，原因在于政府预期新增工业用地会带来更大的经济效益，进而可能会将更多的新增建设用地指标落到开发区内；而且政府将充分利用减量化过程中所获得的类集建区指标，吸引部分企业向类集建区集中，扩大了区域内的工业用地总规模。③在就业状况(EC)方面，新增就业岗位数量增加对工业用地减量化有显著的促进作用。新增就业岗位数量增加会在一定程度上缓解工业用地减量化所产生的失业问题，吸纳部分失业人口进城就业，减小了工业用地减量化的阻力，有效拉动了工业用地减量化进程。④产业结构调整(IS)可以显著促进工业用地减量化。目前地方政府注重引进高附加值、高效率企业，产业结构的合理化和高度化导致低效工业企业的竞争力不断下降，迫使低效工业企业逐步退出市场或进行区位转移，在一定时期内减少了区域内的工业用地面积,拉动了工业用地减量化。

最后,分析政策因素（D）对工业用地减量化的作用效果。减量化政策实施对促进工业用地减量化有显著的积极作用,有助于减少低效工业用地面积,推进工业用地减量化。原因在于虽然造血机制建立、拆三还一政策落实、资金补贴等对工业用地减量化造成很大压力,但政策实施所带来的资金投入、土地出让和减量指标流转,提高了村民、村集体、地方政府的收入水平和预期收益,使得各参与主体减量化的积极性比较高,且随着相关配套政策的不断制定和完善,政策的积极作用将更加凸显,成为推动工业用地减量化的重要因素。

24.5.2　断点回归

工业用地减量化政策目前虽然无法有效降低工业用地总量,但是否会在控制工业用地净增量方面发挥积极作用。本文接下来将进一步分析减量化政策在净增工业用地规模控制方面的作用效果。

工业用地减量化政策与净增工业用地规模之间呈现出显著的负相关关系。在不考虑控制变量的情况下,减量化政策可以显著降低净增工业用地量,影响系数为 -0.4581;加入控制变量后,虽然降低了减量化政策对净增工业用地面积的影响程度,但依然呈现出显著的负向作用。由此可见,减量化政策有效控制了工业用地增量,逐步实现了净增工业用地规模递减,对控制上海市工业用地规模和促进工业用地减量化有显著的积极作用。回归分析发现,在一定时期内,减量化政策虽然无法实现建设用地总量负增长,但可以有效降低建设用地尤其是工业用地面积年增量,控制区域工业用地规模的扩张速度,并通过存量优化提供更多的城市发展空间,促进产业结构优化和用地结构调整,支持经济社会可持续发展（表24-4）。

表24-4　减量化政策影响净增工业用地量的断点回归结果

	回归系数	标准差	P 值
减量化政策（D）	-0.4581	0.1539	0.0030***
控制变量	不控制		
R^2	0.219		
减量化政策（D）	-0.2168	0.1186	0.0680*
控制变量	控制		
R^2	0.652		

注：***、**、* 分别表示1%、5%、10%的显著性水平。

为了对断点回归模型估计结果的稳健性进行分析,本文将对其最优窗宽和控制变量的连续性进行检验。首先,参照 Hahn and Todd(2001)对最优窗宽 T 的计算方法如下:

$$T = N^{-\frac{1}{5}} \cdot N \tag{24-13}$$

其中,N 为样本容量,$N^{-\frac{1}{5}}$ 为最优窗宽在样本容量中的占比。通过计算可得,本文最优窗宽为 25(地区-年),按照最优窗宽的 0.5 倍和 1 倍进行局部线性回归分析发现,回归结果与最优窗宽的估计结果基本一致,即窗宽差异并不会对模型估计结果产生显著影响。其次,对控制变量的连续性进行检验,具体结果见表 24-5。

表 24-5 控制变量的连续性检验

变量	回归系数	标准差	P 值
企业污染(ln EP)	−0.012 5	0.140 3	0.929
企业低效(EL)	1.182 7	1.440 5	0.412
农业技术水平(AT)	0.214 2	0.362 5	0.554
土地出让(LR)	2.249 1	7.594 9	0.767
经济发展水平(ED)	0.089 7	0.070 3	0.239
税收状况(TC)	2.321 1	1.572 3	0.140
就业状况(ln EC)	−0.043 6	0.076 7	0.570
耕地保护(IS)	0.081 4	0.075 8	0.136
土地用途转变(LT)	−0.011 5	0.026 9	0.669

注:***、**、* 分别表示 1%、5%、10%的显著性水平。

影响工业用地减量化的控制变量在断点两侧不存在明显跳跃。所有控制变量在断点处的回归系数均不显著,即变量是连续的,满足平滑性要求,不会对断点回归结果产生偏误。由此可见,控制变量对断点回归的影响不大,不会对回归结果产生"颠覆性"的影响,这也与之前的回归结果基本一致,而控制变量的加入只是提高了模型的拟合优度,并不会改变变量的作用方向。

24.6 结论与启示

工业用地减量化是提高工业用地效率,促进产业结构优化升级,实现经济社会可持续发展的重要途径。通过对工业用地减量化的影响因素进行分析,本文主要得出以下结论:①推力、拉力和减量化政策因素共同作用,有效推动了工业用地减量化;②从推力因素来看,除农业技术水平以外,企业污染、企业低效、耕地保护、经济发展水平提高等因素均对工业用地减量化有显著的推动作用;③在拉力因素中,开发区内的土地出让和全域范围内亩均税收增长抑制了工业用地减量化,而就业状况好转和产业结构优化对工业用地减量化的积极效应比较显著;④断点回归结果表明,减量化政策对工业用地减量化有显著的促进作用,可以有效控制工业用地净增量。减量化政策可以有效控制工业用地年增量,逐步实现工业用地零递减,从而有效控制工业用地总规模,促进工业用地减量化。

鉴于以上分析,未来在工业用地减量化过程中应注意以下四点:①深入推进污染、低效工业企业减量化。在未来减量化过程中,该类企业减量进入攻坚克难阶段,要分批次、分行业逐步清退落后企业,提高减量化补贴标准,优化企业迁移政策,引导效益较好的企业进入工业园区,加快推进工业用地存量优化和空间腾挪。②强化政府引导作用,促进失业人员再就业,减弱工业用地减量化的负面影响。安排少数高技能劳动者和部分管理人员进入先进制造业或高端服务业企业工作,与此同时,引导失业员工进入社区就业,充分挖掘社区就业潜力,扩大社区就业容量,提供充足的就业岗位,使失业人员更多的参与到物业管理、家政服务、养老院护理等工作中去,提高就业率。③增加土地出让面积,提高土地出让效率。土地出让是减量化专项资金的重要来源,为保证工业用地减量化工作顺利进行,在增加土地出让面积的同时要调整出让结构,增加工业用地出让比例,减少减量指标库存,加快资金回拢速度。与此同时,在符合规定的情况下,缩短土地出让周期,提高土地出让效率。④进一步完善工业用地减量化相关政策。拓宽减量化资金来源渠道,提高减量化资金补贴标准;严格落实拆三还一政策,调动地方政府减量化的积极性;优化企业迁移政策,促进企业向产业园区集中。

参考文献

[1] 陈诚,金志丰.经济发达地区乡村聚落用地模式演变——以无锡市惠山区为例[J].地理研究,2015,34(11):2155-2164.

[2] 陈伟,彭建超,吴群.中国省域工业用地利用效率时空差异及影响因素研究[J].资源科学,2014,36(10):2046-2056.

[3] 董祚继."超级增减挂钩":探索建设用地减量化实施之路——上海松江实践探微[J].中国土地,2015(11):12-16.

[4] 冯立,唐子来.产权制度视角下的划拨工业用地更新:以上海市虹口区为例[J].城市规划学刊,2013(5):23-29.

[5] 郭贯成,温其玉.环境约束下工业用地生产效率研究——基于中国33个典型城市非期望产出的考量[J].中国人口·资源与环境,2014,24(6):121-127.

[6] 郭贯成,熊强.城市工业用地效率区域差异及影响因素研究[J].中国土地科学,2014,28(4):45-52.

[7] 李冬生,陈秉钊.上海市杨浦老工业区工业用地更新对策——从"工业杨浦"到"知识杨浦"[J].城市规划学刊,2005(1):44-50.

[8] 刘红梅,刘超,孙彦伟,王克强,刘伟,龙腾.建设用地减量化过程中的土地指标市场化机制研究——以上海市为例[J].中国土地科学,2017,31(2):3-10.

[9] 刘红梅,马克星,王克强.郊野单元规划实施评估研究——以上海市奉贤区柘林镇为例[J].中国土地科学,2018,32(10):75-82.

[10] 刘红梅,孟鹏,马克星,王克强,张冰松.经济发达地区建设用地减量化研究——基于"经济新常态下土地利用方式转变与建设用地减量化研讨会"的思考[J].中国土地科学,2015,29(12):11-17.

[11] 罗超.我国城市老工业用地更新的推动机制研究[J].城市发展研究,2015,22(2):20-24.

[12] 马克星,王克强,李珺.上海市集建区外建设用地对农村居民收入的影响[J].城市问题,2019(8):30-40.

[13] 石忆邵,刘丹璇.上海市工业用地减量化规划构想及关键问题分析[J].上海国土资源,2016,37(2):1-4.

[14] 唐茂钢,王克强.经济发展、土地城市化与环境质量[J].华东师范大学学报(哲学社会科学版),2018,50(2):137-147,173.

[15] 王成新,刘洪颜,史佳璐,刘凯.山东省省级以上开发区土地集约利用评价研究[J].中国人口·资源与环境,2014,24(6):128-133.

[16] 王克强,马克星,刘红梅.工业用地减量化、经济高质量发展与地方财政收入[J].财政研究,2019(9):33-47.

[17] 王克强,马克星,刘红梅.上海市建设用地减量化运作机制研究[J].中国土地科学,2016,30(5):3-12.

[18] 吴未,陈明,欧名豪.建设用地减量化的苏锡常地区土地利用格局优化——基于白鹭生境网络优化视角[J/OL].生态学报,2018(14):1-7.

[19] 吴沅箐,殷玮.上海近远郊地区建设用地减量化差异探析[J].上海国土资源,2015,36(4):43-46.

[20] 谢花林,王伟,姚冠荣,刘志飞.中国主要经济区城市工业用地效率的时空差异和收敛性分析[J].地理学报,2015,70(8):1327-1338.

[21] 张琳,王亚辉.微观企业视角下工业用地产出效率的影响因素研究——基于2088家工业企业样本的实证分析[J].华东经济管理,2014,28(9):43-48.

[22] 张璞玉.上海市工业发展和工业用地减量化关键性问题研究[A].中国城市规划学会、东莞市人民政府.持续发展 理性规划——2017中国城市规划年会论文集[C].中国城市规划学会、东莞市人民政府,2017:11.

[23] 郑凌志,周建春,唐健.中国土地政策蓝皮书(2013)[M].中国社会科学出版社,2013.

[24] Ding C. Land Policy Reform in China: Assessment and Prospects[J]. Land Use Policy, 2003,20(2):109-120.

[25] Gao By, Li Wd. State Land Policy, Land Markets and Geographies of Manufacturing: The Case of Beijing, China[J]. Land Use Policy, 2014,36(36):1-12.

[26] Hahn J., Todd P., WVD Klaauw. Identification and Estimation of Treatment Effects with a Regression-Discontinuity Design[J]. Econometrica,2001,69(1):201-209.

[27] Haoyi Wu, Huanxiu Guo, Bing Zhang, Maoliang Bu. Westward movement of new polluting firms in China: Pollution reduction mandates and location choice[J]. Journal of Comparative Economics, 2017,45(1):119-138.

[28] Jianqiang Yang. Integrated sustainability assessment and renewal of old industrial areas: A case study on Changzhou[J]. Procedia Engineering, 2017,180(4): 136-145.

[29] Jinfeng Du, Jean-Claude Thill, Richard B. Peiserd. Land pricing and its impact on land use efficiency in post-land-reform China: A case study of Beijing[J]. Cities, 2016, 50 (2):68-74.

[30] Xie H. L., Q. R. Chen, F. C. Lu, Q. Wu, Wei Wang. Spatial-temporal disparities, saving potential and influential factors of industrial land use efficiency: A case study in urban agglomeration in the middle reaches of the Yangtze River[J]. Land Use Policy, 2018,75(4):518-529.

[31] Yansui Liu, Ziwen Zhang, Yang Zhou. Efficiency of construction land allocation in China: An econometric analysis of panel data[J]. Land Use Policy, 2018,74(5):261-272.

[32] Zhang X Q. Urban Land Reform in China[J]. Land Use Policy, 1997,14(3):187-199.

图书在版编目(CIP)数据

上海国土空间规划与土地资源管理优秀成果选编/王克强主编. —上海:复旦大学出版社, 2019.12
ISBN 978-7-309-14770-4

Ⅰ.①上… Ⅱ.①王… Ⅲ.①国土规划-上海-文集 ②土地资源-资源管理-上海-文集
Ⅳ.①F129.951-53 ②F327.51-53

中国版本图书馆 CIP 数据核字(2019)第 288714 号

上海国土空间规划与土地资源管理优秀成果选编
王克强　主编
责任编辑/谢同君

复旦大学出版社有限公司出版发行
上海市国权路 579 号　邮编:200433
网址:fupnet@fudanpress.com　http://www.fudanpress.com
门市零售:86-21-65642857　团体订购:86-21-65118853
外埠邮购:86-21-65109143
上海盛通时代印刷有限公司

开本 787×960　1/16　印张 16.75　字数 285 千
2019 年 12 月第 1 版第 1 次印刷

ISBN 978-7-309-14770-4/F·2660
定价:108.00 元

如有印装质量问题,请向复旦大学出版社有限公司发行部调换。
版权所有　侵权必究